KB115891

창의성 기르기

규칙을 뛰어넘는 문제해결의 비밀

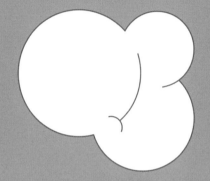

창의성 기르기

The Creative Thinking Handbook

규칙을 뛰어넘는 문제해결의 비밀

크리스 그리피스 · 멜리나 코스티 지음
Chris Griffiths, Melina Costi

곽재원 옮김

이콘

감사의 말

이 책의 출간을 도와준 훌륭한 분들에게 감사를 전하고 싶다.

우선, 멋지고 창의적인 업무 방식과 매일 '다르게 생각하려는' 진정한 노력과 자세를 보여주는 오픈지니어스 팀에게 감사를 드린다. 이 팀의 모든 이들과 일할 수 있는 것은 큰 기쁨이다. 이 책을 세상에 내놓기 위해 변함없는 헌신은 물론이고 연구, 통찰력, 편집과 관심을 기울여준 공저자인 멜리나 코스티에게 특별한 감사를 드린다. 언어에 대한 탁월한 감각을 가진 멜리나와 오랜 기간 일할 수 있어 영광이다.

또한 나의 아이디어를 글로벌하고 다양한 환경에서 열정적으로 조언을 주고 테스트를 해준 마인드 매핑Mind Mapping과 어플라이드 이노베이션Applied Innovation의 많은 공인 강사들과 협력사들에게 큰 빚을 지고 있다. 이 책은 그들의 조언과 피드백을 통해 보다 구체적인 형태를 갖출 수 있었다. 피드백과 지원을 제공한 이들에게 감사를 전한다.

출판사 코건 페이지Kogan Page의 담당 편집자 레베카 부쉬Rebecca Bush는 이 책을 열정적으로, 또 탁월하게 편집하며 폭넓은 지도를 해주었기에, 가슴 깊이 감사를 전한다. 편집부의 나머지 직원들의 공로에도 감사하게 생각한다.

우리의 정신적 한계를 이해하기 위해 이 책에서 인용한 모든 저자들, 연구자들, 그리고 창의성의 전문가들에게도 찬사를 보낸다. 이들의 통찰력은 이 책의 기초를 확고하게 해주었고, 이들의 획기적인 작업과 연구가 개인과 기업들이 성공적으로 창의성을 위한 여정을 마칠 것이라고 믿어 의심치 않는다.

　마지막으로, 가족에게 영원한 감사를 전한다. 이 책이 나오기까지 오랫동안 기다려주고 무한한 격려를 보내준 아내 게일과 우리의 놀라운 자녀들인 알렉스와 애비. 내 삶을 아름답게 꾸며주고 매일이 특별한 인생의 날들이 되게 해준 가족에게 감사한다.

크리스 그리피스

서문

도전은 공평하다. 새로운 비즈니스를 만들어내기 위해 고심하는 기업가든, 성장하기 위해 노력하는 조그마한 기업의 직원이든, 아니면 급격하게 변화하는 시장의 도전에 직면한 대기업의 관리자이든, 모두에게 각자 어렵고 낯선 문제들이 있다. 그리고 이에 맞서는 일관된 창의성은 성공을 보장하는 '신비의 원천'으로 여겨져 왔다. 그러나 그 중요성에도 불구하고, 내가 같이 일했던 회사와 개인들은(성공 가능성이 아직 있는 이들은 그렇다) 생각보다 창의성을 위해 너무 적은 시간을 할애하고 있었다. 사실 기업들 중 대부분은 창의성이 마치 소유할 수 있거나 혹은 소유할 수 없거나 하는 어떤 것으로 생각하고 있다. 둘 중 어떤 경우든, 그들에게 창의성이란 마치 설명할 수 없거나 개선할 수 없는 어둠의 마법처럼 느껴진다.

하지만 이것이 사실이 아니라는 증거는 광범위하게 존재한다. 창의성에 대해선 이미 많은 사실이 알려져 있고, 배움을 통해 사람들이 더욱 창의적이게 될 수 있다는 것도 분명한 사실이다. 정확한 방식으로 창의적 사고와 새로운 문제해결법에 대해 배우면, 창의성은 실질적이고 긍정적인 모습을 갖춰 좋은 결과를 만드는 데 큰 도움이 된다. 그래서 기업들은 일반적으로 컨설턴트와 자문위원(혹은 최근에는 '밀레니얼 세대')의 힘을 빌어서라도 창의성을 시도하고 추구하는데, 이는 안타까운 일이다. 하지만 이런 방식이라도 하지 않으면, 회사들은 "이것이 그나마 제일 나은 방법이 아닐까?"라고 하며 의구심을 가질 뿐이다.

더 나은 방법은 언제나 있다. 『창의성 기르기』에서 크리스 그리피스와 멜리나 코스티는 창의성의 힘을 활용해 마음을 열고 한계를 극복할수 있게 해줄 체계를 만들어냈다. 저자들은 어떻게 하면 창의성이 상상력이 풍부하면서도 논리적일 수 있을지, 그리고 전통적으로 '소프트' 스킬로 불리는 창의성이 어떻게 체계적으로 '하드한' 결과를 만들어내는지를 보여준다.

빠르게 변하는 세상에서, 저자들이 정리한 방법은 성공하고 싶은 모두에게 창의적으로 문제를 해결할 수 있게 해줄 것이다.

이 책은 처음부터 끝까지 정신적인 훈련을 통해서, 독자들이 효과적이고 창의적인 문제해결사가 될 수 있도록 매우 실용적으로 인도하고있다. '의사결정 레이더 도구'를 사용한 자기 진단을 통해서 사고방식에대한 통찰을 얻을 수 있고, 우리를 퇴보시키는 사고의 오류들에 대해서도 깊이 파악할 수 있다. 이 준비를 맞춘 후에는 비즈니스적 도전을 위한 방법을 배운다. 4단계로 이뤄진 '해결책 찾기'의 과정은, 다양한 방식을 통해 비즈니스에서 새로운 기회를 잘 포착할 수 있게 도와주며, 이과정 속에서 독자들은 자신에게 맞는 해결책을 위한 도구와 기술들을취사선택할 수 있다.

크리스는 30여 년 동안 창의성에 대해 다뤄왔기 때문에, 창의성에 대한 그의 독특한 접근은 실용적이고 강력하다. 그는 오랫동안 개인과 기업들의 창의성 향상을 위해 강연을 해오기도 했다. 이 강연을 들으러 오기 위해 전 세계에서 사람들이 몰리는데, 참가자들은 오픈 지니어스의응용 혁신the OpenGenius Applied Innovation 교육 과정, 즉 책에 나올 4단계 과정을 통해 현실적인 비즈니스 문제들을 해결하는 법을 배운다.

『창의성 기르기』는 우리의 사고에 대한 최신의 과학적 연구를 기반으로, 이처럼 실제 워크숍에서 검증된 사례와 개념들과 다운로드 가능한 템플릿과 방법론들로 구성되어 있다.

나는 분야에 상관없이 혁신을 가르치고 성장하는 회사들과 함께 일하고 있다. 크리스 그리피스 역시 수천 명의 개인과 수많은 회사들과 일해 봤기에 창의성을 위한 가이드를 제공하기에 그는 부족하지 않다. 그의 간단하면서도 실용적인 방식은 누구든 더 창의적이게 만들어주는 것은 물론이고, 성공 및 혁신에 필요한 다른 자양분을 제공할 것이다. 이 책을 따라오면 창의성에 시동이 걸고, 성실하게 반복하면 개인을 넘어서 속한 조직 내에서 지속적이고 강력한 혁신의 문화를 만들어낼 수 있을 것이다.

임페리얼 칼리지 런던Imperial College London의 교수

넬슨 필립스Nelson Philips

목차

군대의 침입은 막을 수 있지만, 아이디어의 침입은 막을 수 없다.
– 빅토르 위고Victor Hugo, 프랑스의 시인이자 소설가, 『범죄의 역사』에서

<u>지식은 더 이상 힘이 아니다</u>

"아는 것이 힘이다"라는 말을 얼마나 자주 들어보았는가? 얼마 전까지만 해도 정보와 지식을 소유하고 한 분야에서 전문가가 되는 것이 일반적인 정답이었다. 경험이 많을수록, 전문적 지식이 많을수록 경쟁에서 유리했고, 이것이 곧 '경쟁력'이 되었다. 하지만 지금은 그 추세가 꺾이며 새로운 시대가 오고 있다.

맹렬하게 변화하는 오늘날에 과거의 방식이 지금은 더 이상 통하지 않는다는 것은 분명하다. 기존의 지식은 여전히 유용하지만 무조건 성공을 가져다주지는 않는다. 30년 전과 비교해 보자. 우리는 음식부터 그때와 다른 것을 먹고 있다. 그뿐만이 아니라 휴대폰, 이메일, 소셜네트워크 등 의사소통 방식도 달라졌다. 물건을 살 때도 시장이 아니라 온라인 쇼핑몰, 대형 원스톱 슈퍼마켓 등을 이용한다.

선택할 수 있는 직업도 달라졌다. 정교한 기계와 기술을 다루는 '앱 개발자'와 같은 새로운 직업을 선택하며 이전과 다르게 일한다. 무언가를 배울 때도 가상의 교실이나 대화 방식의 화이트보드, 인터넷 등을 활

용하며 기존의 교실에서 수업을 듣던 모습과 현저히 달라졌다. 이 변화들을 나열하려면 끝도 없을 것이다. 단 30년의 짧은 기간에, 우리는 다른 세상에 살게 되었다!

이 사실은 무엇을 의미하는가? 아무리 지혜롭고 재능이 있어도, 우리에게 중요한 것은 적응하고 진화하는 능력이다. 비즈니스든 개인이든 마찬가지다. 그와 동시에 우리를 둘러싼 모든 것이 변화하고 있지만, 정작 우리와 우리의 사고방식은 거의 변하지 않았다는 딜레마를 여기서 발견할 수 있다. 아주 오랫동안 우리는 어떤 문제나 도전을 마주했을 때 과거에 통했던 전략들로 대응했고, 지금도 수많은 이들이 이런 믿음을 유지하고 있다. 어차피 우리는 월급을 받는 대가로 답을 내놓아야 하는 입장이기 때문이다.

하지만 21세기의 문제들은 기존의 지식만으로 해답을 찾기에는 변수가 너무 많고, 또 알기 어려운 것들도 많다. 과거의 해결책들은 더 이상 현재와 미래의 문제들을 해결하는 데 도움이 되지 않는다. 이제 우리에게는 문제를 해결할 새롭고도 흥미로운 방법들이 필요하고, 결국 창의적 사고, 즉 창의성이 새로운 힘이 되어줄 것이다. 성공은 더 이상 우리가 알고 있는 지식이 아니라, 우리가 창조할 수 있는 것에서 나온다.

모르는 것을 탐구하고, 새로운 아이디어들을 떠올려야할 때, 우리의 전통적인 사고방식은 기대만큼 힘을 발휘하지 못한다. 기존의 방식은 완전히 새로운 것을 찾기보다, 이미 알고 있는 지식에 기대기 때문에 우리를 상자 안에 가둔다. 즉, 창의적인 방법을 찾는 것을 방해하는 '사고의 오류'가 된다.

다음 활동은 우리가 얼마나 자연스럽게 '지식'을 기초로 생각하고 있는지 보여줄 것이다.

활동: 한 해의 달들

최대한 빨리 한 해의 달month들을 말해보자. 아마 5초 이내에 할 수 있을 것이다. 이번에는 철자 순서대로 다시 말해보자. 생각보다 어려울 것이다.

(출처: 『탁월한 생각은 어떻게 만들어지는가Think Better』, 팀 허슨, 현대지성, 2020.)

답은 313쪽에 있다. 평소 우리가 생각하는 순서대로라면 누구나 문제없이 빨리 나열할 수 있다. 그러나 철자 순으로 하면 생각하는 과정을 거쳐야 답을 말할 수 있을 것이다. 평소처럼 생각하면 안 되고, 상황을 새롭게 봐야만 하는 상황에 놓인 것이다. 이런 상황은 정보를 더욱 다양하게 볼 수 있게 해주고, 사고의 폭을 넓혀 완전히 새로운 방식으로 생각할 수 있게 한다.

생각한다는 것은 존재하는 가장 힘든 일이어서,

아마 그렇게 적은 사람들만이 생각하려고 한다.

– 헨리 포드Henry Ford, 미국의 기업가이자 포드 자동차 회사의 창업자

이 책은 다르게 생각하는 것에 전체적인 초점이 맞춰져있다. 그러기

위해서 끊임없이 생각하도록 요구할 것이다. 책 전반에 걸쳐 우리를 안전지대로부터 끌어내는 방법론들, 연습들, 도구들이 있으며, 이 모든 것들은 우리가 편견을 극복하고, 명료하고 건설적이며 창의적으로 생각하는 걸 도와줄 것이다. 즉시 답을 내놓을 수 없는 문제들에 대해 의문을 갖는 이들도 있을 수 있다. 그래서 나는 시작하기 전에, 우선 '전문가'의 탈을 벗기를 바란다. 밑져야 본전이고, 또 이런 노력에는 그럴 가치가 있다. 다르게 생각하는 것은 가장 좋고, 가장 혁신적인 해답을 위한 열쇠가 될 것이다. 그저 '일을 마무리하는' 사람이 아니고, '일을 더 잘하는' 사람이 될 것이다!

창의성 빼면 시체

예일경영대학원 교수인 리처드 포스터의 연구에 따르면, S&P500 지수에 나온 기업들의 평균 수명은 1958년에 61년이었으나, 2012년에는 18년으로 줄어들었다(Innosight, 2012). 포스터는 이런 추세가 계속되면 미국의 선두 기업 중 75%가 2027년까지 새로운 기업들로 대체될 것이라는 예측도 내놓았다. 영국에서도 비슷한 흐름이 전개되고 있다. 1984년 FTSE100 지수에 올라간 기업 100개 중 단 24곳만이 2012년에 순위를 유지하고 있었다.

이 통계에는 냉정한 교훈이 있다. 지속적으로 자신을 혁신하거나 재창조하지 않는다면, 아무리 성적이 좋은 기업이라도 금방 새로운 기업에게 그 자리를 빼앗긴다는 것이다. 지금도 과학적 지식과 유능함에만 의존했던 많은 대기업이 실패의 길에 서 있다.

"항상 하던 대로만 하면, 항상 받던 것을 받게 될 것이다"라는 말이 있다. 하지만 이것도 이제 틀린 말이다. 이제는 하던 대로만 하면 제자리에 있는 것이 아니라, 더 뒤로 쳐지게 될 것이다. 블록버스터Blockbuster, 컴팩Compaq, 블랙베리Blackberry를 기억하는가? 한때 눈부신 성장을 보여줬으나, 지금은 녹슬어버린 기업들이다. 주변의 기회를 잡지 못한다면, 조만간 이들의 발자취를 따라가게 될지도 모른다.

오늘날의 비즈니스는 빠른 변화와 불확실성에 뒤처지지 않기 위해 새로운 아이디어, 관점, 해결책의 지속적인 흐름을 요구한다. 새로운 방식으로 비즈니스 문제를 해결하고, 가보지 못했던 곳으로의 대담한 도약을 하기 위해서는 창의성에 대한 통찰이 있어야 한다. 여전히 많은 이들이 창의성이 실체가 없는 것이라고 믿는다. 그들은 창의성을 고작 제품을 아름답게 하거나 회사의 명성을 부풀리기 위한 핑크빛 솜털과 같은 장식품 정도로 생각한다. 본질적으로 잘못 보고 있는 것이다. 인사에서 재무와 제품 개발에 이르기까지, 창의성은 비즈니스의 모든 주요한 활동에 필요하다. 나는 이런 미래지향적 사고의 접근을 응용 창의성applied creativity이라고 부른다.

응용 창의성은 문제의 원인들에 대한 새로운 아이디어부터, 그러한 문제들을 해결하는 것을 도울 아이디어, 의사결정을 내릴 아이디어, 그리고 다음 단계에 어디로 향해야 하는지에 대한 아이디어를 발견하게 해준다. 물론 지식은 여전히 창의적 과정의 핵심 기둥으로서 중요하다. 정보를 연결시키고 아이디어를 평가하는 데 있어 지식이 없어선 안 된다. 그러나 지식만으로는 그 가치를 전부 발휘할 수 없다. 지식과 창의성을 결합해야만 신선한 아이디어를 발견할 수 있고, 이런 아이디어들이 실질적인 변화를 가져온다. 구글이 정보에 접근하는 방식을 변화시킨 것처럼, 넷플릭스가 TV를 보는 방식을 변화시킨 것처럼, 트위터가 우리가 상호작용하는 것을 변화시킨 것처럼. 분야나 규모에 상관없이, 새로운 아이디어는 당신이 새로운 경지를 개척하는 것을 도와줄 것이다.

다음은 우리가 일하며 흔히 마주치는 질문들이다. 새로운 아이디어는 이에 대한 답을 찾는 것을 도와줄 것이다.

- 어떻게 하면 더 많은 고객을 모을 수 있을까?
- 문제 W의 원인은 무엇일까?
- 어떻게 하면 업무 과정을 효율적으로 바꿀 수 있을까?
- 올해 우리에게 어떤 기회가 있을까?
- 팀 X의 성과를 어떻게 개선할 수 있을까?
- 어떻게 하면 문제 Y를 해결할 수 있을까?
- 어떤 새로운 시장에 진출할 수 있을까?
- 법률의 변화를 어떻게 이용할 수 있을까?
- 제품 Z에 어떤 특징을 추가할 수 있을까?
- 우리 팀에게 어떻게 동기부여를 할 수 있을까?

창의성의 영향력은 점점 더 주목받고 있다. 2016년 세계 경제 포럼the

World Economic Forum은「직업의 미래The Future of Jobs」라는 보고서에서 다음과 같이 말하며, 창의성을 '복잡한 문제해결' '비판적 사고'와 함께 성공을 위한 핵심 직업 역량으로 분류했다. "새로운 제품, 새로운 기술과 새로운 일의 방식이 쏟아져 나오므로, 직장인들은 이런 변화들에서 혜택을 보기 위해 더욱 창의적이어야만 한다(Gray, 2016)."

유명 소프트웨어 개발 기업인 어도비Adobe가 대학을 졸업한 1,000명의 직장인들을 조사한 결과, 85%를 넘는 사람들이 창의적 사고가 커리어의 문제해결에 핵심이라는데 동의했다. 창의성은 현대 직업의 필수 요건인 것이다. 또한, 9할 이상이 경제성장에 창의성이 필요하다고 느꼈으며, 창의성이 사회에 가치롭다고 믿고 있는 이들도 96%나 되었다. 32%의 사람들은 커리어에 있어 창의적으로 생각하는 것을 편하게 느끼지 못하고 있으며, 78%의 많은 사람들은 더욱 창의적인 능력을 소유하기를 원했다.

창의성 격차

어도비의 조사에 의하면, 기업 중 82%는 창의성과 비즈니스 성과 사이에 강력한 관계가 존재한다고 믿었다. 그러나 고위 임원의 61%는 자신의 회사를 창의적이라고 여기지 않았으며, 단지 11%만이 자신의 회사가 현재 창의적으로 일하고 있다고 보았다. 반대로 자신의 회사가 창의적으로 일하고 있지 않다고 느낀 이들은 10%였다. (Adobe, 2014)

줄어드는 창의성

우리가 어렸을 때를 생각해보면, 지금보다 훨씬 창의적이었다는 것을 떠올릴 수 있을 것이다. 이것은 사실 오랫동안 증명된 이야기다. 예를 들어 1969년에 나사NASA는 창의적인 과학자와 엔지니어를 선발하기 위해 5살짜리 아이들 1,600명의 창의성을 평가했다. 놀랍게도 98%의 아이들이 '매우 창의적'이라는 범위에 속했다. 하지만 5년이 지나고 이제 10살 된 같은 아이들이 테스트를 다시 보았는데, 이번에는 10%만이 '매우 창의적'의 범위에 속했다. 또 5년 후, 아이들이 15살이었을 때에는 단지 12%의 아이들만이 이 범위에 속하게 되었다. 그렇다면 어른들은 어떨까? 25살 25만 명에게 동일한 테스트를 실시한 결과, 오직 2%만이 매우 창의적이라는 범위에 속했다. 이 책을 읽고 있는 사람들이라면 누구나 그 2%에 자신이 포함되기를 원할 것이다([표 0.1])!

이 연구는 무엇을 입증하고 있을까? 혁신전문가인 스테판 샤피로Stephen Shapiro의 말을 빌자면, "창의성은 그러므로 학습될 수 있는 것이 아니라, 오히려 나이가 들면서 잊혀지는 것이다." 어렸을 때는 누구나 상상력이 넘쳐 쉽게 창의성을 발견할 수 있지만, 어른이 되어가면서는 그 빈도가 급격하게 줄어든다. 어쩌다 이렇게 된 것일까? 다음 질문들에 대해 살펴보자.

질문 1. 학교에서 배우기 위해 몇 시간을 사용했는가?

정규 교육과정을 거친 사람들은 약 5,000시간 이상이라고 말할 것이다. 여러분의 대답도 마찬가지인가? 그 시간 중 얼마만큼이 가치 있었

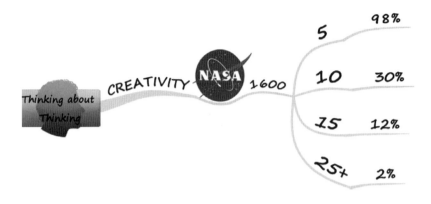

(표 0.1) 나사의 창의성 테스트

는가? 그때 배운 것 중 지금 기억할 수 있는 것들은 어느 정도인가?

질문 2. 창의성을 배우기 위해 몇 시간을 사용했는가?

조금? 아니면 전혀? 우리는 대부분 정규 교육과정의 바깥에서 창의성을 배운다. 우리들 중 혁신에 관한 기초수업인 '혁신 개론'을 들어본 사람이 있기는 한 것일까?

우리는 학교, 선생님과 같이 공교육에 의해 많은 제약을 받는다. 교육과정은 새로운 아이디어를 만들고 실현하기 위한 능력보단, 정보를 저장하고 분석하기 위한 사고를 훈련하는데 초점이 맞춰져 있다. 우리는 정답을 암기하고, 다른 사람의 해답과 지식을 사용해 문제를 해결하는 법을 배운다. 동시에 자신만의 정답이나 해결책, 지식 등을 발견하는 것을 '배우지 않는다.' 또한, 일찍부터 실수가 나쁜 것이라고 생각하게 된다. 우리는 틀릴까 봐 우리의 용기와 자신감을 숨기며, 자신이 다르다는 것을 조심스럽게 표현하기 시작한다. 직장을 다닐 때쯤이면, 우리는 굳이 다르게 생각하지 않으려 하고 금방 관행과 형식에 적응해버린다.

반면 어린이들은 어른들의 엄격한 관습과 방법론에 의해 묶여있지 않기 때문에, 매우 창의적인 방식으로 문제를 풀어낼 수 있다. 창의적인 문제해결에 있어서는, 어른과 어린이는 애초에 출발선이 다르다. 스페인의 예술가이자 화가인 파블로 피카소는 "라파엘을 따라 그리는 것을 배우는 데 4년이 걸렸으나 어린이와 같이 그리는 데는 평생이 걸렸다"라고 말했으며, 나는 그의 말에 전적으로 동의한다. 어린이들은 항상 열린 시선으로 세상을 보며 언제든 호기심을 갖고 새로운 만들어낼 준비가 되어있다. 어린이의 생각에는 한계가 없다, 그들은 순응하지 않고 창조한다.

창의성은 보통 시간이 지날수록 줄어들기에, 사람들은 자신이 창의적이지 않다고 생각하게 된다. 그리고 더 나아가, 어떤 창의적인 생각이나 행동에 대한 시도도 무의미하다고 여기게 되는 끔찍한 부작용도 낳는다. 더불어 창의성이 무미건조한 일을 하는 자신들을 위한 것이 아니라, 예술가, 디자이너, 음악가와 같은 사람들만을 위한 것이라고 오해한다.

과연 그럴까? 우리 중 대부분은 운동신경이 뛰어나진 않지만, 식습관에 신경쓰고 꾸준히 운동을 한다면 몇 개월 후 건강한 몸을 가질 수 있다. 같은 맥락에서, 나이가 들어도 우리의 창의적인 역량이 영영 사라져버리는 것은 아니다. 오히려 창의성이 실용적이지 않다고 하는 잘못된 믿음 때문에 점점 더 멀리하게 되어 창의성이 점점 둔해지는 것이다. 사용하지 않는 근육처럼, 방치된 창의성은 시들어 버린다. 자유롭게 노는 법을 다시 배우고, 창의적인 생각을 위한 활동을 추구하면, 우리는 잠시 잊고 있었던 창의성의 신비를 다시 발견할 수 있다. 5살 때의 창의성을 다시 갖게 되었을 때, 우리가 얼마나 더 멋진 일들을 할 수 있을지 상상해보자!

상자 없이 생각하기

어떤 이들에게 창의성이란 상자 밖에서 생각하는 것이고, 다른 이들에겐 상자 안에서 생각하는 것이다. 하지만 만약 상자 자체가 없다면? 상자의 실체를 파악하고, 그것을 아예 없애버릴 수 있다면 우리는 무한한 창의성의 흐름을 열 수 있을 것이다. 상자는 전제, 습관, 편견처럼 기존의 사고방식일 뿐이다. 애플Apple은 '키패드가 없는 휴대폰을 개발하면 어떨까?'라는 과감한 질문을 스스로에게 던져서, 상자를 없애버리는데 성공했다. 새로운 전환점을 맞이한 애플은 큰 화면과 매끄럽고 흥미로운 디자인을 가진 아이폰으로 글로벌 시장 1위였던 노키아Nokia를 무너뜨리며 전례 없는 성공을 거두었다.

다른 회사들은 소비자들이 계속해서 키패드를 선호할 것이라고 판단했다. 그들은 휴대폰 디자인에 대한 기존의 법칙을 끊어버릴 수 없었고, 터치스크린 기술의 위력을 간과하고 말았다.

물론 상자를 버리는 것이 쉬운 일이 아니다. 브레인스토밍을 해본 적이 있다면 알 수 있을 것이다. 보통 어떤 일이 일어나는지 살펴보자.

브레인스토밍 실수

동료들과 함께하는 아침 회의. 시작은 좋다. 당신은 아이디어를 내놓기 시작하고, 회의는 차츰 적당한 흐름을 타게 된다. 실용적이고 '쉬운' 아이디어들, 기상천외하게 '특이한' 아이디어들 그리고 그 둘의 중간에 있는 다양하고 흥미로운 아이디어들이 나온다. 회의는 잘 흘러가는 것처럼 보인다. 그렇지만 꼭 이럴 때 무슨 일이 발생한다! 창의적인 흐름을 끊어버리는 일들은 언제나 일어날 수 있다. 아이디어가 떨어지고 흐지부지 되거나, 아직은 아이디어들이 우스꽝스럽고 성에 차지 않는 것처럼 말이다. 그러면서 보다 '안전하고' 위험이 적은 선택지에 집착하게 된다. "기존에 해오던 것을 더 잘, 더 빨리하는 방법을 찾읍시다" 혹은 "디자인은 똑같이 하고 이번에는 패키징을 자주색으로 합시다"라는 말이 나오기 시작한다. 그러면서 모두가 새로운 아이디어들을 만들어내는 것으로부터 관심을 돌리고, 반사적으로 아이디어의 사소한 흠을 잡거나 분석하는 것으로 회의의 방향이 바뀐다.

"다른 회사에서 그것을 이미 했어."
"우리 고객들은 그것을 좋아하지 않을 거야."
"그건 우리 스타일이 아닌데."
"하지만 어떻게 그렇게 해서 돈을 벌어."
"작년에도 그렇게 해봤잖아."
"좋은 아이디어인데 실행할 자금이 없잖아."

두려움과 비관에 빠져, 아이디어의 잠재력을 찾지 못하게 될 수도 있다. 이러면 그저 모두 풀이 죽어버리는 상태가 된다.

"그건 결코 안 될 거야."

"그건 우리 정책에 반대되는 건데."

"엄청 힘들 거야."

"이 업계에서 그런 일을 일어난 적이 없어. 아마 시간 낭비야."

반대로, 때로는 운이 좋아서 브레인스토밍 회의의 초반에 구체적이고 만족스러운 아이디어가 나오기도 한다. 그러면 이제 완벽한 해결책을 찾았으니, 회의를 끝내도 될까? 과연 그럴까?

하지만 막상 이 아이디어를 실행에 옮겨도, 생각하지 못한 장애물을 만나곤 한다. 그렇지만 다른 대안이 없기에, 이제는 '나쁜' 아이디어가 된 아이디어를 어쩔 수 없이 끌고 갈 수밖에 없다. 그렇지 않으면 그 모든 소중한 시간과 에너지를 낭비한 것이 되기 때문이다.

어떤 경우든, 브레인스토밍 회의에서는 우리의 창의성을 가로막는 '상자'가 반드시 존재한다. 그러니 상자를 부숴 혁신에 이르는 길을 열어야 한다. 상자가 없어야만 우리의 정신을 완전히 개방할 수 있다.

"정신은 낙하산과 같다. 펴질 때에만 기능을 한다

(프랭크 자파Frank Zappa)."

우리의 정신은 낙하산과 같다. 혁신적이어야 할 때 닫혀 있으면 마치 펼쳐지지 않는 낙하산처럼 무용지물이다. 닫혀있는 정신을 열기 위해서는 어떤 자물쇠가 정신을 잠그고 있는지 아는 것이 우선이다. 창의성을 위해서는 어떤 것으로부터 얽매이지 않는 정신이 중요하기 때문이다. 특히 아이디어를 만들어내는 시작 단계에서 더욱 그렇다.

이 책의 1부에서는 주의를 기울여야할 정신적 제약들에 대해 설명할 것이다. 그 다음으로 2부에서는 정신적 제약의 영향력을 줄이고 더 나은 의사결정을 할 수 있는 효과적인 전략들을 다룰 것이다. 하지 말아야 할 것을 아는 것은 해야 할 것을 아는 것만큼 중요하니 집중해서 따라오기를 바란다.

창의성과 혁신의 차이

'창의적이다'라는 말에 대해 우리 모두 어느 정도 짐작할 수는 있지만, 이 까다로운 개념은 불확실하고, 모호한 것들로 둘러싸여 있다. 창의성을 발휘해보기 전에 먼저 창의성이 정확히 무엇을 의미하는지 명료하게 정의해보는 것이 좋을 것이다. 인터넷에 많은 정의가 이미 내려져있지만, 여기서는 우리와 우리의 팀 모두가 이해하고 동의할 수 있는 공통 정의을 내릴 것이다. 개념에 대한 정의을 공유하고 시작하면, 모든 사람이 비즈니스에 필요한 창의성을 같은 방향으로 설정하는데 도움이 된다.

나는 창의성을 다음과 같이 생각한다. 동료나 팀원들에게 마음껏 공유해도 좋다.

창의성

기존의 지식에서부터 발생해 뇌의 새로운 신경 연결 통로를 형성하고 그와 결합되어, 독창적인 사고로 이끄는 새로운 아이디어를 품고, 일구는 방식.

멋진 정의는 아니지만, 사람들이 쉽게 창의성이 표현되는 본질적인 방식에 대해 이해할 수 있도록 초점을 두었다. 창의성은 독창적이고 유용한 아이디어에 도달하기 위해 정신과 사물들을 연결시키는 것이다. 애플의 창업자인 스티브 잡스Steve Jobs는 이와 같은 원리를 '점들을 연결하는 것connecting the dots'이라고 표현했다.

종종 창의성은 혁신으로, 또는 혁신도 창의성으로 대체되며 사용되기도 한다. 하지만 둘 사이에는 큰 차이가 있다. 내가 내리는 혁신의 정의는 다음과 같다.

혁신

함께 적용했을 때, 새롭고 잠재력이 더 뛰어난 해결책 혹은 더 발전시켜볼 수 있는 방향을 만들어내는 창의적 사고와 탄탄한 논리의 결합.

혁신은 총체적인 것이다. 의미있는 것을 생산하고 아이디어를 전진시키기 위해 결합된 창의적이고 논리적인 사고다. 즉 혁신은 아이디어가 열매를 맺을 수 있기 위한 수많은 활동들이 같이 어우러지는 과정이다. 혁신은 변화를 일으키고 우리를 목표에 더 가깝게 다가갈 수 있게 한다. 마이크로칩, 인쇄기 혹은 자동차와 같은 역사적인 중요성을 가진 위대한 발명품과 같은 것일 필요는 없다. 이런 아이디어들은 오히려 하버드경영대학원 교수인 크레이튼 크리스천슨Clayton Christensen이 그의 저서 『혁신가의 딜레마The Innovator's Dilemma』에서 '파괴적 혁신disruptive innovation'이라고 부른 것에 가깝다. 반대로 고객 서비스 혹은 재고관리 과정에서의 작은 개선과 같이 조그만한 변화에서 시작해 큰 가치를 주는 것 역시 혁신일 수 있다. 이미 다른 곳에서 실행하고 있든 업계에서 새로운 방식이든 상관없다. 조그마한 변화들이 모여 큰 차이는 만들어내는 것이 곧 혁신이다.

응용 창의성

창의적인 사고방식과 문제해결이 비즈니스의 성공에 매우 중요한 것은 누구나 알지만, 그것들이 어떻게 생기는지, 그리고 어떻게 실행에 옮기는지에 대해서는 소수의 사람들만이 알고 있다. 창의적이라는 것은 사람들을 모아 어색하게 브레인스토밍을 하고, 아이디어들을 적어 내려가는 것 이상을 의미한다.

가장 혁신적인 브랜드들을 생각해보자. 아마존, 애플, 디즈니, 구글,

마이크로소프트, 삼성, 스타벅스, 테슬라, 도요타, 버진 등이 떠오를 것이다. 이제는 우리가 존경하는 창의적 '천재들'을 생각해보자. 제임스 다이슨James Dyson, 일론 머스크Elon Musk, 리차드 브랜슨Richard Branson, 스티브 잡스, 토마스 에디슨Thomas Edison, 리아나Rihanna 등이 생각날 것이다. 이들에게 창의성은 자유로운 즉흥연주 같은 것이 아니다. 뜻밖의 행운이 아니라 신중하게 방법, 구조와 마인드를 갖춘 수 새로운 아이디어를 만들어내는 것이 창의성이다.

예를 들면 구글은 10%가 아니라, 10배의 개선을 위해 노력하는 '10배 사고'를 혁신의 핵심으로 삼고 있다. 구글의 X 사업부는 자율주행차와 같이 세계를 바꿀 수 있는 혁신적인 아이디어들과 주요한 기술적 진보에 초점을 맞춰 설립되었다. 구글은 이런 사업을 '달 탐사선 발사moonshot, 사전적으로는 우주 탐사선을 달에 보낸다는 뜻이지만, 혁신적인 도전으로 의미가 확장됨-옮긴이' 프로젝트라고 부르기도 한다.

케이스 스터디: 닌텐도는 행운을 하늘에 맡긴다

닌텐도Nintendo, 任天堂는 구글과 마찬가지로 경쟁자들의 성공을 모방하기보다 새로운 시도를 하는 것을 믿는다. 닌텐도의 이름은 '행운을 하늘에 맡긴다'라는 뜻으로, 닌텐도가 게임 업계 내 경쟁에서 벗어나, 탐색되지 않은 새로운 영역에서 자유롭게 사업을 하는 모습에 걸맞다. 이는 전문적인 말로 블루오션 전략blue-ocean strategy이라고도 한다.

블루오션 전략은 많은 경쟁자들과 '레드 오션red ocean'에서 피 튀기는 싸움을 하기보다, 비용과 불필요한 요소들을 제거하고 새로운 시장에서 고객 가치를 중시하며 혁신적인 도약을 추구하는 마케팅이다. 닌텐도의 새로운 제품인 스위치Switch가 가정용 및 휴대용 둘 다로 게임을 할 수 있는 최초의 하이브리드 컨솔의 모습을 갖춘 것도 이런 블루오션 정신이 만들어낸 것이다. 닌텐도 스위치는 미국과 일본에서 가장 빨리 팔리는 기록을 세우며 초기 수용도에 있어 소니의 플레이스테이션2를 능가하는 대성공을 거두었다 (Kuchera, 2018).

구조는 창의성이 자라는데 있어 중요한 역할을 한다. 혼란한 상태에서의 창의성은, 창의성이 없는 것과 마찬가지로 도움이 되지 않을 수도 있다. 그리고 일하는 방식을 바꾸려면, 우리는 생각하는 방식부터 바꿔야 한다. 비즈니스의 성공을 위해서 전략, 시스템, 프로세스가 필요하듯이, 우리의 사고도 추구하는 목표를 위한 주도적이고 목적지향적인 전략을 필요로 한다. 이것이 해결책 찾기Solution Finder 프로세스가 필요한 이유다(2부에서 상세히 알게 된다). 이런 체계적인 접근은 창의성에 순서와 논리를 더해주며, 창의성을 공허한 개념이 아니라 실용적이고 구체적으로 만들어준다.

이 책의 사용법

이 책은 3부로 나누어져 있다. 이 책의 내용들은 실제 프로젝트의 시작부터 끝까지 적용할 수 있을 것이다. 혼자 일하든 같이 일하든, 창의성을 갖고 문제를 해결하는 과정을 쉽게 익힐 수 있을 것이다. 목차를 보고 책에서 가장 도움이 될 것 같은 부분부터 살펴봐도 무방하다. 또한 이 책이 해결하고자 하는 문제에 완벽하게 들어맞지는 않더라도, 일단 읽어두면 문제해결의 전체 과정을 이해하고 일상 업무에서도 창의성을 발휘하는데 도움이 될 것이다.

1부는 우리의 사고에 대한 통찰을 던져주고, 이후에 나올 내용의 배경을 조성해줄 것이다. 우선 1장에서 의사결정 레이더 진단을 통해 사고의 '위험 영역'을 진단해보자. 그러면 2, 3, 4장에서 다루는 생각의 일반적 오류들에 대해 좀 더 수월하게 이해할 수 있을 것이다.

2부는 이 책의 핵심이다. 해결책 찾기(표 0.2)는 창의적 문제해결과 의사결정에 초점을 맞춘 방향을 제시하기 위해 고안된 실용적 전략이다. 해결하고자 하는 문제가 얼마나 크건 골치아프건, 내용을 따라가다 보면 실제 문제들과 프로젝트들에 대한 신선한 접근법들을 발견할 수 있다. 4단계로 된 가이드는 적합한 마인드와 분위기를 만들 수 있게 도와줄 것이다. 과제를 정의내리고 많은 아이디어를 만들어내는 것으로부터, 아이디어를 평가하고 목표와 액션 플랜을 세우는 것에 이르기까지, 각 단계는 우리의 편견을 극복하기 위해 도움을 주는 맞춤형 도구와 기법들을 준비하고 있다. 또한 창의적인 회의를 위해 사용할 수 있는 다운로드 가능한 템플릿과 체크리스트가 함께 제공된다.

3부는 이 책에서 배운 내용으로 얼마나 발전했는지 다시 확인해보는 것으로 시작한다. 다시 한번 의사결정 레이더를 살펴보며, 더 노력해야 하는 영역을 파악하고 발전한 영역에 대해선 축하하는 자리를 갖자. 마지막으로, 인생 전반에서 당신을 도와줄 다르게 생각하는 법을 살필 것이며, 이로써 우리는 비즈니스와 인생에서 창의성과 혁신을 지속적으로 활용할 수 있을 것이다.

이해	생성	분석	실행
문제를 정의하기	아이디어를 떠올리기	아이디어를 평가하기	해결책을 실행하기

(표 0.2) 해결책 찾기 프로세스

이 책에서는 다음과 같은 것들을 배우게 될 것이다.

- '위험 영역'을 파악하기 위해 사고를 진단하기
- 더 나은 사고를 위한 배경을 이해하기
- 비즈니스의 문제, 과제 또는 기회에 대해 명료히 이해하기
- 어떤 종류의 문제에 대해 복수의 아이디어 만들어내기
- 창의적 프로세스에 자신과 타인을 참여시키기
- 너무 뻔한 아이디어를 너머서 바라보기

- 신선한 관점과 기회를 탐색하기

- 개발할 '최고의' 아이디어를 선택하기

- 어리석고 구식인 전제들을 지나치기

- 급한 판단을 멈추기

- 의사결정 프로세스에 객관성을 더욱 가져오기

- 더욱 강력한 문제해결을 위해 도구와 테크닉을 결합시키기

- 문제-반응 고리를 끊기

- 두려움을 떠나 보내고 실수로부터 배우기

- 해결책의 질에 대한 자신감을 개발하기

- 분석 마비를 회피하기

- 보다 도움이 되는 사고 습관, 태도와 믿음을 받아들이기

- 시간이 흐르면서 사고에 더욱 창의적이 되기

- 조직에 창의적 문화를 이식시키기

　

결정에 묶여 있거나, 새로운 아이디어 필요하거나 긍정적 변화를 가져오기를 원할 때마다, 이 책이 영감을 주고 안내해줄 수 있는 동료가 되어주길 진심으로 바란다.

자, 출발할 준비가 되었는가?

1부

생각에 대해서 생각하기

1
의사결정 레이더

뇌는 멋진 기관이다. 아침에 일어나는 순간부터 작동하기 시작해서,
사무실에 가기까지 멈추지 않는다.

– 로버트 프로스트Robert Frost, 미국의 시인

지루한 패턴

이 경구는 농담처럼 느껴지지만, 사실 우리의 사고에 대한 흥미로운
사실이 잘 담겨있다. 우리는 살아가면서 우리의 행동과 의사결정의 배
후가 되는 뇌의 사고 과정에 대해 딱히 인식하지 않는다. 우리는 자연스
럽게, 자동적으로 행동한다. 아무 생각 없이도 일어나서 옷을 차려입고,
출근을 하며 문제없이 하루를 잘 보낼 수 있다.

우리가 이럴 수 있는 이유는 인간의 정신이 양식과 규칙을 기반으로
작동하기 때문이다. 우리의 뇌는 항상 많은 정보에 노출되어 있다. 만약
모든 데이터를 하나씩 평가하려고 한다면, 우리의 뇌는 과부하될 것이
다. 그대신 뇌는 정보들을 양식이나 규칙으로 묶어 수용하고 사소한 부

분들에 대해서는 크게 신경 쓰지 않는다. 예를 들어 언어에서 말하는 법과 읽는 법을 배우기 위해선 자음과 모음, 단어 그리고 문장에 대한 규칙을 갖추고 있어야 한다. 시간이 지나면 뇌에 언어의 규칙들이 자연스레 잘 자리 잡게 되고, 책을 읽거나 정보를 이해할 때 멈춰 생각할 필요가 없이 단어와 문장들을 자연스레 이해할 수 있다.

대부분의 경우, 우리의 사고에 있어 이는 매우 유용하고 실용적이다. 일을 처리할 때, 특히 무미건조하고 지루한 일들을 맡았을 때 더 손쉽게 처리하게 해준다. 아침에 옷을 차려입을 때 어떤 순서로 옷을 입을지에 대해서 의식적으로 생각하지 않아도 괜찮게 해준다. 어떤 옷을 입을 것인지만 정하면, 우리는 옷 입는 것에 대해서 어떤 의사결정도 내릴 필요가 없다. 자연스레 입는 방식을 따라 그냥 입으면 된다. 출근하는 방식이나 치아를 닦는 법도 마찬가지다.

이런 자동적 사고와 행동은 일 처리를 빠르고 효율적으로 만들어주기에, 일상 행동과 업무에는 매우 유용하다. 예를 들어 까다로운 고객을 대하는 방법을 한 번 발견하면, 이를 계속해서 사용할 수 있다. 동일한 문제를 마주칠 때마다, 새로운 해법을 만드느라 에너지를 낭비할 필요는 없다. 하지만 성공해야 하는 비즈니스의 차원에서는 어떨까?

익숙한 사고방식과 규칙들은 우리의 소중한 시간과 노력을 절약시켜주면서도, 반대로 다른 기회들을 못보게할 수도 있다. 규칙이 계속해서 쌓이는 우리의 정신은, 시간이 지날수록 견고하게 굳어져 변화하기에 어려워진다.

다음 숫자 문제를 풀어보자.

활동: 잘못된 등식

간단한 등식을 하나 살펴보자.

$$2+7-118=129$$

이 등식은 틀렸다. 직선 하나를 추가해 이 등식이 맞게 하려면, 어떻게 해야 할까?

해결책을 찾았는가? 답은 313쪽에 있다. 한 가지 이상의 방법이 있다는 사실에 놀랐는가?

이것이 일상적 사고의 흥미로운 점이다. 사람들은 보통 단 하나의 정답이 있고, 그 답을 찾는 방법도 단 하나만 있는 것으로 생각한다. 어떤 과제든 무한히 많은 해결책과 방법이 있다. 이 문제가 어려웠다면, 아마 문제를 단 하나의 방향으로만 접근했기 때문일 것이다. 수학 문제로 보였을 수 있겠지만, 해답 자체는 시각적인 영역에 있다. 문제를 제대로 바라보기 위해서는 우리의 초점을 숫자로부터 이동시켜야 하고, 그러고 나서야 해답을 찾을 수 있다.

여기서 말하고자 하는 바는 명확하다. 우리가 만약 세계를 놀라게 할 만큼의 혁신을 이루고자 한다면, 우리는 우리가 익숙한 사고방식을 의심해보고, 심지어 완전히 반대로 생각해야 할 수도 있다. 똑같은 일상만 반복하는 것도 정신에 좋지 않다. 그렇게 되면 '같은 일을 오랫동안 반복하며 다른 결과를 기대하는 것'과 같은 안좋은 상태를 만들 수도 있다. 세계는 물론이고, 우리의 업무 환경은 빠르게 변하고 있고 새로운 문제와 도전은 늘어나고 있다. 그래서 우리는 주도적으로 사고를 전환하며 창의적으로 다른 방법들을 찾아낼 수 있어야 하고, 그러기 위해선 '목적'을 가지고 생각해야 한다.

메타인지

메타인지Metacognition는 성공적인 혁신에 주도적인 역할을 한다. 일반적으로 메타인지는 '생각에 대해 생각하는 것'을 의미하지만, 실제로는 훨씬 넓은 의미를 갖고 있다. 메타인지는 사람의 인지 과정을 통제하는 능력으로, 여러 연구에서 지능과 연관된 것으로 밝혀졌다(Borkowski, Carr and Pressely, 1987; Brown, 1987; Sternberg, 1984, 1986a, 1986b). 로버트 스턴버그Robert Sternberg에 따르면, 메타인지의 근본적 목적은 '(문제해결을 위한) 과제들을 어떻게 수행하는 가를 이해하고, 그 과제들이 정확하게 수행되도록 하는 것'이다. 이 과정에는 문제해결을 위한 행동들을 계획, 평가하는 방법들이 포함되어 있다. 스턴버그는 어떻게 그리고 언제 과제를 수행해야 하는가와 같은 인지적 자원을 스스로 통제하는 능력이 지능에 핵심적이라고 주장하기도 했다(Hendrick, 2014).

다시 말해서 메타인지는 무엇보다 목표를 위한 전략적 행동이며, 이런 의미에서 가장 고차원적인 생각을 나타낸다고 할 수 있다. 나는 종종 워크숍이나 컨퍼런스에서 청중들에게 다음 질문들을 던져보곤 하는데, 여러분이라면 어떤 대답을 할지 한번 생각해보자.

- 자신의 식습관에 대해서 생각하십니까?
- 자신의 건강에 대해서 생각하십니까?
- 자신의 외모에 대해서 생각하십니까?
- 자신의 생각에 대해서 생각하십니까?

식습관, 건강, 외모에 대한 질문에는 대부분 '예'라고 바로 답하는 경우가 많다. 하지만 마지막 질문은 다르다. 기껏해야 '때때로'라고 답하는 경우만 종종 있었고, 대부분 '아니요'라고 응답했다. 자, 무엇이 우리의 문제인지 나왔다. 우리는 우리 자신의 생각에 대해서는 거의 생각하지 않고 있었던 것이다.

사람들은 건강이나 외모를 관리하기 위해 갖은 노력을 들이고 전략을 세우기도 한다. 예를 들어 목표로 하는 몸무게나 건강 상태에 도달하기 위해 식습관과 운동 계획을 세우는 것처럼 말이다. 하지만 생각에 대해 그러는 사람은 없다. 삶의 다른 영역과 마찬가지로, 생각 역시도 관리해야 한다. 생각에 관한 전략을 갖고 있어야 무의식적 경향들을 극복할 수 있고, 우리의 성취를 방해하는 '능동적 타성active inertia, 새로운 도전이 다가오면 과거에 사용했던 동일한 반응으로 되돌아가는 것'에도 굴복하지 않게 된다. 전략을 세우는 일은 쉽지 않다. 우리에겐 우리의 사고를 통제하는 생각의 오류들이 이미 가득하기 때문이다.

생각의 오류들이 통제되지 않으면, 창의성이 제힘을 발휘하긴 어렵다. 예를 들어 두 팔과 다리가 자유로운 상태에서 보통 때처럼 달리고 있다고 상상해보자. 그런 다음, 왼팔을 왼발에 묶은 채 달린다고 마음속에 그려보자. 당신은 자유롭게 달리는 것의 반만큼 잘 달릴 수 있을까? 혹은 반만큼도 못 달릴게 될까?

물론 정상적으로 뛸 때보다 절반의 속도도 내지 못하는 것이다. 신체의 절반, 즉 오른쪽 팔과 오른쪽 다리는 여전히 사용할 수 있지만, 힘과 효율성은 절반 이상으로 감소하게 된다. 몸의 무게중심이 크게 달라졌으니, 자기 다리에 걸려 넘어지는 경우가 대부분일 것이다. 사실상 능력이 99%까지 떨어지는 것이고 우리가 새로운 전략과 아이디어를 실행하려고 노력할 때 스스로에게 제한을 거는 모습이다. 우리는 생각하는 능력에 많은 제한을 두기에, 자신을 한계 속에 가두게 된다.

의사결정 레이더로 생각을 진단하기

생각의 오류를 없애고 전략적으로 생각을 구축해나가는 방법을 알아보기 전에, 우선 의사결정을 내리는 방법에 대해 더 살펴볼 필요가 있다. 의사결정 레이더Decision Radar는 사고방식의 강점과 약점을 확인하기 위해 만든 도구로서, 더 생산적으로 생각할 수 있도록 개인의 역량을 높이고, 팀이 균형 잡힌 의사결정을 내릴 수 있는 환경을 조성하는 데 도움을 줄 것이다(표 1.2).

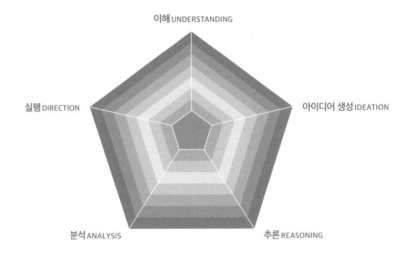

(표 1.2) 의사결정 레이더

의사결정 레이더는 다음 5가지 요인들에 따라 의사결정 역량을 평가하며, 선다형 질문들로 구성되어 있다.

- 이해Understanding: 문제나 과제를 정의내리고 이해하는 능력
- 아이디어 생성Ideation: 새로운 아이디어의 형성을 촉진하는 능력
- 추론Reasoning: 객관적이고 합리적으로 생각함으로써 올바른 판단력과 분별력을 활용하여 결론을 내리는 능력
- 분석Analysis: 정의된 기준에 근거해 성공에 가장 가까운 방법을 가려내고 선택하는 능력
- 실행Direction: 결정을 내리고 성공적인 결과를 만들어내는 능력

검사를 해보기 전, 자신이 상황과 문제에 어떻게 접근하는지에 대해 생각해보자. 이후, 너무 심각하게 생각하지 말고 솔직하게 질문에 답하면 된다. 검사는 웹사이트 https://decisionradar.opengenius.com 에서 해볼 수 있다.

검사를 마치면 5가지 요인에 따른 점수를 받게 되며 표 1.3처럼 레이더에 각 요인이 표시된다. 점수가 바깥쪽(녹색) 부분에 있을수록 더 좋은 것이고, 안쪽(적색) 부분에 있을수록 개선이 필요하다는 것을 나타낸다(이 책에서는 흑백으로 보이지만, 컴퓨터 화면에서는 색깔을 뚜렷이 확인할수 있다). 이 검사 결과는 업무 환경에서 검사자가 어떻게 결정을 내리는지에 대해 보여주는 것이기도 하다.

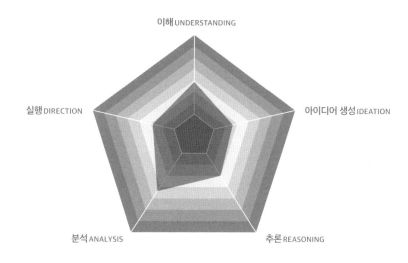

검사 일자: 2018년 2월 21일

이해	아이디어 생성	추론	분석	실행
49%	33%	38%	58%	34%

(표 1.3) 의사결정 레이더 진단 예시

표 1.3을 보면, 우리는 이 검사자가 아이디어 생성이 33%, 추론이 38%, 실행이 34%로, 이 세 가지 요인들이 비교적 부족하다는 것을 알 수 있다. 또한 검사자가 사고 과정에 있어 어떤 측면을 제일 중시하는지도 파악할 수 있다. 이 검사에서 부족한 부분을 정확히 파악했는데, 이 책의 관련 내용들을 살펴보면 큰 도움을 받을 수 있을 것이다.

결과에 기초해 행동하기

의사결정 레이더 진단 결과를 통해 우리는 우리의 강점과 약점을 파악할 수 있다. 자신의 어떤 영역이 이미 충분히 개발되었고, 어떤 영역을 개발할 필요가 있는지 살펴보자.

어떤 상태인지 알았으니, 이제 이를 기반으로 무엇을 해야 할지 알아보자. 뇌를 어떻게 훈련하느냐에 따라 진단 결과는 언제든지 달라질 수 있다는 것을 명심하자. 맥킨지McKinsey가 1,000개 넘는 사업 투자에 대해 2010년에 진행한 연구를 보면, 의사결정 과정에서의 편견을 감소시키기 위해 노력한 조직이 7%나 더 높은 투자 수익을 남긴다는 결과가 있다(Lovallo and Sibony, 2010).

생각뿐만 아니라 혁신에 대해서 생각했을 때도 확실한 차이가 나타난다. 하버드경영대학원 교수인 존 코터John Kotter와 제임스 헤스켓James Heskett은 11년에 걸친 획기적 연구에서, 혁신에 초점을 맞춰 유연한 문화를 가진 회사의 순이익은 756% 증가한 반면, 창조적 사고의 철학을 발전시키지 못한 회사들은 순이익이 겨우 1% 증가한 것을 발견했다(Kotter and Heskett, 1992).

　의사결정 레이더의 결과는 부족한 영역을 발전시킬 수 있는 귀중한 조언을 준다. 이제 본격적으로 부족한 영역들을 개선할 수 있는 이론과 방법들에 대해 다룰 것이다. 그 내용들을 주의 깊게 살펴보고, 다시 검사를 진행했을 때 자신이 얼마나 발전했는지 확인해보자.

요점

▶ 우리는 모두 집이나 직장에서 일상적인 사고방식에 의존하며 효율적으로 행동한다. 그러나 슬프게도 이것이 오래되어 굳어버리면, 다르게 생각해야 할 때 오히려 방해가 된다. 어쩌면 그저 문제를 뻔한 방식으로 바라보고, 잘 알고 있거나 편한 방식으로만 해결하려고 할지도 모른다.

▶ 건강한 몸은 우연으로 가질 수 있는 것이 아니다. 신체적 역량을 위해서도 전략이 필요하듯, 창의적 역량을 키우고 더 좋은 아이디어를 내고자 할 때에도 전략이 필요하다.

▶ 메타인지는 '생각에 대해 생각하기' 이상의 것이다. 메타인지는 목표를 달성하기 위해 사고에 전략을 적용하는 행위다.

▶ 개인의 사고 역량을 분석하기 위해 의사결정 레이더 진단을 해보자. 당신의 강점과 약점을 확인하고, 어떻게 개선할 것인지를 찾아보자.

2
사고 오류(1) · 선택적 사고

창의성을 죽이는 것

브레인스토밍으로 성공적이지 않거나 충분한 아이디어들을 얻지 못한다면, 아마 위험한 사고방식에 묶여 있기 때문이다. 우리 자신과 팀원들은 이런 사실을 인식하지 못할 수 있다. 우리의 정신은 놀라운 일을 해내기도 하지만, 어떤 상황에서는 우리를 크게 낙담시키기도 한다. 심리학에 의하면 결정을 내리거나 문제를 해결하려고 할 때, 우리의 사고는 많은 결함을 드러낸다고 한다. 행동과학에서도 우리가 때때로 비합리적, 그것도 예측 가능하게 비합리적이라는 것을 인정하고 있다. 노벨상 수상자인 다니엘 카너먼Daniel Kahneman은 그의 탁월한 저서 『생각에 관한 생각Thinking, Fast and Slow(Kahneman, 2011)』를 통해 우리 생각의 실수, 직감과 편견들을 밝혀냈다.

2, 3, 4장에서 나는 우리의 사고에 숨어있는 오류들을 찾아내고, 이를 방지하기 위한 활동들을 소개할 것이다. 책을 읽어가며 이와 비슷한 경험을 해본 적이 있는지 자문해보기를 바란다. 성공적으로 문제를 풀 수 있었던 상황에서, 자신을 방해한 것이 무엇이었는지도 회상해 보기를 바란다.

우리가 흔히 범하는 오류들은 다음 셋 중 하나일 것이다.

- 선택적 사고Selective Thinking: 어떤 아이디어는 인정하고 다른 아이디어는 무시하는 경향(예를 들면 '특별히 관심을 갖는 아이디어'를 편애하는 것)
- 반응적 사고Reactive Thinking: 기존의 사건, 아이디어 혹은 영향력을 미치는 것에 종종 너무 급하게 반응하는 경향
- 가정적 사고Assumptive Thinking: 신념, 관습 혹은 아이디어를 종종 증거 없이 수용하는 경향(과거 경험 혹은 '상식'에 근거해서)

선택적 사고, 반응적 사고, 가정적 사고 모두 적재적소에 사용하면 매우 유용하다. 그러나 적절하지 않은 때에, 다시 말해 폭넓게 생각해야 하고 원대한 아이디어를 만들어내야 할 때에는 도리어 우리의 사고를 방해한다. 예를 들어 위험한 상황에서 즉각 반응하고 결정을 내리는 것은 생존에 필수다. 하지만 여러 선택지들을 깊이 있게 탐색할 필요가 있는 전략적 결정에서는 도움이 되지 않는다.

그래, 바로 그거야!

하나의 아이디어만을 가진 것보다 더 위험한 것은 없다.

– 에밀 카르티에Émile Chartier, 프랑스 철학자

브레인스토밍과 의사결정에 가장 해를 끼치는 사고방식을 한 가지만 꼽자면, 그것은 선택적 사고일 것이다. 사람들은 자신이 대단하다고 생각하는 것을 보통 정당화하기 마련이다. 인간으로서 우리는 굳이 자신이 틀렸다는 것을 증명하려고 애쓰지 않는다. 그러나 새로운 제품을 출시하거나 새로운 시장에 진출하는 것에 대해 좋은 결정을 내리고자 한다면, 우리의 판단을 뒷받침하는 증거만큼이나 그 판단이 틀렸음을 보여주는 증거도 중요하다. 이를 무시하면 우리는 잘못된 선택을 내릴 뿐더러 값비쌀 대가도 치러야 할 것이다. 특정 빛만을 허용하는 카메라 렌즈의 필터와 같이, 선택적 사고는 우리가 가진 기존의 패러다임에만 근거해 각 아이디어를 즉시 받아들이거나 무시하게 만든다.

케이스 스터디: 우리는 정보를 얻기 위해 책을 사지 않는다

미국 심리학 협회는 2009년에 선택적 사고의 유형 중 하나인 확증 편향confirmation bias과 관련해서 몇 개의 연구 보고서를 다루어 발표한 적이 있다. 이 발표에는 사람들이 현재 관점과 반대되는 정보보다, 관점을

지지하는 정보를 2배 이상 더 추구한다는 내용이 있다(Hart et al, 2009). 책을 고를 때 우리는 무슨 기준으로 고를까? 무의식적으로 우리가 동의하는 사람들이 쓴 책을 고르는 경우가 많다. 오그넷닷컴orgnet.com의 발디스 크렙스Valdis Krebs는 2008년 미국 대통령 선거 즈음에서 사람들이 어떤 책을 사는지 분석하기 위해 아마존의 데이터를 살펴보았다. 그는 오바마의 지지자들이 그를 긍정적으로 묘사한 책들을 구매했고, 거꾸로, 오바마를 싫어한 사람들은 그를 부정적으로 기술한 책을 구입했다는 사실을 밝혀냈다(McRaney, 2010). 그의 연구는 흥미로운 결론을 도출한다. 우리는 정보가 아닌, 확증을 위해서 책을 산다.

선택적 사고는 우리에게 다음과 같이 다양한 모습으로 다가온다.

- 선택적 관심: 우리는 원하는 것만 본다. 축구 경기를 시청할 때, 심판이 응원하는 팀에게 불리한 판정을 하고 있다고 생각한 적이 있지 않은가?
- 선택적 기억: 우리는 원하는 것만 기억한다. 우리의 기억력은 생각보다 약하다. 두 사람이 동일한 사건을 다르게 떠올리는 경우를 자주 보았을 것이다.

A: "작년에 해변가로 갔던 멋진 자동차 여행을 기억나?"
B: "그 여행? 멋지진 않았어, 끔찍했어……"

누구 말이 사실이든, 사건에 대한 기억은 선택적이다.

- 선택적 관찰: 우리는 자신을 지지하는 정보들을 수용하고, 반대하는 논리를 무시한다. 간단히 말하면, 맞춘 것을 기억하고, 맞추지 못한 것은 잊어버린다. 충분한 시간만 있다면, 선택적 관찰은 그 어떤 것도 증명해 낼 수 있다. 보통 의사들, 회계사들과 정치인들이 이와 같은 경향을 보인다.

생각을 묶는 편견들

이와 같은 선택적 사고는, 우리의 정신 속에서 판단력을 흐리게 만들어 창의성을 방해한다.

1. 사실 무시

선택적 사고의 주요한 특징 중 하나는, 우리 바로 앞에 놓인 증거를 무시하는 것이다. 포드Ford는 1920년대까지 미국과 전 세계의 절반을 넘는 지역에서 60%가 넘는 자동차를 생산하고 있었다. 헨리 포드의 모델 T는 대중적이면서도, 품격이 있어 큰 성공을 거두었다. 하지만 1920년대에 들어서자, 소비자들의 기대와 욕구가 변하기 시작했다. 사람들에게는 더 많은 돈과 여유 시간이 생겼고, 그러면서 자동차는 이동수단을 넘어, 신분의 상징으로서 자리 잡았다. 그에 따라 소비자들은 더 다양한 디자인과 주문 제작 차량을 원했다.

그러나 헨리 포드는 이런 변화를 거부했다. 그는 자신의 제품을 너무 사랑한 나머지, 이런 사실을 무시하고 시장의 변화를 관망했다(Tedlow, 2010). 그는 "어떤 고객이라도 검은색인 한에서 원하는 어떤 색깔이 칠해진 차를 가지게 될 것이다"라는 유명한 말을 남길 정도로 포드에서 나오는 차량들의 비용과 가격을 통제했다. 그 결과, 1924년과 1925년 사이 자동차 시장은 성장했음에도 포드의 시장 점유율은 54%에서 45%로 하락했다. 그러나 아직 부족했는지 헨리 포드는 1926년에 7쪽짜리 보고서로 이 나쁜 상황을 경고한 임원을 해고하기까지 했다!

포드가 이러는 사이, 제너럴 모터스General Motors, GM는 승승장구하고 있었다. GM은 추가된 기능들과 함께 다양한 색깔의 차량을 제공하기 시작했다. 신용대출을 허용해서 차를 편리하게 구매할 수 있게 했고, 나이가 들고 소득이 많아진 고객들을 다양한 제품라인으로 인도하면서 차별화된 모습을 보여줬다. 포드의 전략은 '보편적 차량'이었지만, GM의 전략은 '모든 지갑과 목적을 위한 차량'이었다.

헨리 포드의 오판은, 고객이 원하는 것을 자신이 알고 있다는 믿음과 자신의 제품과 아이디어에 대한 집착에서 비롯되었다. 결국 그는 새로운 모델을 디자인하기 위해 거의 일년 동안 공장의 문을 닫아야 했다. 그동안 GM은 시장을 주도할 수 있었고, 크라이슬러Chrysler도 시장에 뛰어들었다. 새로운 모델 A로 시장에 돌아올 수 있을 때까지, 포드는 그저 손 놓고 시장의 주도권을 빼앗길 수 밖에 없었다.

2. '정답'

활동: 나뭇조각 떨어뜨리기

누군가 나뭇조각을 들고 있는 이 사진을 보자. 이 사람이 나무를 손에서 놓으면 나뭇조각에는 어떤 일이 일어날까?

답은 314쪽에 있다. 대부분은 나뭇조각이 바닥으로 떨어질 것이라고 답한다. 중력의 법칙을 고려하면 정확하고 적절한 대답이지만, 유일한 답은 아니다(Brainstorming.co.uk, 2011). 이 문제는 우리가 알고 있는 지식에 근거해 가장 쉽게 떠오르는 답을 정해놓고, 그 지식에 '맞지' 않는 다른 가능성들을 얼마나 쉽게 무시해버리는지 보여준다.

이 활동에서 우리는 해답을 발견했을 때 선택적 사고가 우리의 생각을 멈추게 만든다는 것을 알 수 있다. 이것은 결코 이상하지 않다. 매우 정상이다. 오랫동안 우리의 사회는 하나의 정답, 하나의 중요한 아이디어 혹은 제안을 찾으라고 가르쳐왔다. 즉, 많은 가능성이 담긴 창의적인 접근을 시도하지 말라고 교육해 온 셈이다. 지금의 우리에게는 하나의 해답만을 추구하는 사고가 깊숙이 뿌리박혀 있다.

하지만 이것은 현실적인 삶과 비즈니스와는 맞지 않다. 대부분의 상황에서 하나의 정답보다 많은 수의 답을 갖고 있기 때문이다. 앞선 활동에서도, 관점이 따라 다를 뿐이지 다양한 정답이 존재한다. 비즈니스에서의 결정도 마찬가지다. 다양한 결정을 내릴 수 있으나, 우리는 우리의 관점과 가장 일치하는 하나의 '확실한 것'만 바라보는 경향이 있다. 아무리 유연한 사고도 이런 일이 반복되면 굳어지며, 끊임없이 변화하는 세상에서 성공적인 결정을 내릴 가능성도 줄어든다. 오늘날과 같이 빠르게 변하는 사회에서, 단 하나의 정확한 아이디어는 결코 정답이 아니다!

3. 선호하는 아이디어에 대한 집착

하나의 해답만 바라보는 것과 마찬가지로, '자신이 선호하는 아이디어'에 너무 집착하는 것도 주의해야 한다. 자신이 선호하는 아이디어란, 브레인스토밍 초기에 떠올라 이후 과정 중에서도 계속 집착하게 되는 '기상천외한' 아이디어다. 사실 큰 그림으로 보면 전혀 좋아 보이지 않지만 말이다.

이 집착이 왜 창의성에 방해가 되는지는 굳이 자세히 설명할 필요는 없을 것이다. 제품이든 전략이든, 초기의 아이디어에 집착해버리면 다른 해결책들에 집중하기가 어려워진다. 이렇게 되면, 창의성을 위한 나머지 과정들이 역동적이지 못하게 되고 헛된 희망에 묶이게 된다. 끝내 버리지 못하는 하나의 아이디어 때문에, 스스로를 가두기 시작한다.

약 100년 동안, 코닥Kodak만큼 카메라를 상업화하는데 성공한 기업은 없었다. 1900년의 브라우니 카메라, 코다크롬 칼라 필름, 인스타메틱 카메라와 같은 위대한 제품들을 코닥은 만들어왔다. 하지만 코닥은 디지털로 무장한 새로운 경쟁자들로 인해 자신의 제품들이 얼마나 빠르게 무너질지를 예상하지 못했다. 코닥은 필름 제품 라인에 너무 집착한 나머지, 디지털 사진과 프린팅, 소프트웨어, 파일 공유와 애플리케이션의 발전이 변화시키는 시장을 따라가지 못했다. 이후 제약, 메모리 칩, 건강, 문서 관리 사업 등 다른 사업에 손을 뻗어보려고 했으나, 아직까지도 이전의 영광을 되찾지 못했다. 한때 최고치를 찍었던 코닥의 주가는 1997년부터 2010년까지 최고치로부터 96%나 떨어졌다 (Newman, 2010).

코닥은 필름을 선호했다. 그에 너무 집착하는 나머지 더 발전할 수 있는 다른 아이디어들을 볼 수 없었고, 스스로를 다치게 만든 셈이다. 물론 이것이 자신이 선호하는 아이디어를 평가절하해야 한다는 의미는 아니다. 하지만 과연 꼭 그 아이디어여야 하는지를 확실히 하라는 것이다.

4. 기대에 속다

다음 활동을 해보자.

활동: "나는 파리를 사랑한다" 📌

다음 그림을 살펴보자.

I
LOVE
PARIS IN THE
THE SPRINGTIME

뭐라고 쓰여 있을까?

'I love Paris in the Springtime'

정말 그런 것일까? 다시 한번 자세히 보자.

'I love Paris in the the Springtime!'

우리의 뇌는 단어 'the'가 2번 사용되는 것을 예상하지 않기에 섣부르게 인식했다. 그렇다, 우리는 자신의 기대에 속은 것이다. 선택적 사고는 우리의 기대에 힘을 실어줄 때가 많다. 우리는 우리가 보기를 기대하는 것을 보기 때문이다. 네덜란드의 엔스헤데에 위치한 트웬테대학교University of Twente의 리드윈 반 데 벤카르트Lidwien van de Wijngaert는 위트레흐트대학교Utrecht University의 동료들과 함께 선택적 사고에 관한 흥미로운 연구를 진행했다(Simonite, 2009). 그는 60명에게 표준 화질의 TV에서 같은 영상을 보여주었다. 그러나 보여주기 전, 그중 30명에게는 고화질 기술로 더욱 선명하고 또렷한 화면을 볼 수 있을 것이라고 말했다. 그렇게 말하며 동시에 그는 포스터를 붙이고 안내문을 나누어 주었고, 매우 두꺼운 케이블을 TV에 연결하는 모습을 보여주기까지 했다. 나머지 30명에게는 표준 화질을 볼 것이라고, 있는 그대로의 정보를 전달했다.

영상이 끝난 후, 60명은 각각 어떤 화질의 영상을 봤다고 대답했을까? 고화질이라고 알고 있는 사람들은, 자신들이 알고 있는 대로 고화질을 보았다고 답했다. 그들은 자기들이 본 영상이 표준 화질이었다는 것을 알아차리지 못했다.

결과적으로, 리드윈 반 데 벤카르트는 참가자들이 표준 화질과 고화질의 차이를 구별할 수 없었다는 것을 알게 되었다. 그들은 자신이 기대한대로 보았다고 믿고 있었다. 이 실험의 결과는 선택적 사고가 어떻게 선택적 시각으로 이끄는지 보여준다.

5. 손실 회피

마찬가지로 간단한 활동을 또 준비했다.

활동: 동전 던지기

동전 던지기를 한다고 상상해보자. 진 사람은 이긴 사람에게 100파운드를 줘야 한다. 이 내기를 매력적으로 만들기 위해서는, 이길 때의 상금이 최소 얼마가 되어야 할까?

현명한 대답은 100파운드를 넘는 금액일 것이다. 하지만 당신이 위험중립적risk neutral이라면, 100파운드에도 게임을 기꺼이 할 것이다. 더 많지도, 더 적지도 않게. 행동재무학 전문가 제임스 몬티어James Montier는 미국 달러로 600명의 펀드 매니저에게 같은 질문을 했고, 대부분 100달러를 넘긴, 평균 200달러를 조금 넘어선 금액으로 답했다(Montier, 2010). 이는 많은 것을 시사한다. 펀드 매니저들은 잃을 수 있는 금액의 2배는 얻을 수 있는 내기를, 좋은 내기라고 느낀다.

대개 사람들은 이득이 동일하더라도 손실이 2배를 넘어가면 피하게 된다. 이 개념은 1979년 행동경제학자인 다니엘 카너먼과 아모스 트버스키Amos Tversky에 의해 소개된 손실 회피loss aversion라는 개념으로, 왜 위협이 평범한 기회를 집어삼키는지, 왜 손실인 투자를 매도하는 것이 느린지, 그리고 왜 대부분의 시간에 우리는 아무 것도 하지 않는지 등 우리의 동기와 연관된 많은 생소한 일들을 설명해준다. 우리는 당할 '손실'보다 얻을 '수익'에 심리적으로 적은 가중치를 주기에, 우리는 무언가를 하기보다 하지 않기로 선택한다.

비즈니스에서도 손실 회피는 항상 발생한다. 현재의 조직에 대한 변화는 어느 정도 수익과 손실 모두와 연관되어 있다. 우리가 여기서 맞딱트리는 문제는, 선택적 사고가 종종 우리로 하여금 현재의 상황으로부터 어떤 변화도 손실로 여겨버리게 만든다는 것이다.

새로운 상황은 항상 위험하게 보인다. 새로운 사업을 시작하는 것만 해도 수입과 손실을 계속 예측할 수 있어야 하고, 이 때문에 많은 이들이 시작하지 못하곤 한다. 하지만 수익이 예상한 것보다 더 클 수도 있다. 손실 회피는 확증 편향confirmation bias과 같이, 또 다른 선택적 사고의 함정일 뿐이다. 손실 회피는 당신이 현재 있는 곳에 그대로 '묶여 있기'를 바라며, 실제로 그렇게 아무것도 하지 않고 아무 곳으로 가지 못하게 만든다. 자신을 한번 되돌아보자. 손실 회피로 인해 적극적으로 기회를 찾는 것을 주저하지 않았는가? 우리는 지금 선택지에 있어 그 위험만을 과도하게 생각하고, 그 혜택은 과소평가하고 있는 건 아닐까?

요점

▸ 선택적 사고는 우리가 현재의 사고에 반대되는 정보는 무시하는 반면, 이미 믿고 있거나 사실이기를 바라는 정보에 더 큰 관심을 기울인다는 것을 알려준다. 이런 사고 오류는 다음과 같은 결과로 우리를 이끈다.

▷ 거부적인 태도로 변해, 명백한 사실을 무시한다. 어려운 질문을 던지려고 하지 않고, 자신이 선호하는 아이디어나 이론에 맞서는 새로운 정보를 평가절하한다 (확증편향).

▷ 처음 떠오른 '올바른' 답 앞에 멈춰서, 노력해서 살펴보면 찾을 수 있을 많은 가능성을 놓치게 된다.

▷ 그렇게 대단한 것이라고 밝혀지지 않았음에도 불구하고, 자신이 선호하는 아이디어에 과도하게 집착한다.

▷ 자신의 기대에 의해 웃음거리가 된다. 일어나기를 바라는 일에 근거해 미래를 해석한다. 그리고 실제 발생한 일에 의해 허를 찔리게 된다!

▷ 손실을 두려워해 위험을 감수하지 않으려고 한다(손실 회피). 얻을 수 있는 것에 의해 이끌리기보다, 잃을 수 있는 것에 대해 더 염려한다. 그 결과 흥미진진한 기회들을 회피하고, 혁신적 제안들에 퇴짜를 놓는다.

3
사고 오류(2) · 반응적 사고

자, 이번 주제와 연결된 다음 활동을 재빨리 해보자.

활동: 인지적 반응 테스트

다음 3가지 질문에 대한 답을 찾아보자.

1. 공과 야구 방망이가 합쳐서 1.1파운드다. 야구 방망이가 공보다 1파운드 더 비싸다면 공은 얼마일까?

2. 5개의 기계가 5개의 부품을 만드는 데 5분이 걸린다면, 100개의 기계가 100개의 부품을 만드는 데 얼마나 걸릴까?

---

3. 호수 표면 위에 수련 잎이 일정 부분 덮여 있다. 수련 잎은 매일 크기가 2배 자란다. 수련 잎으로 덮인 부분이 전체 호수를 덮는 데 48일이 걸렸다면, 호수의 절반을 덮는 데는 얼마나 걸렸을까?

이 질문들에 답을 찾아냈는가? 쉬웠는가 아니면 어려웠는가?

흥미롭게도, 이 테스트를 본 3,500명 중 단지 17%만이 3가지 질문에 모두 정답을 맞혔고, 더욱 놀랍게도 33%의 사람들은 하나의 질문에도 답하지 못했다. 여기엔 분명한 이유가 있다. 각 질문에는 즉시 떠오르는, 그러나 불행히도 정답이 아닌 답이 있고, 정답이지만 그렇게 바로 생각나지 않는 답이 있기 때문이다.

1번 질문을 살펴보자. 즉시 떠오르는 답은 0.1파운드다. 여러분도 그렇게 답했는가? 만약 그렇다면 충분한 시간을 가지고 답을 열심히 생각하지 않은 셈이다. 정답은 0.05파운드다. 약간의 시간을 들이면, 정답을 찾을 수 있다. 야구 방망이가 공보다 1파운드 더 비싸니까, 우선 그것을 제거해보자(1.1-1=0.1). 사물이 2개 있으니(야구 방망이와 공), 2로 나누어주면 0.05가 된다. 공이 1파운드라면 야구 방망이는 1파운드 더 많은 것이 아니라, 공보다 0.9파운드 많은 것이다. 그러므로 야구 방망이는 1.05파운드 공은 0.05파운드가 된다. 다르게 살펴보면 이렇게도 볼 수 있다. 1.1-0.05=1.05이고 1.05파운드는 0.05파운드보다 1파운드 많다.

2번 질문에서 보통 100분을 떠올리는 경우가 많다. 하지만 질문을 보다 자세히 살펴보면, 기계 5대가 5개 부품을 5분에 만든다면, 결과는 하나의 기계가 5분에 하나의 부품을 만드는 것이다. 그래서 100개의 기계가 100개의 부품을 만드는데 걸리는 시간은 5분이다.

마지막 3번 질문에 대해서는 대부분 48일의 절반인 24일이 정답이라고 한다. 하지만 수련 잎이 매일 2배로 자란다면, 전체 호수를 덮기 하루 전에 수련 잎은 호수의 절반을 덮었을 것이다. 그래서 정답은 47일이다.

이 3가지 테스트는 인지적 반응 테스트Cognitive Reflection Test, CRT라고 알려져 있다. CRT는 전 MIT교수이자 예일대 교수인 셰인 프레드릭Shane Frederick에 의해 만들어진 것으로, 사람들이 두드러지게 사용하는 사고 프로세스의 종류를 밝혀내기 위해 디자인되었다. 그리고 그것은 감정적이고 반응적인 사고이거나 의식적이고 사색적이며 논리적인 사고다(Frederick, 2005).

이 테스트는 보기에 간단한 것만큼이나 IQ 테스트나 SAT 보다 더 강력하다. 오답을 제시한 사람들의 숫자를 통해 생각해보면, 우리들 중 많은 이들은 천천히 숙고하며 합리적으로 정보를 처리하기보다 '빠르고 간편한' 정신적 지름길을 사용해 결정을 하는 경향이 있다.

시스템 1 vs 시스템 2

노벨상 수상자인 심리학자 다니엘 카너먼에 따르면, 우리에게는 생각하고 의사결정을 내리는 2가지 인지적 시스템이 있다. 시스템 1은 빠르고, 직감을 따르며 정서적이고, 시스템 2는 더 느리고, 더 깊이 사고하며 체계적이다.

시스템 1은 우리의 기본 선택지이기도 하며, 모든 정보는 처리를 위해 먼저 이곳을 거친다. 시스템 1은 노력을 기울이지 않고도 많은 정보를 자동으로 동시에 처리할 수 있는 직감이며, 주요한 상황적 특징들과 관련된 아이디어와 기억들을 사용한다. 시스템 1은 엄청나게 빠른 속도로 작업해야 하기에, (완전히 정확하다기 보다) 정답에 가까운 답을 제시한다. 하나의 물건이 다른 물건보다 더 멀리 떨어져 있는 것을 알아차리는 것, '빵과…'의 구문을 완성하는 것Bread and Butter, 영어 관용구인 버터 바른 빵을 의미함-옮긴이과 같은 것이 시스템 1의 예시들이다. 우리가 알 수 있듯이, 시스템 1은 시간이 촉박하고 즉각적인 행동이 요구되는 상황에 특히 도움이 된다.

반면에 시스템 2는 더욱 잘 훈련된 시스템으로서, 문제해결에 연역적이고 체계적인 접근을 시도한다. 우리는 시스템 2로 복잡하거나 추상적인 개념들을 다룰 수 있고, 미리 계획한 선택지들을 주의 깊게 고려하고 사물을 새로운 정보의 관점으로 검토하고 수정할 수 있다. 논리적 절차처럼 시스템 2에는 심사숙고가 필요하다. 한 번에 한 단계를 처리할 수 있어 시스템 1에 비해서는 느리지만, 정보를 더 정확하게 처리하는 방법이다.

예를 들어 좁은 공간에 주차를 할 때나 세금 보고서를 작성할 때 시스템 2가 작동한다. 전체적으로 볼 때, 시스템 2는 낯설면서 위험이 높은 상황에 놓이거나 문제를 해결할 더 많은 시간이 있을 때 유용하다. 이 시스템은 우리의 본능적인 반응이 틀리다는 것을 알아차리면, 시스템

1에 의한 자동적 판단을 수정하거나 멈출 수 있다는 점에서 훌륭하다.

시스템 1을 반응적 사고reactive thinking로, 시스템 2를 주도적 사고proactive thinking로 구분해도 좋다. 대부분의 사람들은 의사결정을 내릴 때 우리가 의식적이고 추론하는 자아를 사용하고 있다고 생각하고 싶어 한다(시스템 2). 하지만 우리가 인정하고 싶어 하는 것보다 현실에서는 시스템 1이 우리의 행동에 훨씬 영향을 많이 미친다. 깊게 생각하기보다, 우리는 종종 사전에 프로그래밍화된 것처럼 사건, 과업 혹은 외부 영향들에 즉각적으로 반응한다.

생각해보자. 당신이 아침에 사무실에 도착해서 가장 먼저 하는 일은 무엇인가? 대부분의 사람들은 이메일을 체크할 것이다. 그 다음엔? 중요한 이메일에 회신하고 일을 바로 시작할 것이다. 다시 말해, 우리는 앞에 놓인 것에 재빠르게 반응하면서 하루를 시작한다.

이메일에 반응하는 것은, 명령에 반응하는 로봇처럼 대답을 위해 깊이 생각하거나 더 많은 정보를 모으거나 더 혁신적이 되거나 유연해지기 위한 충분한 시간을 내지 않는 것을 의미한다. 결국 우리는 대체로 처음의 반응을 신뢰하고, 단지 가끔 결정을 검토하기 위해 시스템 2를 끌어들인다는 것이다. 시스템 2는 우리가 부르기 전까지는 전면에 나서지 않고 배후에서 낮은 자세로 일하고 있다. 반응적 사고는 미팅과 그룹 브레인스토밍 같은 시간에 그 부작용이 나온다. 다른 이들과 일할 때 발견할 수 있는 반응적 언어와 성급한 판단을 살펴보자(표 3.1).

반응적 언어	주도적 언어
나는 …를 해야 한다.	나는 …를 선호한다.
나는 …를 해야 한다.	나는 대안들이 있다.
우리는 항상 …한다.	우리는 이렇게 할 수 있거나, 저렇게 할 수 있다.
…이면 좋을 텐데.	나는 … 할 것이다.
나는 …할 수 없다.	나는 선택할 수 있다.
내가 할 수 있는 것은 없다.	나는 선택지들을 살펴보겠다.

(표 3.1) 반응적 언어와 주도적 언어

케이스 스터디: 스냅챗Snapchat에 대한 성급한 판단

스탠퍼드대학교를 다니던 에반 슈피겔Evan Spiegel과 로버트 머피Robert Murphy는 학교 과제물로 콘텐츠를 보는데 시간제한이 있는 SNS라는 아이디어를 제출했다. 반응은 대부분 우스꽝스러운 아이디어라는 것뿐이었지만, 그들은 부정적 반응에 굴하지 않고 아이디어를 발전시켰다. 그리고 이들이 만든 스냅챗은 2년 후 10억 달러의 가치를 가지게 되었다(McKeown, 2014).

속도의 중요성

반응적 사고가 매우 유용하고 우리의 일상에서 판단을 내리는데 많은 기여를 한다는 점은 사실이다. 요즘은 대부분 미친 듯이 바쁘게 살아가고 있다. 그렇기에 실용적이고 재빠른 지름길로 우리를 데려가는 반응적 사고(시스템 1)는 중요하다. 시스템 1은 시간 압박이 있을 삶의 정기적이고 일상적인 활동을 돕고 때 상황을 잠재우는데 크게 도움이 된다. 반응적으로 생각하면 우리는 (정말 필요한!) 에너지를 보존할 수 있고 다른 일들에 집중할 수 있다.

하지만 여기 문제가 있다. '항상 켜져 있는' 디지털 문화와 되는 대로 흘러가는 경제 때문에, 우리도 삶을 더 빨리 살아야 한다고 느끼고 있다. 우리는 매일 허둥지둥 이 일과 저 일을 하며 달력을 가득 채우고 있다. 맞춰야 할 데드라인이 있고, 주고받아야 할 이메일이 있고, 해야 할 의무가 있고, 제출해야 할 문서가 있고, 회신해야 할 전화가 있고, 참여해야 할 미팅이 있다. 이러면서 우리는 완전히 녹초가 된다! 바쁘면 생산적인 것이며, 일이 생기자마자 처리하면 대단한 진전을 이룬 것이라고 생각하고 싶은 유혹마저 든다.

그러나 이렇게 급하게 서두르는 동안, 우리는 창의성에 중요한, 충분한 관심과 생각의 깊이를 할애할 기회를 놓치는 것이다. 최고의 성과를 위해서 우리는 수동적이 아니라, 주도적이어야 한다. 비즈니스에서 빠른 반응이 때로 필요로 한다는 것을 부인할 사람은 없지만, 그 위험은 인식하고 있어야 한다.

하루 종일 휴식 없이 일하면,
많게는 75%까지 생산성과 집중력에 악영향을 미친다(Ciotti, 2012).

다음 질문에 답해보자.

마라톤에서 거의 전력질주로만 달리는 것은
과연 얼마나 효과적일까?

정말 대단한 체력이 아닌 한, 아마 매우 빠른 속도로 지치게 될 것이다. 마라톤에서 전력질주를 한다면, 반환점을 돌기도 전에 방전되고 말 것이다. 비즈니스도 마찬가지다. 하루 종일 '이메일 수신함' 등 사소하지만 잦은 위기들하고만 씨름한다면, 우리의 생산성은 급속도로 추락할 것이다. 속도가 중요할 때도 있지만, 그렇지 않은 때에는 오히려 상황을 심각하게 저해하는 요인이 될 것이다.

성과 심리학자 토니 슈바르츠Tony Schwarz에 따르면, 어떤 휴식과 원기 회복도 없이 온종일 일하려고 자신을 밀어붙이는 사람은 쉽게 지치거나 집중력을 잃어버릴 수 있는데, 이들은 잠재적 성과의 25%에만 도달한다(Ciotti, 2012). 인생과 비즈니스는 마라톤이며, 그것도 전력질주와 휴식이 섞인 마라톤이다. 지속적으로 움직이는 것은 앞서 달리고 있다는 느낌을 줄 수는 있어도, 사실은 한 곳에 묶여 있어 본질로부터 멀어지는 것과 같다. 인간은 지속적인 높은 속도로 오랫동안 달리도록 설계되지 않았다. 중간중간 휴식을 취하며 회복하는 것으로 우리는 대부분의 핵심적인 프로젝트에 아이디어를 만들어내고, 결국에는 더욱 지속가능한 생산성을 확보할 수 있다. 전력질주와 휴식을 번갈아 하면서 우리는 에너지뿐만 아니라 영감의 레벨도 높일 수 있다. 그러니 중요한 미팅으로 가득 찬 달력에, 휴식의 공간도 마련하는 것을 잊지 말자.

홧김에 그만…

반응적 사고에는 체계적인 오류들이 종종 있는데, 그 중에 몇몇은 매우 위험하다. 다음은 우리에게 익숙한 몇 가지 문제들이다.

1. 선발주자의 단점

또 다른 짧은 질문이다. 3등인 당신이 2등을 앞지르면, 당신은 이제 몇 등일까?

'1등'이라고 답했다면, 다시 생각해보자. 당신은 2등이다!

새로운 제품을 처음으로 출시하거나 새로운 시장을 만들어내는 회사가 후발 주자들보다 경쟁적 우위를 가진다는 것은 익숙한 주장이다. 선발주사의 이점first-mover advantage에 대해서 들어본 적이 있는가? 1등으로 결승선까지 달리고 있다면, 우리는 특정 분야의 리더로서의 위치를 확고히 하고, 경쟁자들을 막아줄 방어막을 세울 수 있다. 이것이 시스템 1이 우리들로 하여금 생각하고 행동하게 하는 것이다. 주목을 받는 동안 아이디어나 기회를 따라 행동하는 것이다. 그러나 선발주자의 이점이라는 개념은, 현실이라기보다 근거 없는 믿음에 가깝다. 실제로 새로운 제품을 출시하거나 업계의 중대한 발견을 개척한다면 막대하고 비싼 비용을 치러야 한다. 소비자들에게 새로운 혁신에 대해 알리고 준비시키는 것과 물류, 브랜드, 마케팅 등의 준비를 하는 것에는 많은 비용이 소모된다. 이런 일을 하고 있는 동안, 경쟁자들은 우리의 실수로부터 배우고 자신들의 비즈니스를 확장해 나간다.

선두주자가 시장을 실제로 지배하는 일이 드물다는 것은 많은 사례로 알 수 있다. 예를 들면 태블릿 PC는 마이크로소프트에 의해 처음 도입되었지만, 최근에는 애플 아이패드와 다른 회사 제품들에 의해 빛을 잃어가고 있다. 최초의 검색 엔진은 오버추어Overture, 지금은 야후의 일부가 됨에 의해 개발되었으나 지금 막강한 구글에 한참 뒤처지고 있다. 최초의 소셜 네트워크 사이트인 프렌드스터Friendster는 2002년에 시작되었으나 사람들은 이후에 나온 페이스북과 트위터에 열광했다. 최초의 일회용 기저귀 브랜드는 프록터 앤 갬블Proctor & Gamble, P&G의 팸퍼스Pampers가 아니라, 존슨 앤 존슨Johnson & Johnson에 의해 개발된 추스Chux 기저귀였다. 하이드록스Hydrox는 1908년 검정색 비스킷 사이에 하얀 크림으로 만들어진 최초의 쿠키였으나, 4년 후 나온 오레오Oreo가 지금까지 대중의 우상이 되고 있다.

'최초가 되는 것'이 성공을 보장하지는 않는다. 선두주자는 시장 상황, 고객의 문제와 거부감 등을 충분히 이해하지 못한 상황에서, 탁월한 제품이 아닌 평범한 기능을 갖춘 제품을 조급하게 출시하는 경향이 있다. 최초가 되고자 하는 경쟁은 추측과 타협에 기초하기에 안전하지 않다. 비즈니스는 단 한 번의 전력질주가 아니라 전력질주와 휴식을 번갈아가며 벌이는 마라톤이라는 점을 기억하고서, 잠시 속도를 늦추고 휴식을 갖자.

- 놀라운 기회, 사건 혹은 아이디어가 있어도, 더 생각해보고 행동하자.
- 시스템 2를 작동시켜, 여러 선택지들을 철저히 고려하고 논리 정연한 결론에 도달할 수 있게 충분한 시간을 갖자.

- 마케팅의 제품, 판매 촉진, 가격과 유통경로에 대해 정확한 배합mix을 갖추고 실행할 수 있도록 어느 정도의 인내심을 발휘하자.

구글, 애플과 다른 회사들이 증명해 주었듯이, 때로 2등이 되는 것이 더 좋은 생각일 수 있다.

2. 누가 개를 풀어놓았나?

별나게도, 선두주자가 되고 싶게 만드는 바로 그 충동이 우리로 하여금 다른 이를 모방하게 만든다. 이것은 간단한 비유로 알 수 있다. 한 마리의 개가 짖기 시작하면, 당신이 알아차리기 전에 동네의 다른 개들도 모두 짖어 버린다.

경쟁이 가득한 기업들의 세계도 같은 방식으로 작동한다. 누가 신제품을 출시하거나 특성 경영방식을 수용하면, 다른 이들도 모두 그것을 따라한다. 모방한다는 것이 잘못되었다는 말이 아니다. 앞서 우리는 빠른 후발주자가 선두주자보다 더욱 성공적인 결과를 가져오기도 한다는 사실을 확인했다. 하지만 그것은 우리가 생각할 시간을 충분히 가질 수 있을 때에만 가능하다.

종종, 우리는 생각 없이 다른 사람들이 하는 것을 따라한다. 옷이 우리에게 잘 어울리기 때문이 아니라, 유행하기 때문에 그 옷을 구입하는 것처럼, 매번 의식적인 사고 프로세스를 거쳐 결정하지 않는다. 마찬가지로 사소한 문제에 직면하면, 고전적인 '싸우거나 도망가는fight or flight' 반응 때문에 그 문제를 성급히 해결하려고 한다. 우리의 접근은 전략이 아니라 전술에 가깝고, 장기적이 아닌 단기적 관점으로 본다. 이런 상황에서 우리의 에너지와 자원은 다른 경쟁자들의 행동에 대한 반응에 묶여있기에, 어떤 계획된 방식으로 혁신을 실행하기 어렵게 된다. 이것은 반응의 순환 고리reaction loop로, 끝이 없는 문제다.

3. 아니오, 고객이 항상 옳은 것은 아닙니다

마케팅과 홍보 담당 부서는 일반적으로 반응적 사고에 대한 개념이 없다. 많은 이들은 '고객의 소리에 귀를 기울이라' 또는 '고객은 항상 옳다'라는 전통적인 규칙을 충실하게 따른다. 고객을 움직이게 하고, 고객의 행동을 이해하는 것은 물론 중요하다. 최고의 고객 서비스를 제공하고 제품에 대해서도 고객이 만족할 만한 개선을 하려고 한다면, 고객과 그들의 문제에 귀를 기울이는 것은 어려운 일이 아니다. 하지만, 이 원리에 과하게 집착하는 것은 우리를 수동적인 태도로 몰아넣는 치명적인 것이다.

기업들은 매년 많은 돈을 들여 재빠른 혁신으로 경쟁자들을 압도하고, 고객들의 니즈를 이해하려고 한다. 하지만 그 과정은 위험으로 가득차있다. 종종 고객 조사가 형편없이 진행되어, 고품질의 새로운 혁신을 찾는데 실패한다. 광범위하게 고객 조사에 기반을 두어 출시했으나, 정작 시장에서는 크게 실패한 제품들의 이야기는 많다. 새로운 콜라New Coke의 사례를 떠올려보자.

케이스 스터디: 뉴코크의 악몽

새로운 제품과 아이디어에 대한 고객 조사와 설문은 실패로 이어질 수 있다. 코카콜라는 점차 인기가 늘어나는 펩시의 인기에 대응하고자, 1985년 뉴코크New Coke를 출시했으나, 이것은 제 발등을 찍는 일이었다.

코카콜라는 새로운 제조법이 더 낫다는 것을 보여주기 위해 소비자 시음회를 여러 번 열었다. 시음회에 참가한 사람들은 새로운 음료가 이전의 콜라old Coke보다 나을 뿐 아니라, 펩시보다도 낫다는데 동의했다. 하지만 많은 시간과 돈을 들여 실시한 소비자 조사는, 원래의 콜라에 대한 사람들의 정서적 애착과 구매결정에 있어서의 브랜드 충성도의 가치를 간과했다. 이전의 콜라가 단종되고 새로운 콜라가 출시되자, 코카콜라의 고객들은 자신들이 그렇게 사랑하던 브랜드가 바뀌었다는 것에 분노했다. 말할 것도 없이 성과는 기대에 미치지 못했고 결과는 참담했다. 회사는 이전의 콜라를 클래식 콜라Coke Classic로 원상 복구했고, 그렇게 해서야 시장 주도권을 되찾을 수 있었다. 사장이었던 도널드 키오Donald R. Keough는 "우리는 코카콜라에 대한 우리 고객의 깊은 정서를 이해하지 못했습니다"라고 인정했다(Ross, 2005). 여기에는 고객이 좋아한다고 해서 무조건 구매하지 않는다는 교훈이 있다.

요즘 기업들이 자사의 제품에서 고객들이 어떤 기능들을 기대하는지를 묻고, 그 기능들을 우선하는 것은 올바른 행동이다. 사실, 좋은 제품으로 정직하게 이익이 나도록 수정하는 것은 필요한 일이다. 예를 들어 우리는 오픈지니어스OpenGenius에서 소프트웨어 제품 업그레이드에 있어 고객들이 잠재적으로 무엇을 기대하는지 항상 듣고 있다. 그러나 고객의 소리를 듣는 것의 문제는, 고객 자신도 모르는 니즈에 대해서는 알 수 없다는 것이다. 그리고 고객들이 프리미엄 제품에 기꺼이 돈을 더 지불할 의향이 있다는 사실을 직접 인정하는 것을 듣기란 어렵다.

최근 가장 성공적인 제품과 서비스 중 일부는, 고객 조사나 크라우드 소싱 웹사이트의 반응으로 만들어진 것이 아니다. 오히려 단호한 혁신가들의 선견지명과 주도적인 추진력의 결과다. 1989년 영국에서 처음으로 주 7일 하루 24시간 내내 전화 서비스를 제공하며 은행업계에 돌풍을 몰고 온 퍼스트 다이렉트First Direct가 그 예다. 이 서비스는 점점 많은 수의 사람이 은행 지점을 방문할 시간이 없고, 자신의 돈을 더 유연하게 관리하고 싶은 젊은 고객들이 늘어나고 있다는 생각에 의해 영감을 받았다(Gower, 2015).

이전에는 은행 지점에 방문을 해야만 은행 거래를 할 수 있었다. 퍼스트 다이렉트의 용감한 시도는 처음에 경쟁 은행과 은행 관계자들과 언론들의 조롱을 당했다. 소매 은행 업계의 굳어진 관행을 고려해 볼 때, 회의론자들은 은행에서 대면 고객 서비스에 대한 대체재가 있으리라고 생각하지 못했다. 퍼스트 다이렉트는 고객들이 알아차리지 못한 필요를 발견한 것이다. 고객들은 텔레폰 뱅킹과 그것이 주는 단순함을 경험하기 전까지, 이것이야말로 자신들이 원했던 해결책이라는 것을 결코 알 수가 없었다. 인터넷 뱅킹까지 등장한 요즘에 은행 지점을 방문해야만 은행과 거래할 수 있었다는 사실을 떠올리기 어려울 것이다. 29년 이후 퍼스트 다이렉트는 137만 명의 고객과 높은 고객만족도를 지닌 은행이 되는 큰 성공을 이뤘다. 2017년 퍼스트 다이렉트는 고객 서비스 면에서 최고 브랜드를 뽑는 소비자 단체 위치Which의 순위에서 또 다시 1위를 차지했다(Ingrams, 2017).

케이스 스터디: 고객을 무시하는 페이스북

페이스북은 수동적 사고를 하지 않는 또 다른 사례다. 페이스북은 명확한 고객 니즈로부터 시작하지도 않았다. 링크드인LinkedIn과 마이스페이스MySpace가 이미 시장에서 선두주자로 활동하고 있었기에, 새로운 소셜 네트워크 서비스가 시장에 진입하기란 시노소자 하지 않는 것이 좋은 것처럼 보였다. 하지만 우리가 알고 있는 결과는 다르다. 페이스북은 독보적인 성공을 꾸준히 거둬, 2017년 4분기에는 22억 명의 월간 활동 사용자를 기록했고, 세계에서 가장 인기있는 소셜 네트워크 사이트가 되었다(Statista, 2018).

고객을 무시하는 것은 페이스북의 탁월한 선택이었다. 예를 들어 페이스북이 프로필을 '타임라인' 구조로 바꾼 것과 같이, 고객들이 원하지 않는 변화로 그들을 속상하게 만들며 종종 화제가 되곤 한다. 또한 페이스북은 고객 제안을 매우 드물게 받아들인다. 페이스북의 CEO인 마크 저커버그Mark Zuckerberg는 심지어 "가장 파괴적인 혁신을 하는 회사는 고객들의 얘기에 귀를 기울이지 않는다"라고 얘기한 것으로 알려졌다(Thomas, 2009). 페이스북이 고객에게 귀를 기울였다면, 우리는 결국 엄격한 사생활 규정을 가지고, 광고 없이 더 성가신 기능들을 지닌, 덜 '사회적이고' 더 불편한 서비스를 틀림없이 보게 되었을 것이다.

퍼스트 다이렉트와 페이스북이 고객들에게 그들의 니즈를 요구하고 그에 의존했다면, 두 기업은 업계에서 리더가 아니라 추종자로 전락했을 것이다. 하지만 중요한 경고를 잊어서는 안 된다. 고객을 완전히 무시해서는 안 된다. 새로운 제품이나 서비스와 같은 혁신을 시작하면, 뒤이어 경쟁자들이 바짝 쫓아올 것이라는 것은 알고 있다. 선두의 자리에 머무를 수 있는 유일한 방법은 꾸준히 고객을 만족시키는 지속적인 혁신과 점진적인 개선이다. 그래서 고객이 원하고 필요로 하는 것을 자세히 살펴봐야 한다. 그러나 그들의 목소리보다 실제 행동을 관찰해야 한다. 이렇게 하면 고객의 입에서 나오는 어떤 것보다, 당신의 결정에 구체적인 근거가 되어줄 정보를 얻을 수 있다.

어떤 제품이나 서비스든, 그리고 실험실에서든 고객의 실제 환경에서든, 제품이나 서비스를 고객으로부터 검증받는 것은 중요하다. 우리가 당당하게 내세울 수 있는 훌륭하고 획기적인 방법이나 개념일지라도 실제 상황에선 고객에 의해 완전히 간과되거나 무시될 수가 있다. 또는 우리가 명백하다고 간주한 과업이나 프로세스를 고객들이 알아차리는 데 어려움이 있을 수 있다. 고객이 제품을 어떻게 사용하는지를 관찰하면 고객이 지닌 니즈에 대해 다시 생각해볼 수 있게 해주고, 현실적인 문제들을 해결하는 데 우리의 관심을 모을 수 있게 할 것이다(Berkun, 1999). '고객의 입장이 되어보는' 일은 우리가 더욱 주도적으로 생각하고, 더 나은 의사결정을 내릴 수 있게 해줄 것이다.

정보의 과부하

정보의 과부하는 우리가 집중력을 잃었다는

증거이자, 선택의 결과다.

– 브라이언 솔리스Brian Solis, 미국의 산업 분석가

다음의 뒤섞인 글자들을 살펴보자.

활동: 섞여있는 글자들

1. SSUEPVEERNMALRTKRTEST

위 글자에서 10개의 철자를 지워서, 남아있는 글자들이 잘 알고 있는 영어 단어가 되게 해보자. 단, 글자의 순서는 바꿀 수 없다.

2. SBAIXNLETATNERSA

1번과 똑같이 하되, 이번에는 6개의 철자만을 지워보자.

답은 314쪽에서 확인할 수 있다.

이 활동이 쉬웠다면, 시각적인 혼란을 주는 요소를 뚫고서 문제의 핵심에 들어가는 훌륭한 능력을 보여준 셈이다. 이 능력은 더 쉽게 해결책을 발견하게 해준다.

좋은 것이 너무 많은가?

정보는 좋은 것이다. 정보는 새로운 아이디어, 신선한 접근과 의사결정을 위한 근거를 찾는 사람들에게 좋은 영감이 되어준다. 디지털 시대의 놀라운 발전으로, 우리는 24시간 내내 제한 없이 정보를 얻을 수 있다. 이는 보통 우리가 알아야 할 때, 알고 싶은 걸 찾을 수 있기 때문에 멋진 일이다. 그리고 우리 중 많은 이들이 깨닫고 있는 것처럼, 우리는 좋은 것을 너무 많이 가지고 있다.

찾아볼 수 있는 웹사이트는 너무나 많고, 알림 설정도 너무 많으며, 읽어야 할 보고서, 클릭해야 할 링크, 봐야 할 비디오, 읽어야 할 뉴스뿐만 아니라 수신함에 있는 온갖 이메일도 있다. 정보의 홍수에 휩쓸리며 '정보 과잉'에 삼켜지고 있는 동안 정신을 바짝 차리고 있는 것은 어려운 일이다. 2017년 광고 실무자 연구소Institute of Practitioners in Advertising, IPA에 의하면, 영국 성인들은 미디어를 하루 8시간 소비하는

것으로 보고되었다(IPA, 2017). 이는 깨어있는 동안의 절반에 정보, 그것
도 대부분 디지털 정보를 수용하는 데 사용하고 있다는 것을 의미한다.

매 1분마다 일어나는 일(Domo, 2017)

- 15,220,700건의 문자 메시지 전송.

- 3,607,080건의 구글 검색.

- 456,000건의 트위터 트윗.

- 154,200건의 스카이프 통화.

- 4,146,600건의 유튜브 시청.

- 527,760건의 스냅챗에서의 사진 공유.

- 103,447,520건의 스팸 이메일 발송.

- 69,444시간의 넷플릭스 비디오 스트리밍.

- 74,220건의 텀블러 포스팅.

- 600건의 위키피디아 새로운 페이지 편집.

- 13건의 스포티파이에 추가되는 새로운 노래.

- 46,740건의 인스타그램 사진 추가.

- 120건 이상의 링크드인 새로운 계정 추가.

- 258,751달러의 아마존 매출 발생.

데이터에 빠지다

이런 정보의 맹공이 끼칠 영향은 걱정스럽다. 끊임없는 데이터의 홍
수는 필요한 곳, 즉 우리의 '실제' 일로부터 집중을 흐리게 한다. 정보에

지속적으로 노출되면 우리는 그때마다 즉각적으로 정보에 대응해야 한다고 느낀다. 그러면 무슨 일이 일어날까? 정보를 합리적이고 객관적으로 생각할 시간이 없기 때문에 나쁜 결정을 내리게 된다. 그리고 상황은 악화된다. 정보의 과부하는 새로운 아이디어를 만들어내는 우리의 능력을 짓밟는다. 그러한 정보들을 끝까지 처리하는 일은 시간을 갉아먹고 머릿속의 대부분을 차지해버려, 창의적으로 생각해 볼 여지를 남겨두지 않는다. 원하는 핵심적인 정보를 찾기 위해, 얼마나 많은 시간을 부적절한 정보 속에서 보냈는지 생각해보자.

지식 노동자의 하루

- 25% - 정보 과잉.
- 19% - 콘텐츠 만들기.
- 19% - 콘텐츠 읽기.
- 17% - 미팅/전화통화/상호작용.
- 10% - 검색과 조사.
- 5% - 개인 시간.
- 5% - 생각과 반성.

하루의 업무에서 접하는 모든 정보에 대해선, 다음 세 가지 반응 중

하나를 선택해야 한다.

① 즉시 회신하기
② 임박한 결정으로 고려하기
③ 전적으로 무시하기

쏟아지는 모든 정보에 대응하기 위해, 본능적으로 우리의 뇌는 첫 번째 선택으로 향한다. 나쁜 결정을 내리더라도 뇌는 자동으로 즉시 대응한다. 이것은 더 많은 정보가 쏟아질수록, 우리의 뇌는 미래를 위해 보존해야 하는 정보와 보존하지 않아도 되는 정보를 가려내는 작업이 더 힘겨워지기 때문이다. 작업을 위한 우리의 기억은 단지 7가지 정보를 보존할 수 있다. 그 이후, 마치 시험공부처럼 무엇을 장기 기억으로 밀어 넣을지는 의식적인 노력이다.

이렇게 하는 것은 우리의 빠른 판단을 위한 것이지만, 이미 논의한 것처럼 빠른 결정이 좋은 결정일 리는 거의 없다. 우리의 완전한 관심을 필요로 하는 과제가 있을 때마다, 불필요한 정보나 방해 요소들을 제거하는 것이 최선이다. 매사를 바라보는 우리의 방식을 단순화함으로써, 그 과정에 창의성의 원천을 도입하고 올바른 결정을 내리는 환경을 만들어낼 수 있다.

케이스 스터디: 디자인 씽킹

스웨덴의 가구회사 이케아IKEA는 수동적 패턴에서 허물기 위해 모든 사람들에게 힘든 가구 구입 프로세스를 단순화함으로써, 매장 매출과 이익을 빠르게 증가시킬 수 있었다.

일반적인 방식인 전통적인 가구 매장을 통해 판매하는 대신에, 이케아는 멋진 가구들을 마치 슈퍼마켓에 온 것 같은 아이디어를 실행했다. 고객들은 쇼핑 카트를 끌며 섬세하게 디자인되고 고객 친화적인 복도를 따라 가구를 돌아보면서, 필요한 제품을 쉽게 찾아서 사게 된다. 그리곤 슈퍼마켓 스타일의 계산대에서 지불한다. 이런 독특한 시스템은 놀랄 만큼 잘 작동했고 실제로 지속가능한 차별화의 원천이 되었다. 오늘날, 이케아는 세계에서 가장 크고 수익성 높은 가구회사다.

요점

▶ 우리들 대부분은 심사숙고하고 합리적인 접근(시스템 2: 주도적 사고) 대신에, 감정적이고, 반응적인 접근(시스템 1: 반응적 사고)을 사용해 의사결정을 하곤 한다. 하지만 반응적 사고에 너무 많이 의지하게 되면 다음과 같은 경향을 지니게 된다.

▷ '선두주사'가 되고 싶어서 흥분한 나머지, 아이디어에만 의지해 행동하게 된다. 최근에는 시장에 처음 진출하거나 신제품을 출시하는 것이 성공을 보장하는 것이 아니고, 심지어 손해의 위험을 동반하는 경향이다(주의: 비즈니스는 단 한 번의 전력

질주가 아니라, 질주와 휴식의 반복으로 이루어진 마라톤이다).

▷ 의식적으로 자신만의 고유한 것을 창조하기보다, 다른 사람들이 하는 것을 생각 없이 모방한다. 그럴 때 우리는 리더가 아니라, 추종자가 된다!

▷ '고객에 귀 기울이는 것'에 과도히 의존하게 된다. 미지근한 반응적 변화와 개선을 하게 되고, 혁신을 만들지 못하게 된다. 대개의 고객들은 우리가 보여주기 전에는, 자신들이 원하는 것을 알지 못한다.

▷ 정보를 쉬지 않고 접할 수 있는 것은 한편으론 좋은 것이지만, 다른 한편으론 너무 힘든 것이다. 어느새 이메일, 보고서, 프로젝트, 블로그 포스트와 같은 잡다한 것들의 정보 홍수 속에서 근근이 살아남고자 노력하는 우리는 엄청난 스트레스에 빠지게 된다. 정보에 즉각적이고 자동적으로 반응하려는 경향을 조심하자. 빠른 결정이 최선의 결정인 경우는 좀처럼 드물다.

4
사고 오류(3) · 가정적 사고

당신의 가정에 도전하세요. 당신의 가정은 세상을 보는 창문입니다.
자주 닦아주세요, 그러지 않으면 빛이 들어오지 않을 테니까요.

– 알란 알다Alan Alda, 미국의 배우.

어디에나 있는 가정

가정은 어디에나 있다. 어떤 방식으로든 우리는 거의 모든 상황에서 항상 가정하고 있다. 비즈니스에 대해서도, 일반적인 문제에 대해서도 마찬가지로 쉽든 어렵든 우리는 그것을 해결해보기 전에 문제에 대한 가정부터 한다.

가정이란 무엇일까? 가정은 우리가 증거 없이도 진실이라고 종종 받아들이는 신념, 관습 혹은 아이디어다. 우리 모두에게는 각자 많은 가정이 있다. 평생 동안 부모, 선생님, 직장과 사회에 의해 우리에게 가정이 주입된다. 비즈니스에서의 가정은 우리가 고객, 제품, 프로세스, 시장, 동료, 업계, 자기 자신 등에 대해서 암묵적으로 믿고 있는 것들이다.

다음은 우리가 흔히 믿고 있는 전형적인 가정들이다.

- 일은 사무실에서만 할 수 있다.
- 우리 회사는 생존하기 위해 더 다양한 범위의 비즈니스를 할 필요가 있다.
- 이것이 우리 유통시스템을 체계화할 수 있는 최선의 방법이다. 지금까지 이 방법은 우리를 실망시킨 적이 없다.
- 가장 큰 고객이 가장 중요한 고객이다.
- 나는 창의적이지 않다.
- 우리 고객은 모두 젊은 사람들이다.
- 팀에 잘 어울리는 사람만 채용해야 한다.

가정은 사고방식에 있어서 마치 산탄총과 같다. 너무 깊게 생각하지 않고서도 질문에 대해 빠르고, 날카로운 답변을 할 수 있게 해준다. 우리는 다른 수많은 가능성들을 꼼꼼히 고려하지 않아도, 그저 가정의 창고로 들어가 선반에 놓인 해결책을 집으면 된다. 거의 즉각적으로 행동할 수 있는 근거가 되어준다.

가정이 틀린 경우는 거의 없다. 예를 들어, 친절하게 행동하는 사람들은 대부분 친절하다. 또한 나이 든 여성보다 젊은 사람이 공격적으로 운전을 할 가능성이 훨씬 높다(Kahneman, 2011). 하지만 가정은 최고의 동료가 아니라 최악의 원수가 될 수도 있다. 가정을 당연하게 여길 때 우리는 위험에 노출된다.

"돌다리도 두드려 보고 건너라"라는 격언이 있다. 가정에 대해 생각해봐야 하는 이유는 우리가 실제로 아는 것보다 더 많이 안다고 생각하게 만들기 때문이다. 이전에 겪었던 것과 비슷한 상황을 만나면, 우리는 동일한 결과를 얻을 것이라 가정하고 다른 대안들을 고려하지 않는다. 이는 우리가 창의성을 발휘해야 할 때 특히 심각한 방해가 된다. 다른 소리들을 차단하는 소음과 같이 가정은 우리의 지각을 제한해버리고, 새로운 방법을 찾게 하는 것 대신 우리로 하여금 과거의 동일한 아이디어들을 다시 추종하게 한다.

혁신은 과거에 작동되었던 '원리'들을 고수하는 것으로부터가 아니라, 다르게 행동하는 것으로부터 시작한다. 획기적인 아이디어를 찾기 위한 창의적 에너지를 불러일으키기 전에, 우리는 가정을 의심해보고 통하지 않는 가정들을 던져버릴 필요가 있다.

가정을 의심하기

만약 의심하기 어려운 가정과 관습에 의해 제약을 받고 있다면, 정면으로 가정과 관습을 공격해 그동안 놓치고 있던 아이디어들을 다시 찾아내야 한다.

그렇다면 가정은 어떻게 부술 수 있을까? 첫째로, 무엇보다 가정은 우리에게 당연한 것이라는 사실을 인식해야 한다. 둘째로, 문제를 풀어야 할 때 혹은 주기적으로 의식적인 절차나 기술을 사용해 사실과 거짓을 분리해봐야 한다. 다음 방법을 시도해보자.

1단계. 문제를 기술하기

가정을 의심하기 전에, 우리는 해결하기를 원하는 문제 혹은 공략하기 원하는 기회를 분명히 기술해둘 필요가 있다. 같이 멋진 음식점을 차려보면서, 어떤 일이 일어나는지 살펴보자!

활동: 음식점을 차려보자! 📌

음식점 = 메뉴 + 음식 + 직원들

2단계. 가정을 기술하기

다음으로 풀어나가고자 하는 상황에서 우리를 간섭할 수 있는 모든 가정이나 규칙들을 정리해보자. 하다 보면 어리석은 일처럼 느껴질 수 있으나, 그만큼 가정을 명백하게 적어 내려가는 일은 흔치 않다. 문제를 확대해 모든 요소들을 자세히 살펴보자. 무엇이 그렇게 절대적이고 명백하기에, 문제에 질문을 던질 생각조차 못 하고 있는 것일까?

우리의 생각에 영향을 미치는 전형적인 가정은 다음과 같은 것들이 있다.

- 어떤 것을 행하기에 시간과 비용이 제약으로 작용한다.
- 특정 규칙과 조건들로 인해 어떤 일이 작동한다.

- 사람들이 어떤 것을 믿고, 생각하거나 필요로 한다.

그리고 음식점을 차리기 위해서는, 다음과 같은 것들을 중심으로 만들어야 한다. 성공적으로 가게를 열기 위해서 어떤 방식으로 준비해할지 생각해보자.

- 메뉴
- 음식
- 직원들

3단계. 가정에 도전하기

마지막으로 가정이 옳은 것인지 파악하기 위해 가정을 증명할 필요가 있다. 다음과 같은 질문들을 던지며 새로운 사고를 작동시켜보자.

- 이 규칙을 제거하면 무슨 일이 일어날까?
- 우리는 왜 이런 방식으로 이 일을 하고 있는 것일까?
- 이 가정이 꼭 옳은 것일까?

매우 간단하지만 이것은 문제와 그와 관련된 가정을 이해할 수 있는 좋은 방식이다. 가정을 직면하기 전까지는, 가정에 얼마나 많은 부정적인 면들이 숨겨져 있는지 결코 깨달을 수 없을 것이다. 그렇다면 음식점은 어떨까? 음식점과 관련한 가정에 어떻게 도전하고, 또 새로운 선택지를 찾아낼 수 있을지 살펴보자.

우리에게 메뉴가 필요할까?

그렇지 않을 수도 있다. 메뉴가 없는 방법들을 고려해보자.

- 고객들이 요리사가 요리할 음식을 생각해 올 수 있다.
- 웨이터가 고객들에게 가능한 메뉴들을 알려줄 수 있다.
- 뷔페 음식점이나 한 가지 세트 음식만 제공하는 음식점일 수도 있다.
- 음식을 만들기 위한 재료의 목록가 있을 수 있다.

음식을 제공할 필요가 있을까?

터무니없는 질문으로 보일 수 있지만, 더욱 깊이 생각하면 많은 아이디어를 던져줄 수 있다. 예를 들어 고객들이 직접 음식을 가져와서, 공간을 사용하는 비용만 지불할 수도 있다. 혹은 다음과 같이 다른 방식으로 서비스를 제공할 수 있다.

- 음료수만 가능
- 새로운 경험
- 직접 가져오기
- 고양이 카페
- 웃음 클럽
- 윌리웡카의 식사 껌
- 문화 카페

- 생각할 거리
- 산소 휴게실(다른 맛의 산소들을 맡아볼 수 있음)
- 소프트웨어 전문점 혹은 어떤 다른 종류의 음식점

이 질문은 음식점이랑 무엇인가에 대한 가정을 의심하는 것이다.

직원을 둘 필요가 있을까?

다시금, 반드시 그럴 필요는 없다.

- 음식점은 자동판매기나 무인 카운터를 둘 수도 있다.
- 고객이 다른 고객을 접객할 수 있다.
- 로봇이 직원 대신 일할 수 있다.
- 고객은 자신의 음식을 스스로 요리할 수 있다.

일본에는 '지한키 쇼쿠도우'라 불리는 무인 자동판매기 음식점을 찾아 볼 수 있다. 또한 기업들의 사무실 내에서도 무인판매대와 키오스크들이 더욱 많이 생기고 있다(Jiji Press, 2017).

이 이야기로 내가 강조하고 싶은 것은, 가정에 질문을 던지고 다시 검토해봄으로써 우리가 새로운 관점들을 만들어 낼 수 있다는 것이다. 또한 가정에 도전하는 일은 창의적인 아이디어들을 만들어내는 일에 더욱 흥미를 느끼게 해준다. 새로운 아이디어가 이상하고 우스꽝스러워도, 그것은 문제가 되지 않는다. 우리의 목적은 가능한 창의적이 되는 것이다. 그 과정에서 우리는 스스로를 한계까지 밀어붙일 수 있어야 한다. 말만 그런 것이 아니라, 정말 밀어붙여야 한다. 머뭇거리지 말자. 내면의 가정들이 서로 목숨을 걸고 싸우도록 인정사정없이 몰아붙이자.

창의성은 우리가 모르는 것을 발견하기 위해
아는 것을 재배열하는 것으로 흔히 알려져 있다.
그러니 창의적으로 생각하기 위해서는
우리가 당연하게 여기는 것을 새롭게 바라볼 수 있어야 한다.
– 조지 크넬러George Kneller, 영국의 작가

나쁜 가정들

우리를 돕는 가정들도 분명 있지만, 여러 방식으로 방해하는 가정들도 있다. 사례를 살펴보며 어떤 위험들이 있는지 확인해보자.

1. 가정은 엄격한 사실이 아니다

가정을 '사실'로 간주하는 것은 위험하다. 딱히 의심할 이유가 없으면, 우리는 충분히 그럴듯한 주장을 하나의 가정으로서 옳다고 생각해버린다. 문제는 여기서 생기는데, 가정에 대한 믿음이란 매우 강력해서, 조금만 조사해도 거짓이라고 밝힐 수 있는 것들조차 굳게 믿게 만든다.

카디프대학교Cardiff University의 연구자들이 영국의 저명한 신문사 4곳Times, Telegraph, Guardian and Independent, 타임스, 텔레그레프, 가디언, 인디

펜텐트으로부터 2,000여 개의 뉴스를 살펴보았더니, 그 중 80%가 전적 혹은 부분적으로 전해 들은 내용들이고, 중요한 뉴스들조차 단지 12%만이 확인되었다는 것을 발견했다(Davies, 2008). 이 사실은 우리가 읽는 대부분의 뉴스가 직접 얻은 사실이 아닌, 확인되지 않는 가정에 기초하고 있다는 것을 알려준다.

미디어와 마찬가지로, 비즈니스에도 많은 이들에게 사실로 각인된 가정들이 만연해있다. '우리 고객은 지점을 열기를 바란다' 혹은 '새로운 제품을 매년 출시해야 한다' 등과 같은 주장은 당연시된다. 가정은 설령 잘못되었더라도 쉽게 받아들여진다.

2. 스스로 부여한 제한

회계사에게 좋은 아이디어를 요구하면, 아마 우리는 숫자와 관련된 대답을 들을 것이다. 디자이너에게 요구하면, 시각적인 것과 관련된 대답을 얻을 것이다. 사람은 경험의 산물이기에, 창의성에서도 자신만의 경험에 의해 제약받는다. 자신의 특수하고 전문적인 분야나 역할에서 얻은 가정에 근거해서 생각하기 때문에 이런 제약은 편협적인 사고를 만든다. 제약은 우리를 안전지대에 머무르게 하며, 이것이 '아는 것'의 한계다.

이에 대해선 개인적으로 제록스Xerox Corporation와 애플의 사례를 좋아한다. 1970년대 캘리포니아에 있는 제록스의 팔로 알토 연구 센터Palo Alto Research Center에서 연구자들은 그래픽 유저 인터페이스나 마우스와 같은 개인용 컴퓨터에 대한 선구적인 결과를 만들었다. 하지만 당시 제록스(당시엔 마진이 높았던 복사기가 주력)는 그러한 혁신을 효과적으로 상업화하는데 실패했고, 결과적으로 기업 역사에 있어 가장 큰 실수 중 하나가 되었다(Wessel, 2012).

1979년 애플의 창업자인 스티브 잡스는 제록스를 방문했고, 그곳에서 기초 단계의 컴퓨터 기술들이 시현되는 것을 보았다. 그는 대중들에게 컴퓨터를 매력적으로 보이게 할 기술의 잠재력을 즉시 알아차리고, 애플 매킨토시를 개발하는데 그러한 개념들을 활용했다. 여기서부터 어떻게 되었는지는 여러분도 잘 알 것이다. 맥은 최초로 그래픽 유저 인터페이스와 마우스를 가진 컴퓨터로서 상업적으로 성공한 운영체제가 되었다. 애플은 사람들이 컴퓨터로 상호작용하는 방식을 변화시키는 데까지 나아가게 되었다.

이 이야기가 우리에게 말하고자 하는 것은 무엇일까? 제록스 연구자들과 관리자들은 그들의 가정, 즉 그동안 전문적으로 해오던 새롭고 더 좋은 복사기를 만드는 것에만 집중해야 한다고 생각했기 때문에, 그들의 기술로 개인용 컴퓨터에 혁명을 일으킬 수 있다는 생각을 하지 못했다.

만약 그들이 스스로의 제약을 넘어서는 걸 시도했다면, 많은 다른 가능성들을 알아차릴 수 있었을 것이다. 몇 년 후 스티브 잡스는, "만약 제록스가 자신이 보유한 기술과 실제 가능성들을 잘 활용했다면, 제록스는 제록스에 IBM과 마이크로소프트를 더한 만큼 큰 회사, 즉 세계에서 가장 큰 최첨단 기업이 되었을 것이다"라고 말했다(Gladwell, 2011).

활동: 가정을 부수는 질문들

다음 질문에 답하면서 우리가 갖고 있는 가정을 점검해보자.

1. 수백만 명의 애독자를 가진 작가가 자신은 글을 쓸 동안에는 결코 방해받지 말아야 한다고 당부했다. 그리고 그는 실제로 방해를 받은 날 이후로, 다시는 글을 쓰지 않았다. 왜일까?(Rogers and Sheehan, 1960)
2. 긴 선이 있다면, 어떻게 그 길이를 변화시키지 않고 선을 짧게 만들 수 있을까?

답은 315쪽에 있다. 당신은 어떻게 답했는가? 당신이 생각한 방향은 답을 찾는데 도움이 되었는가? 아니면 완전히 과녁을 벗어났는가?
이 단순한 활동을 통해 우리는 즉각적인 가정에 근거한 해석을 내리는 것과 이 가정과 일치하는 생각들만을 고려하는 것이 얼마나 쉬운 것인지 알 수 있다. 선택적 사고처럼, 우리는 어떤 방향으로 생각을 하게 되면, 그 방향을 틀기가 어렵다. 그리고 가정은 우리가 틀렸다고 생각하기 어렵게 만든다.

3. 시대에 뒤떨어진 생각

영국 철학자 버트란드 러셀Bertrand Russell가 들려주는 재미있는 이야기가 있다. 어떤 농부와 그의 칠면조에 관한 이야기이다. 농부가 매일

해가 뜰 때 사료 양동이를 가지고 자신을 찾아온다는 것을 알게 된 칠면조는, '나는 항상 해가 뜰 때 사료를 먹는다'라고 결론을 내렸다. 하지만 크리스마스 아침, 사료를 먹는 대신에 목이 잘릴 때 그 칠면조는 자신의 가정에 큰 배신감을 느꼈다.

이 이야기의 교훈은 무엇일까? 과거의 경험으로부터 항상 진실을 도출할 수는 없다는 것이다. 사건의 역사나 빈도는 그 사건이 미래에도 계속될 것이라는 증거는 아니다. 비즈니스에서 이전에 일어난 일들을 근거로 앞으로 일어날 일을 예상하는 것은 일리가 있음에도 불구하고, 과거는 결코 미래를 보장하지 않는다.

브리태니커 백과사전Encyclopaedia Britannica의 예를 들어보자. 240년 동안 브리태니커는 지식을 담은 두꺼운 책을 파는 사업을 성공적으로 구축했고 '학문적인 탁월성'에 대해서도 높은 명성을 쌓았다. 하지만 더 빠르고 편리한 서비스를 제공하는 위키피디아Wikipedia와 같은 디지털 자료들이 급부상하고 난 후에, 브리태니커는 스스로 쇄신할 수밖에 없었다. 브리태니커의 오랜 역사와 전통 있는 관습은 미래로부터 자신을 보호해 주지 못했다. 급진적인 변화로부터 살아남기 위해, 브리태니커는 자신의 비즈니스 모델에 대해서 가지고 있던 모든 가정들에 도전하고 디지털로 완전히 전환해야만 했다. 종이책 출판사로서 이것은 대담한 시도였고, 다행히 브리태니커는 높은 수준의 큐레이션으로 수백만 명이나 되는 더 많은 사람들에게 접근할 수 있었다(Sword, 2016).

오래된 가정들은 우리가 더 큰 것을 생각할 필요가 있을 때 우리를 방해한다. 가정은 다양한 방식으로 우리를 지적 나태함으로 이끈다. 마케팅 캠페인을 계획할 때, 우리도 알게 모르게 고객이 원하는 것과, 고객이 그것을 더욱 원하도록 하는 방법에 대해 잘 알고 있다고 자만하고 있을지도 모른다. 이 '유효하다고 증명된' 지식은 새롭게, 혁신적으로 생각하려는 우리의 능력을 잠식하고 있을 수 있다.

물론 우리가 과거의 모든 것을 잊어야 한다고 말하는 것이 아니다. 그것은 거짓된 가정만큼 어리석은 것이다. 그러나 어떤 일도 과거처럼 되지 않는다는 것을 주기적으로 상기하는 것은 중요하다.

가정의 어리석음

역사적으로 유명한 사람들은 다음과 같은 가정들을 말했다. 하지만 이것들은 모두 틀린 말이 되었다.

"발명될 수 있는 모든 것은 발명됐다."

- 찰스 두엘Charles Duell, 미국 특허 청장, 1899

"전 세계에는 약 5대의 컴퓨터만 필요하다."

- 토마스 왓슨Thomas Watson, IBM 창업자, 1943

"나의 때가 아니라, 오랜 시간이 지나야 여성이 총리가 될 수 있을 것이다."

- 마가렛 대처Margaret Thatcher, 훗날의 영국 총리, 1969

"인간은 50년 동안 날지 못할 것이다."

- 윌버 라이트Wilbur Wright, 미국의 항공 개척자, 형제인 올빌Orville에게 한 말

(그들의 성공적인 첫 비행은 1903년에 이루어졌다)

> "사람들은 합판으로 된 상자를 매일 밤 쳐다보는 것에
> 금방 실증을 느낄 것이기 때문에, TV는 곧 사라질 것이다."
>
> – 대릴 재넉Darryl Zanuck, 영화 제작자, 1946

규칙은 깨지기 마련이다

활동: 까다로운 격자판

다음 격자판을 살펴보자. 합이 12가 되도록 이 숫자들 중 정확히 4개의 숫자에 동그라미를 그릴 수 있겠는가?
답은 315쪽에 나와 있다.

1	6	1
6	1	6
1	6	1
6	1	6

정답을 잘 찾았는가? 문제를 푸는데 애를 먹었다면, 아마 우리 정신이 무의식적으로 격자판은 한 방향으로만 접근할 수 있다는 규칙에 붙잡혔기 때문일 것이다. 하지만 이 가정은 사실이 아니라, 그저 우리가 상상한 것이다. 이 퍼즐을 풀기 위해서는 문자 그대로, 우리의 정신을 뒤집어엎을 필요가 있다. 문제를 창의적으로 해결하고자 한다면 무슨 방법이든 써도 된다.

우리는 어릴 때 규칙을 따르도록 배웠다. '선 바깥으로 색을 칠하지 마라' '칠판에 있는 것을 그대로 써라' '교실에서는 조용히 해야 한다' 등과 같이 말이다. 또한 우리는 권위자들이 세운 이 일련의 규칙들이 모두를 위해 최선이라고 믿어왔다. 회사에서도 '고객이 항상 옳다'거나 '이 사회에서 조직의 방향을 항상 정한다'와 같은 자의적 규칙들이 성스러운 규율인 것처럼 여겨진다. 그 결과 우리는 규칙을 따르는 것을 당연하게 생각하게 되었고, 그것에 도전하려고 생각하지 않게 된다. 하지만, 가정과 마찬가지로 규칙 역시도 규칙을 넘어서는 상황들에 대해선 속수무책이 된다.

오늘날 우리가 사용하는 QWERTY 키보드가 좋은 사례다. 이 키보드의 형태가 어떻게 나왔는지 아는가? 이 형태는 1870년대, 타자기의 선두 제작 업체였던 숄즈 앤 컴퍼니Sholes & Co에 의해 발명되었다. 원래 의도는 타자 속도를 늦추기 위해서였다. 왜냐하면 너무 빨리 타자를 치면 타자기의 키가 걸려 제대로 입력이 되지 않았기 때문이다. e, a, i, o 같이 가장 흔히 사용되는 글자들을 집게손가락으로부터 멀리 떨어지게 함으로써, 사람들이 칠 수 있는 속도는 감소되었다. 사용자들은 상대적으로 더 약한 손가락으로 그 글자들을 누르며 키가 잘 입력되지 않는 문제를 해결했다.

　하지만 그 이후로, 키보드 기술은 급속도로 발전했고 컴퓨터의 처리 속도도 사람들이 치는 속도보다 훨씬 빨라졌다. 그러나 새롭고 더 빠른 키보드가 가능함에도, 우리는 여전히 오래된 QWERTY 규칙에 묶여 있다. 우스꽝스럽지 않은가? 어떤 규칙이 한 번 자리를 잡으면, 규칙에 대한 원래 이유가 사라져도 규칙을 제거하는 것은 까다로운 일이 된다. 그래서 새로운 아이디어를 만들어내는 것이 아니라, 더 이상 유효하지 않는 아이디어들로부터 벗어나는 것도 창의성을 발휘할 수 있는 방식 중 하나다.

　비즈니스의 생산성을 개선하는 방법을 찾는다고 한다면, 우리는 보통 다음과 같은 규칙을 따른다.

　① 외부 코치를 활용해 직원들을 교육하고 팀들이 일을 더 잘하도록 동기부여를 유발한다.
　② 고객과 항상 전화로 의사소통한다.
　③ 연구개발부서는 새로운 제품을 만들어낸다.
　④ 또 다른 프로젝트를 시작하기 전에 하나의 중요한 프로젝트에 집중한다.

　이런 규칙을 깨면 어떤 일이 생길까?

　① 현장 매니저들이 자신의 팀을 교육하고 동기부여를 통해 더 나은 의사소통과 가까운 관계를 만들어내는 중요한 책임을 진다.

② 이메일, 소셜 미디어와 방문 등 다양한 방법으로 고객과 의사소통한다.

③ 고객서비스, 기술 지원, 생산과 재무 등 다른 팀들을 제품 개발 과정에 참여시킨다. 그 결과, 더욱 탄탄한 해결책을 개발한다.

④ 동시에 다양한 프로젝트를 수행해 직원들을 더욱 활기차게 한다.

오랫동안, 나는 엄격한 규칙과 관료제로 인해 시장의 변화를 따라가지 못했던 몇몇 대기업들과 일해 왔다. 규칙을 따르는 것은 오랫동안 효율적이었기에 굳이 규칙을 어길 이유가 없었다. 손댈 수 없는 것처럼 말이다.

사람들은 규칙에 질문을 던지는 것을 두려워한다. 이런 환경에서 혁신을 만들기는 힘들다. 규칙이 검토나 도전에 결코 열려있지 않다면, 어떻게 새로운 것을 개척할 수 있겠는가? 다른 방법들을 자유롭게 바라볼 수 없다면 어떻게 다른 방법들의 장점을 알 수 있겠는가?

> "왜 이것을?"이라고 충분히 자주 묻지 않는다면,
>
> 다른 사람이 "왜 당신을?"이라고 물을 것이다.
>
> – 톰 허쉬필드Tom Hirshfield, 미국의 물리학자

새로운 것에 밀려나다

몇 십 년간 혹은 심지어 몇 세기 동안이라도, 비즈니스는 맹목적으로 운영될 수 있다. 그러다가 어느새 업계에 진출한 새로운 경쟁자가 뻔뻔스럽게 규칙들을 무시하는 걸 보며, 우리는 그 규칙들이 얼마나 무의미했는지를 뼈저리게 느낀다.

리처드 브랜슨Richard Branson은 영국에서 영국항공British Airways, 미국항공American Airlines과 팬 암Pan Am, Pan American World Airways, 팬 아메리카 월드 항공 등과 같은 기존 항공사들이 존재했음에도 불구하고, 버진 아트랜틱Virgin Atlantic을 출범시켰는데, 그는 규칙을 무시하며 성공하는 것을 완벽히 보여주었다.

기존의 항공사들은 모두 같은 규칙에 묶여 있었다. 일등석 손님은 최고의 서비스를 받고, 비즈니스석 손님은 그에 걸맞은 서비스를 받으며, 이코노미석 손님은 꼭 필요한 기본적인 서비스만 받을 수 있다.

그렇다면 브랜슨은 어떻게 했을까? 그는 일등석을 없애고 일등석의 서비스를 비즈니스석 손님들에게 제공했다. 또한 이코노미석 손님들에게도 무료 음료, 머리 받침대에 비디오와 리무진 제공 등 같은 혁신적인 특전을 도입하며 항공업계에 변화의 바람을 일으켰다.

기업들은 자신을 움직이고 있는 규칙과 관료제에 너무 깊이 뿌리박혀 있어, 창의적인 혁신을 위한 충분한 고민을 하길 주저한다. 문제가 생기면 그들은 훌륭한 해결책을 찾는 대신, 새로운 단계나 결재 절차를 추가하는 식으로 문제를 회피한다. 그리고 시간이 지나면, 그 규칙들이 왜 만들었는지도 기억하지 못한다!

반면에 시장에 새롭게 들어오는 이들은, 신선한 관점과 개방적인 마음으로 무장하고 있다. 그들은 다른 이들이 하지 않는 것을 두려움 없이 시도하여 시장의 근본을 흔들어버린다. 예를 들어 일본 자동차 업체들은 작고, 연료 효율이 좋은 차를 만들어냈고, 이는 당시 미국 자동차 업체들이 고려하지 않았던 선택이었다. 미국 업체들은 크고, 높은 마력의 자동차를 출시하는 전략에 묶여 있었고 결국 전체 시장을 놓쳐 버렸다.

제대로 된 조직이라면 새롭게 시작하는 자들처럼 '이 규칙들을 부순다면 어떤 일이 발생할까?'라고 하는 질문을 두려워하지 말고 던질 수 있어야 한다.

케이스 스터디: 규칙에 도전한 더바디샵

화장품 회사 더바디샵The Body Shop의 창업자 아니타 로딕Anita Roddick은 화장품 업계의 흐름을 거스름으로써 놀랄만한 성공을 거두었다. 그녀는 1976년 자연친화적이고, 동물실험을 하지 않는 화장품을 판매하겠다고 처음 생각한 순간부터, 업계의 거의 모든 규칙을 어겼다.

당시 대부분의 약국과 화장품 기업은 세면도구, 화장품, 향수와 치료용 크림을 진부하게도 비싸고 아름다운 용기로만 팔고 있었다. 로딕은 정반대로 저렴한 플라스틱 용기에 단순하게 인쇄된 라벨을 붙였고, 고객들로 하여금 용기를 재활용해 사용할 수 있게 다시 가져오라고 격려했다. 이렇게 함으로 돈을 더 절약할 뿐 아니라, 제품에 대해 자연친화적인 이미지를 조성하고 환경문제에 민감한 고객들에게 더욱 호소력이 있게 만들었다.

브랜드가 더욱 성공적으로 되어가자, 로딕은 다른 규칙들마저 무시하기 시작했다. 예를 들어 그녀는 미국 시장에 처음 진출했을 때에도 광고를 하지 않았다. 지금까지도 더바디샵은 여전히 이익profit 이전에 이상ideals을 앞에 두고 사업을 한다. 이익이 전부인 세계에서, 더바디샵은 사회적인 책임을 지고 연민을 베푸는 새로운 모습으로 많은 이들에게 사랑받고 있다.

요점

▶ 가정적 사고란 종종 증거 없이 신념, 관습 혹은 아이디어를 진실이라고 수용하는 경향이다. 잘못된 가정은 혁신에 가장 나쁜 방해물이 된다. 잘못된 가정은 보이지 않고, 지독히 안 좋으며 은밀히 퍼지는데, 우리 모두는 어떤 상황에서건 한 번쯤은 그것에 의해 지배당한다. 잘못된 가정은 우리를 다음과 같이 가로막는다.

▷ 실제로 알지 못하는 모든 사실을 알고 있다고 생각하도록 우리를 이끈다. "경쟁자를 따라 잡기 위해 매년 새로운 제품을 출시해야 한다"와 같은 가정이 정말 타당한 것인지 검토해야 한다.

▷ 우리 자신이 스스로 부과한 제약과 전문화에 의해 갇히게 만든다. 예를 들어 제록스는 더 나은 복사기를 만드는 것에만 집중하는 한계를 보였고, 개인용 컴퓨터 시장을 장악하는 것에 실패했다.

▷ 가정과 같이, 규칙은 오래된 패턴으로 우리를 묶어버린다. 더 견고한 규칙일수록, 그것이 너 이상 타당하지 않을 가능성이 더 크다. 때로 우리는 더 눈에 띄기 위해 기존의 규칙들을 뒤흔들거나 뒤집어볼 필요가 있다.

2부

해결책 찾기

5
창의적 문제해결을 위한 준비

창의성은 거의 어떤 문제도 해결할 수 있다.
독창성으로 습관으로부터 벗어나며 모든 것을 극복한다.
— 조지 로이스George Lois, 미국의 디자이너이자 작가

마켓드리븐market-driven이냐
마켓드라이빙market-driving이냐

오늘날, 많은 기업과 기업가들은 자신들이 마켓드리븐이라는 것에
자부심을 느낀다. 그들은 철저한 연구를 통해 시장의 구체적인 특징들
을 이해한 다음, 그에 따라 반응한다. 이는 전형적인 '상자 안의 사고'로,
숨어있는 고객 니즈를 만족시키거나 시장의 행동과 선호도를 고치는
데 한계가 있는 방식이다. 마켓드리븐은 우리의 의사결정권을 과거에
게 맡겨버린다.

전략적 마케팅으로 유명한 앤드루 스타인Andrew Stein은 "뒤를 보며
운전을 한다면, 어떻게 미래를 바라보는 비전을 갖고 새롭고 다른 미래

를 구상할 수 있겠는가?"라고 지적한다. 선택적, 반응적 그리고 가정적 사고는 전부 시장을 주도하는 방식이 아닌, 과거의 시장에 휘둘리는 결과를 초래한다.

시장을 이끄는 마켓드라이버는 위험을 감수하며 비전을 가진 자들로, 고객이 필요로 하는 제품과 서비스를 예측하며 고객들을 지속적으로 놀라게 한다. 그들은 고객 가치에 있어 도약을 이루기 위해 다른 사람들이 보지 못하는 기회들을 포착한다(Kumar, Scheer and Kotler, 2000). 반응적 비즈니스 전략을 택하기보다, 주도적이고 민첩하게 일하며 그들은 관습적 사고와 업계의 규칙에 의해 방해받지 않는다. 주목할 만한 사례들로는 페덱스Fedex, 아마존, 더바디샵The Body Shop, 이케아IKEA, 스타벅스Starbucks, 월마트Walmart와 스와치Swatch 등을 들 수 있다. 마켓드라이빙이면서, 마켓드리븐일 수는 없다. 그것은 모순이다. 대표적인 차이를 보기 위해 표 5.1을 살펴보자.

마켓드라이빙	마켓드리븐
파괴적	반응적
혁신적	점진적
창의적	대수롭지 않은
가치	기능들
민첩한	융통성이 없는
경쟁적	자신없는
결단력 있는	확신하지 못하는
명료한	혼란스러운
역동적인	정적인

(표 5.1) 마켓드라이빙 vs 마켓드리븐(A Stein, SteinVox.com. 2012)

마켓드라이버가 되는 법

마켓드라이버가 되기 위해선 전통적인 사고를 극복해야 한다. 수동적이며 가정에만 의존하는 환경이라면, 위기가 발생하거나 시장이 명확하게 보일 때만 기회가 나타난다. 즉, 시장을 변화시킬 수 있는 일은 드물다. 하지만 선택적, 반응적, 가정적 사고를 잘 억제할 수 있으면, 우리는 어떤 상황에서도 더욱 창조적이고 유용한 결과를 만들 수 있게 된다.

우리가 우리에게 익숙한 사고방식을 과감하게 끊어낸다면, 풍부하고 생산직인 환경을 조성할 수 있다. '생각에 내해서 생각하는 것', 즉 메타인지로 도움을 얻는 방법을 다시 한 번 기억하자. 도전을 맞닥뜨렸을 때, 적재적소의 사고 전략을 적용하면 최선의 결과를 얻을 수 있다.

이기는 방법

창의성을 실험이나 터무니없는 일회성 축제로 보는 것은 이제 멈춰야한다. 나는 혁신에 대해 그것이 사건이 아니라 과정이라고 얘기하길 좋아한다. 하나의 대단한 아이디어만으로는 혁신을 만들어내지 못한다. 성공은 창의적 아이디어의 컨베이어 벨트가 있어야 꾸준히 지속될 수 있다. 하나의 새로운 것 뒤에 또 다시 새로운 것이 오고, 그러면서 과거로부터 벗어나 미래로 나아갈 수 있는 것이다.

개인과 팀 그리고 조직 전체에서 이렇게 혁신을 지속한다면 성공할 확률은 더욱 높아진다. 이것이 사실 비즈니스의 모든 것이다. 혁신적인 과정은 기존의 관행과 경계를 허무는 것을 너머, 창의적 시스템을 만들어내는 것이다. 단순히 우연 혹은 실수의 산물이 아니라, 실질적인 변화를 위한 공식적인 과정으로 발전시킬 필요가 있다.

카지노를 한번 생각해보자. 모든 게임에는 이기는 과정이 있고, 기본적으로 하우스 측이 조금 더 유리하다. 매우 정교하게 설계되어 있지만 몰두하면 새로운 방식을 발견할 수 있고, 이것이 곧 문제해결 능력을 더 효과적으로 개선하는 방법이다.

하지만 마치 마법같이 요령을 부리길 원한다면, 즉 빠른 결과만을 바란다면 많은 문제가 일어날 것이다. 그리고 결국 최상의 결과가 아니라 타협해버린 결과에 만족해야 한다. 3장에 나온 반응적 사고와 선두주자의 단점을 생각해보자. 일찍 출발한다고 해도, 경쟁자들이 더 많이 준비하고 시장에 진출하면 뒤처지길 마련이다. 문제나 기회, 혹은 도전을 맞닥뜨려도 바로 행동하지 말자. 먼저 생각을 하자. 탐험을 시작하기 전에 여행의 지도를 어느 정도 그려봐야 하는 것처럼 말이다.

창의적 프로세스는 우리들이 유연하면서도, 아이디어들을 개발하고 진전시킬 수 있는 구조가 되어야 한다. 너무 융통성이 없는 프로세스는 사람들의 열정과 창의성을 엉망으로 만든다. 이 책의 2부에서는 응용 창의성과 혁신을 위해, 정기적으로 도움이 될 교육 프로그램과 워크숍

이해	생성	분석	실행
문제를 정의하기	아이디어를 떠올리기	아이디어를 평가하기	해결책을 실행하기

(표 5.2) 해결책 찾기의 4단계

에서 가르치는 접근법인 해결책 찾기(표 5.2)를 소개할 것이다.

'해결책 찾기'는 본질적으로 문제나 도전에 대해 창의적인 해결책을 찾는 틀이다. 4단계로 이뤄진 해결책 찾기는 팀의 창의적 사고력을 고양시키고 조직의 진전을 도와, 우리가 최선의 결정을 내릴 수 있는 적합한 태도와 분위기를 조성해 줄 것이다. 해결책 찾기는 활력이 필요할 때 우리의 창의성에 시동을 설어술 뿐만 아니라, 충실하게 꾸준히 사용한다면 조직에 진정한 혁신의 문화를 만들어 낼 수 있다.

1단계: 이해(문제를 정의하기). 충분한 시간을 갖고 이슈를 탐색하자. 문제를 야기하는 것이 무엇인지 이해하고, 해결할 필요가 있는 것을 정확히 기술할 수 있도록 하자.

2단계: 생성(아이디어를 떠올리기). 문제를 해결할 수 있는 풍부한 잠재적 해결책들에 불을 붙이기 위한 창의적 사고 도구를 사용하자.

3단계: 분석(아이디어를 평가하기). '뇌 전체를 사용하는' 접근법을 활용해 최선의 아이디어들을 분류하고 가려내고 선택해, 결정을 내리자.

4단계: 실행(해결책을 실행하기). 가능한 아이디어를 강화하고, 개선해

정교한 해결책으로 만들자. 동의하는 사람들을 모으고 목표를 세우자. 그런 다음 계획을 세우고 실행하자!

확산적 사고와 수렴적 사고

여느 좋은 사고방식이 그러하듯이, 해결책 찾기 역시 길포드Guilford(1967)의 확산적 사고와 수렴적 사고의 개념에 의해 영향을 받았다. 그것들이 무엇인지 간단히 살펴보자.

확산적 사고Divergent thinking: 본래의 주제로부터 우리를 모든 방향으로 확대하는 포괄적이고, 자유로이 흐르는 활동. 확산적 사고는 우리의 정신을 깨뜨려 넓게 열고, 엉뚱하고 별난 것마저 포함하는 모든 가능성과 아이디어를 고려하도록 한다. 확산적 사고는 '소프트'하다고 간주되며, 다음과 같은 것들과 연관되어 있다.

은유, 창의적, 꿈, 유머, 시각적, 감정, 시각화, 모호성, 놀이,
상상력이 있는, 근사치의, 만들어내는, 환상, 즉흥적인,
직관, 비유, 예감, 무작위의, 무의식적인, 일반적인.

수렴적 사고Convergent thinking: 우리로 하여금 정확하고 확실한 결정으로 인도하는 정신적 활동. 수렴적 사고는 개념들의 조화를 검토하고, 우리의 사고를 하나의 목표에 날카롭게 집중하게 한다. 수렴적 사고는 '하드'한 사고 과정이고, 다음과 같은 단어들로 말할 수 있다.

이성, 논리, 정확성, 일관성, 비판적, 합리적, 계획적인,

꼼꼼한, 현실, 직접적인, 의식적인, 초점을 맞춘, 순서,

분석, 직선의, 구체적인.

수렴적 사고는 분석적이고 선택적인데 반해, 확산적 사고는 생성적
이다. 새로운 아이디어는 크게 3단계를 통해 개발되며(표 5.3), 이 두 유
형의 사고는 각각 다른 단계에서 중요한 역할을 한다.

(표 5.3) 창의적 사고의 순서

① 생성적/상상력이 풍부한 단계: 예를 들어 우리는 브레인스토밍을
통해서 많은 선택지를 만들어낸다. 이 과정은 생각을 확장하고, 문제를
다루며, 가정을 검증하고, 규칙을 깨뜨려 아이디어를 뽑아내는 재미있
고 창의적인 단계다. 이 단계는 확산적이고, 생각이 다양하게 나뉘고 다
른 방향으로 진행하는 것도 허용된다. 또한 초기의 판단과 수정이 어떤
새로운 아이디어라도 막지 않도록 잘 관리해야 한다.
② 분석적/실용적 단계: 우리는 여러 선택지를 분석하고 하나의 해결

책으로 수렴시키려는 목적으로 정보를 수집한다. 이 과정에서는 실현 가능한 해결책들을 줄여나가고 현실성(비용, 자원, 시간 등)을 고려한다. 이 단계는 수렴적이다. 여러 생각들을 좁혀나가, 전체적으로 하나의 지점으로 모이게 만드는 것이다. 이렇게 해두었을 때만이 우리는 선택한 해결책을 실행할 수 있는 선택적/행동 단계로 나아갈 수 있다.

③ 선택적/행동 단계: 우리는 선택된 해결책을 다듬고 보강해 앞으로 나아간다. 이 단계에서는 권고 사항을 만들고, 목표를 수립하고, 해결책을 테스트하며 행동으로 옮길 준비를 한다.

이제 창의적 프로세스를 어떻게 시작할 수 있을지 생각해보자. 우리는 우선 자신에게 솔직해져야 한다. 우리는 이 순서를 따르며 사고하고 있을까? 대부분 분석적으로 사고하기에, 확산적으로 생각하기 위해서는 정말 많은 노력이 필요할 것이다. 우리는 우리가 정상적으로 여기는 수렴적 사고로부터 의도적으로 벗어나려고 해야 한다.

종종 분석과 판단과 같은 '하드'한 사고 패턴은 너무 일찍 등장해, 상상력에까지 스며들어버린다. 이렇게 하면 우리의 생각은 예정보다 빨리 좁아지게 되어서, 터무니없고 색다른 아이디어들을 너무 일찍 제거한다. '그건 어리석은 생각이야' 혹은 '그렇게 해선 안 될걸' 등과 같이 단념하며 말이다. 기회가 있었다면 탁월한 아이디어로 판명되었을 수도 있지만, 처음부터 그 아이디어들을 거절한 것이다.

논리와 분석은 정말 중요한 도구다. 우리는 그들의 도움으로 아이디어들을 분류하고 가려내고 선택하며, 변덕스러운 사고의 오류들로부터 피할 수 있다. 그러나 아이디어 생성 단계에서부터 논리와 분석에 과도히 의존하게 되면, 전체적인 과정이 망가지고 만다. 1단기어와 후진기어를 동시에 넣고서 차를 운전할 수는 없다. 마찬가지로, 창조와 평가를 동시에 할 수 없다. 그러면 우리의 정신적 기어가 망가져버릴 것이다. 우리는 정확한 순서로 확산적 사고와 수렴적 사고를 해야 한다.

혁신 전문가인 폴 슬론Paul Sloan(2010)은 프랜시스 크릭Francis Crick과 제임스 왓슨James Watson이 1953년에 DNA의 구조를 발견할 때 가능한 패턴과 배열을 고려하는 데 있어, 처음 단계로 확산적 사고의 도움을 받았다고 기술한다. 크릭과 왓슨은 그 후 수렴적 사고를 따라 하나의 정확한 답이 있을 것이라 생각했다(이는 이중 나선 구조the double helix로 밝혀졌다). 해결책 찾기는 너무 일찍 좁아지려는 사고의 본능을 막아주고 더 능수능란하게 문제를 해결해준다. 확산적 사고를 통해 많은 아이디어를 생성시키고, 그 다음 수렴적 사고를 통해 가장 잠재력이 큰 해결책으로 우리의 사고를 이동시킨다. 멍묘한 난계를 따라가며 성공을 위한 영감 어린 해결책을 찾는 과정을 통해, 우리는 체계적이 될 수 있다.

혁신은 그 결과가 논리적 구조와 관련이 있음에도 불구하고,

논리적 사고의 산물은 아니다.

– 알베르트Albert Einstein 아인슈타인, 노벨물리학상 수상자

좌뇌와 우뇌는 상호 보완한다!

의사결정에 있어서는 '실용적인' 아이디어 평가의 단계에서부터 분석적 사고가 우리를 장악하지 않도록 조심해야 한다. 논리와 판단 그리고 비판에 너무 초점을 맞추면, 좌뇌의 피질 능력(단어, 숫자, 분석, 목록, 언어와 논리)이 과한 주도권을 얻어 사고가 편향된다. 소프트한 우뇌의 피질 능력(리듬, 느낌, 색깔, 모양, 지도, 상상력, 백일몽)으로 균형을 맞춰, 우리의 정신적 힘을 완전하게 끌어내는 것이 매우 중요하다.

이는 또한 정서와 직관 그리고 직감을 통해 상황 해석과 우리가 가진 선택지들을 판단하는 것을 돕는다. 최근에는 이런 좌우뇌의 사고에 관한 개념이 신빙성을 잃고 있지만, 로저 스페리Roger Sperry가 연구한 노벨상 수상 작업의 대부분은 여전히 유효하다. 연구자들은 뇌(좌우)의 두 가지 주요한 반구는 매우 다르게 기능한다는 것을 입증하고 있다. 가장 흥미로운 사실은 뇌의 양 측면은 어떤 활동들이 관여할 때 상호보완적이고 화합하는 방식으로 활동적이 된다는 것이다(Hellige, 2001). 그래서 최고의 아이디어와 결정을 위해서는 'a 혹은 b' 또는 좌뇌 혹은 우뇌의 문제로 접근해서는 안 된다. 우리의 분석적이고 생성적인 능력 모두를 조화롭게 작동시켜야 한다. 즉, '전체 뇌'를 사용하는 사고가 필요하다.

판단 위험

우리는 보통 직장에서 논리적이고 비판적으로 사고하면서 많은 시간을 보낸다. 그러다 즉흥적인 브레인스토밍에 참여하게 되더라도, 우리의 비판적 측면이 여전히 완전하게 활성화되어 있다는 점은 놀랍지 않다. 판단과 분석이 의사결정에 유용한 것은 맞지만, 문제들에 대한 창의적 해결책을 만드는 일에서는 형편없다.

브레인스토밍의 핵심은 논리로부터 '휴식 시간'을 가져, 아무리 별나더라도 가능한 많은 아이디어를 모으는 것이다. 하루의 대부분을 실용적으로 생각하며 보내는데, 왜 한 두시간만 완전히 비논리적이 되는 건 허용되지 않는 것일까? 새로운 아이디어들에게 기회를 줘야 우리도 새로운 것을 배울 수 있다. 새로운 아이디어들을 없애기보다는, '이 아이디어에는 어떤 흥미롭고 혁신적인 점이 있을까?' '이 아이디어로부터 다른 아이디어가 나올 수 있을까?'와 같은 질문을 던져보자. 팀과 같이 모은 아이디어 하나하나의 창의적 가치를 살펴보자.

이 단계는 아이디어들을 '좋은/나쁜' '유용한/무익한'이라는 기준으로 나누는 시간이 아니다. 평가하기 위해 멈추는 매 순간, 우리는 창의적이지 않게 된다는 것을 기억하자. 어떤 아이디어가 성공적인지를 테스트하기 위한 시간은 나중에도 충분히 있다.

어쩌면 지금 하고 있는 이 방식이 틀린 것일 수도 있고, 우리 내면의 생각이 우리 자신을 방해하는 것일 수도 있다. 자신에 대한 회의감은 우리 모두에게 언젠가 찾아온다. 그리고 우리는 종종 자신의 아이디어에 대한 이 부정적인 사고의 희생자가 된다. '사람들이 정말 이것을 원할까' '너무 경쟁이 심한 것은 아닌가?' '실패할 것 같은 것에 왜 시간을 낭비하고 있지?' 이런 비관적인 편견들은 자연스러운 것이지만, 우리는 새로운 아이디어들을 떠올리기 위해 이 역시도 대응할 필요가 있다. 표 5.2에 창의적 성과를 손상시키는 7가지 부정적 사고를 요약했다. 여러 분은 이중 어떤 것에 문제를 가지고 있는지 점검해보자.

1. 흑백 논리	사물은 좋거나 아니면 나쁘다, 옳거나 틀리다. 우리는 아이디어를 사랑하거나 미워한다는 식의 극단적 사고. 회색 혹은 중간 지대가 없다. 브레인스토밍 중에 조금이라도 완벽하지 않은 답은 옳지 않다고 믿는다. - "나는 승리자가 아니면, 패배자다."
2. 비교	오직 타인과 비교를 통해서 성과를 판단한다. - "존은 항상 최고의 아이디어를 가지고 있어. 그와 비교하면, 나는 어떤 유용한 아이디어도 만들어내지 못해."
3. 과도한 일반화	하나의 사건 혹은 증거에만 근거해 결론을 낸다. 과거의 경험에만 의존해, 똑같은 결과만을 예상한다. '항상' '결코' '모든 사람' '세상은' 등과 같은 말을 자주 사용한다. - "우리는 정시에 프로젝트를 마치지 못할 거야. 항상 이렇잖아."
4. 독심술	다른 사람들의 자신과 자신의 아이디어에 대한 생각을 본인이 알고 있다고 믿으며, 다른 사람들이 부정적으로 생각한다고 추정한다. - "그녀는 내 아이디어가 너무 극단적이고 위험하다고 생각한다."
5. 꼬리표 붙이기	우리 자신과 다른 사람 혹은 사건을 기술하는 꼬리표를 붙이고, 동일하거나 관련된 꼬리표가 다시 적용된다고 간주한다. - "내가 낸 아이디어는 형편없다. 나는 창의적이 되는데에 쓸모없다."
6. 파국화	재난의 가능성을 과대평가하고, 참기 어렵거나 견디기 어려운 일이 발생할 것이라고 예상한다. - "나는 바보 같은 짓을 할 것이고, 사람들은 나를 비웃을 것이다."
7. 예언	일이 어떻게 결론이 날지 알고 있어서, 자신을 그 상황 가운데 참여시키지 않으려고 한다. 부정적으로 예측해, 스스로 긍정적 위험을 실험하고 감수하려는 열의를 꺾는다. - "그 아이디어에 노력을 기울일 필요가 없다. 그 아이디어가 작동하지 않으리라는 것을 나는 안다."

(표 5.4) 7가지 부정적 사고

창의성 도구 상자

창의성에 대한 자신감은 행동과 실천을 통해서만 기를 수 있다. 더불어 창의성이 잘 일할 수 있도록 안내할 필요가 있다. 효과적인 분석과 의사결정을 위해 새로운 연결점을 만들자. 가능한 모든 데이터를 이해하는 것을 도와줄 많은 창의적 사고방식과 문제해결 도구들이 있다. 하지만 도구 그 자체만으로는 창의성을 사람들로부터 '강제로' 끌어낼 수 없다(Cook, 1998). 도구에게도 적절한 환경이 필요하다. 이것은 의사결정 레이더와 해결책 찾기의 목적이기도 한데, 이 2가지가 사람들의 내적 창의성이 발현되기 적합한 환경을 만들어 낸다.

내가 좋아하는 해결책 찾기는 혼자서 그리고 팀에서도 오랜 기간 실시한 '경험'에 근거를 두고 있다. 도구들은 모두 사용자 친화적이고 각 단계에 맞세 구성했고, 다양하기에 독특한 문제에도 적합하다. 더 좋은 것은, 미팅에서 많은 즐거움도 선사한다는 것이다.

캔버스 템플릿과 체크리스트

해결책 찾기의 각 단계에서 작업을 도울 수 있도록, 편리한 템플릿과 체크리스트가 포함되어 있다. 실제 과제에 대한 작업을 하면서 배운 것을 즉시 이해하기 위해 각 단계별로 관련있는 캔버스를 완료할 수 있다. 이 책의 모든 자료는 www.thinking.space에서 받을 수 있다.

6

해결책 찾기 1단계 · 이해

생각하는 사람 누구에게나 가장 큰 도전은
문제를 해결 가능한 방식으로 기술하는 것이다.
– 버트란드 러셀Bertrand Russell, 영국의 철학자이자 논리학자

문제를 정의하기

학교를 다닐 때, 질문에 답하기 전에 질문을 제대로 읽어야 한다는 얘기를 들은 것을 기억하는가? 문제해결도 마찬가지다. 보통, 우리는 문제에 직면하면 본능적으로 해결책부터 찾는다. 빨리 해결할수록 좋다고 생각한다. 하지만 우리가 정말 해야 하는 일은 문제를 더욱 진지하게 바라보는 것이다. 성급하게 해결책을 찾는 것보다는, 문제를 정확히 정의하는 것에 시간을 투자하자. 문제를 정의하는 방식이 곧 우리의 창의적 땀과 노력에 대한 중요한 방향을 정해준다. 우리가 따르는 사고방식과 아이디어 역시 마찬가지다. 문제를 제대로 정의하는 것은 무엇보다 중요하다.

나와 같이 일하고 있는 개인과 회사들은 문제를 정의하는 것에서부터 많은 것을 깨닫곤 한다. 하지만 대부분 정의를 내리는 단계를 건너뛴다. 문제가 무엇인지를 알아내는 일은 미적거리며 시간을 낭비하는 일이라고 생각하는 이들이 많을 것이다. 대단한 해결책이나 아이디어가 나오고, 즉시 그곳으로부터 출발하는 것을 좋아한다. 제자리에서 문제의 모든 국면을 분석하고 파악하는 것은 골치 아픈 일이다. 하지만 우리는 문제를 너무 애매하고 모호하게 이해하기 때문에 실패한다. 처음에 문제를 명확히 이해하고 분명히 설명하지 않는다면, 우리가 풀려고 애쓰는 문제의 정확한 실체를 나중에야 발견하거나, 혹은 문제 자체가 아니라 문제의 증상을 해결하려고 애쓰고 있을지도 모른다.

비즈니스에 새로운 기회들은 많고, 새로운 아이디어를 내놓으려고 열정적으로 움직이는 것도 좋지만, 우리가 잘못된 시도를 한다면 우리의 노력은 물거품이 될 것이다. 혁신은 그저 새로운 것뿐이거나 긴급 상황만 넘길 아이디어를 만들어내는 것은 아니다. 변화란 우리를 목표에 더욱 가깝게 이끌어 줄 수 있게 적절하고 목적에 부합해야 한다.

우선 '우리가 왜 이 일을 하고 있는가?'라고 우리 자신에게 물어보자. 이 질문에 대한 답이 분명하지 않다면, 명확한 답을 내리는 것이 최우선 과제다. 어떤 창의적 과정이든 결과output의 수준은 항상 입력input의 수준에 달려있다. 이 첫 단계는 무엇을 혁신하려고 하는지에 대한 명료한 답을 주는, 매우 본질적인 단계라고 할 수 있다. 또한, 이 단계에서는 다음과 같은 결과를 얻을 것이다.

• 우리가 성급한 판단을 내려 잘못된 결론으로 이끄는 것을 막아준다.

- 가정을 체크하고 도전하게 도와준다.
- 문제의 잠재된 원인에 대한 더 나은 통찰을 던져준다 - 문제는 왜 존재하는가?
- 우선순위를 파악해 우리의 노력이 더욱 정확히 목표에 닿게 하자.

프로젝트를 시작할 때 혼자서 또는 동료들과 시간을 충분히 들여서 문제를 정확히 정의하고 이해하자. 그것이 문제를 해결하는 것이든, 시장을 파괴적으로 혁신하는 것이든, 일을 더 잘하는 것이든, 즉각적인 위협에 대처하는 것이든, 최근에 열린 기회를 활용하는 것이든 간에 말이다.

개별적인 목표나 문제는 관련된 사람과 정보의 관점에서, 각각 특별하게 처리되어야 할 필요가 있다. 다루고 있는 것에 대한 종합적인 관점을 개발하기 위해 다른 각도에서 문제를 바라보라. 연관된 사실과 느낌에 대한 정보를 수집하라. 일단 이것을 완료하면, 당면한 이슈나 목표에 대해 더 좋고 의미 있는 아이디어들을 초대할 환경을 조성한 것이다.

케이스 스터디: 잘못된 문제

문제와 도전은 매번 다양하게 나타난다. 단점('반복 판매 매출의 하락' '예산 감소')이나 목표('최신의 제품 디자인' '시장 점유율 회복')의 형태로 표현될 수 있다. 또한 광범위하거나 구체적일 수도 있고, 내부적 혹은 외부적일 수 있으며, 상대적으로 사소한 문제로부터 전체적인 운영에 초점을 둔 대규모 변화에 이르기까지 다양하다.

많은 조직에서 사람들은 사소하거나 심지어는 존재하지도 않는 이슈들을 해결하려고 시간을 보내기도 한다. 왜 그럴까? 그것은 그들의 선택적, 반응적, 가정적 사고가 그들을 그 방향으로 이끌기 때문이다. 그들은 자신들이 문제나 기회라고 여기는 것을 풀고 있으며, 소중한 시간, 에너지와 자원을 낭비하고 있다.

『상상하라: 창의성의 작동 방법Imagine: How Creativity Works』의 저자인 존 레러John Lehrer는 이런 비생산적인 접근의 놀라운 사례를 보여주고 있다. P&GProcter & Gamble가 새로운 바닥 청소기를 만드는 것을 목표로 삼았을 때였다. 최고의 과학자들(당시 P&G에는 미국의 다른 어떤 회사보다 박사들이 많았다)이 새로운 청소기를 디자인하는 임무를 받았지만, 쉬운 일은 아니었나. 너 강력한 청소기를 만드는 것은 가능했지만, 바닥의 나무 광택제를 벗겨내고 섬세한 표면을 자극해버리는 부작용이 있었다. 수년간 노력했으나 실패했고, 결국 이 프로젝트는 디자인 회사 컨티늄Continuum에 외주로 주어졌다. 컨티늄이 처음에 한 일은 9개월 동안 사람들이 집에서 마루를 어떻게 닦는지 관찰한 것이다. 그들은 상세히 기록하며 거실에 비디오 카메라를 설치했다. 지루한 과정이었으나, 걸레질이 얼마나 청소 방법으로서 번거로운 것인지가 밝혀졌다. 그러다 누군가 부엌에 커피 찌꺼기를 쏟았을 때 흥미로운 일이 일어났다. 대걸레를 사용하는 대신, 그 사람은 종이 휴지를 가져다 적셔 손으로 바닥을 닦고, 종이 휴지를 휴지통으로 던져 버리는 것이었다.

이를 본 컨티눔은, 자신들이 잘못된 문제를 풀려고 애쓰고 있었음을 알게 되었다. 필요한 것은 새로운 바닥 청소기가 아니라, 사람들이 손쉽게 던져 버릴 수 있는 얼룩 청소 도구였다. 그 결과로 막대걸레에 일회용으로 붙일 수 있는 종이휴지인 스위퍼Swiffer가 발명되었다. 이 이야기에서 우리는 무슨 교훈을 얻을 수 있을까? 해결책을 고민하기 전에, 멈춰 서서 우리가 정확한 문제를 풀고 있는지를 생각해봐야 한다는 것이다.

무엇이 문제인가?

대부분의 기업가나 전문 직업인은 어떤 영역에서든 문제를 해결할 수 있는 결정을 내려야 한다. 다음 표는 창의적 사고를 요구하는 전형적인 문제들을 기술하기 위한 질문지다.

무엇을…	어떻게…
나는 무엇을 성취하고 싶은가?	시간을 어떻게 보다 효율적으로 사용할 것인가?
제대로 작동하지 않는 것은 무엇인가?	직장에서 갈등을 어떻게 해결할 수 있을까?
어떤 기준/목표들이 달성되지 않았는가?	고객과의 관계를 어떻게 해야 더 좋게 할까?
우리 팀의 미션은 무엇인가?	나와 팀을 어떻게 동기부여시킬 것인가?
무엇이 고객 유지율을 개선할 것인가?	더 나은 제품/서비스를 어떻게 디자인할까?
어떤 변화/아이디어를 도입하고자 하는가?	시스템의 병목현상을 어떻게 제거할까?
어떤 통제 시스템을 필요로 하는가?	더 효율적인 생산방법을 통해 어떻게 비용을 절감할 것인가?

시장에는 어떤 수익성 있는 기회들이 존재하는가?	더 많은 고객을 어떻게 끌어들일 것인가?
우리는 무엇을 더 잘 조직화할 수 있나?	사람들을 어떻게 잘 교육할 수 있는가?
소매 매출 하락을 막기 위해 어떤 조치를 실행해야 하는가?	내 직무에서 스트레스를 어떻게 감소시킬까?
내가 하고자 하는 것 중 이전에 해보지 못한 것은 무엇인가?	이 부서를 어떻게 더 잘 운영할까?

(표 6.1) 창의적 사고를 요구하는 전형적인 문제들

이해 도구 상자

입력

- 세시된 문제

프로세스

- 개요를 살피고 상세하게 문제를 정의하기

도구

- 정의와 이해 캔버스

- 5W1H 캔버스

- 관점 변화 캔버스

결과

- 문제에 대한 명료한 정의

창의적 프로세스는 우리가 도전을 확인하면서부터 시작한다. 해결책 찾기의 1단계에는 문제, 목표, 프로젝트 혹은 상황을 날카롭게 파악하는 걸 도와줄 실용적인 도구들을 준비했다. 이 단계에서 문제 정의하는 모든 활동을 노트에 기록해두고, 그 노트를 언제라도 살펴볼 수 있도록 한 장소에 보관하자. 이 단계를 위한 캔버스는 www.thinking.space에서 받을 수 있다.

정의와 이해 캔버스 Define and Understand Canvas

첫 번째 캔버스의 목적은 상황을 더 잘 이해하기 위해 우리 자신과 팀을 문제에 몰두시키는 것이다. 목표와 생각들을 꼼꼼히 살피고, 문제를 재구성하며, 어떤 가정이 있을지 확인해보자.

1. 문제와 원하는 결과를 확인하기

가능한 정확하게 문제를 기술해보자. 목표, 도전, 프로젝트 혹은 희망사항의 형식도 괜찮다. "만약…라면 정말 좋겠다" 혹은 "우리가 어떻게…하면"과 같이, 문제에 대해 열린 마음으로 더 많은 가능성을 찾기 위해 노력하자. 개방적인 마음을 가질수록 조급하게 문제에 접근하는 것을 막아준다.

수용 가능한 결과뿐만 아니라 이상적인 결과도 적어보자. 시간도 충분하고, 자원도 무제한으로 있다면, 어떻게 할 것인가? 성공의 기준은 무엇인가? 어떤 결과가 '충분히 좋은 결과'인가? 더 나은 결과가 나올 수 있다고 믿으면, 문제해결 과정에서의 목표와 방향을 더 잘 설정할 수 있게 된다.

2. 의견과 장애물을 기술하기

다음으로 마주한 문제에 대한 첫인상과 생각을 적어보자. 변화가 왜 필요한가? 이 문제는 당신에게 어떤 느낌을 주는가? 새로운 아이디어를 추구하는 것이 정말 필요한가? 당신의 직감은 무엇이라고 말하는가? 문제의 어떤 부분이 짜증이 나며 속상한가? 이 단계에서는 아이디어가 아니라 단지 선택지와 관점들만을 기록하는 것이 목적이다.

이후 해결책 찾기의 다음 단계(아이디어 생성)에서 다시 살펴볼 것이기에, 여기서 떠올린 아이디어들은 따로 정리해두자. 문제와 관련 있는 한계나 제약도 고려해야 한다. 예를 들어 충분한 자원이 있는지, 자신의 영향력이 이 문제를 해결하기 위해 적절한 수준인지 등 말이다. 이런 생각은 데이터를 수집하고, 문제에 대한 더 날카로운 이해를 갖춘 기초를 만들어준다.

문제 기술	초기 의견과 생각	경제와 제한점
이상적 결과		문제 재기술/재규정
수용가능한 결과		
아는 것(사실만)	우리가 안다고 생각하는 것 (전제들)	알 필요가 있는 것(조사)

(표 6.2) 정의와 이해 캔버스

3. 문제를 재구성하기

이제 문제를 기술하는 작업을 해보자. 문제에 대한 첫인상이란 결코 하나는 아니다. 초점을 바꿔보며 가장 효과가 좋은 방향을 찾기 위해 문제를 재구성해보자. 문제를 다르게 규정할 때마다 미지의 정보를 신선하게 바라볼 수 있을 것이다. 이 방식은 부정적인 관점에서 문제해결에 더 많은 활력을 가져올 긍정적 관점으로 전환하기 위해서도 사용할 수 있다. 예를 들어보자. 만약 상사인 당신이 다음과 같이 얘기하면서 부하 직원에게 다가간다면 어떨까.

우리는 당신의 생산성을 높이기 위한 방법들을 찾고 있어요

어떤 일이 발생할 것 같은가? 글쎄, 부하 직원은 현재 자신의 성과에 대해서 부정적으로 느낄 뿐만 아니라, 비범한 아이디어를 만드는 부하 직원의 능력도 억압하게 될 것이다. 그는 '더 열심히 일'하는 방법만을 찾느라 꼼짝달싹 못할 것이다. 그러나 만약 이 문장을 다음과 같이 바꿔 말하면 어떨까.

우리는 어떻게 하면 당신의 직무를
보다 더 쉽게 바꿀 수 있을지 고민하고 있어요

이렇게 말하면 좀 더 긍정적인 느낌을 주며, 문제 역시 간단하게 만들 수 있다. 문제 자체는 변한 것이 없지만, 문제와 관련된 느낌과 관점이 바뀜으로써 더욱 직접적이고 창의적인 방식으로 문제에 다가갈 수 있

다. 이것은 직장에서 일이 무언가 잘못되고 난 후, 사기를 끌어올릴 때 혹은 문제를 기회로 여길 때 특별히 유용한 방법이다(Cotton, 2016).

재구성은 또한 새로운 생각을 촉진시켜 문제를 단순하게 바라볼 수 있게 해준다. 문제에 대한 압박을 받으면 우리는 문제를 더욱 복잡하다고 느껴버린다. 우리가 문제에 대해 이미 충분히 알고 있다고 느낄 때 종종 발생한다. 문제와 씨름하느라 너무 많은 시간을 보냈고, 문제를 해체하고 살펴보며 문제가 정확히 무엇인지 입증하는 복잡한 과정을 거쳐 왔기 때문이다.

여기서 좋은 소식은 우리가 문제가 무엇인지를 정확히 안다는 것이다. 하지만 좋지 않은 소식은 우리가 너무 많은 것을 알고 있다는 것이다. 찬성과 반대에 대한 많은 이유를 쌓았고, 시도할 수 있는 수많은 접근 방식도 갖게 되었다. 이렇게 되면 결국 수많은 생각들이 서로 충돌하며 혼란에 빠지고, 아이디어는 유동적이지 못하게 된다.

문제를 재구성하는 것은 우리로 하여금 다시 처음으로 돌아오게 한다. 재구성의 본질은 이런 과정을 통해, 바로 사물의 핵심에 도달하는데 방해가 되는 모든 '부차적인 것'을 제거하는 것이다.

케이스 스터디: 초심으로 돌아간 레고

문제와 목표를 명료하게 바라보는 것은 창의적 해결책을 찾는 가장 좋은 방법 중 하나다. 1990년대 레고Lego는 게임, 아동복, 라이프 스타일, 놀이공원과 TV쇼로의 브랜드를 확장하려고 했지만, 소비자들은 오히려 이 행보에 발걸음을 돌렸다. 2003년이 끝날 즈음, 레고는 거의 파산 직전이었다. 사실 레고는 엄청나게 많은 혁신들을 시도했기에 누구도 혁신적이지 않았다고 비방할 수 있는 것은 아니었지만, 레고가 길을 잃은 것만큼은 확실했다. 레고가 성공적으로 제자리를 찾고 재정적으로도 '회복'할 수 있었던 것은 기본으로 돌아가, 레고의 핵심 목적인 놀이 시스템으로서의 벽돌과 건물에 초점을 다시 놓았기 때문이었다(Robertson, 2013).

4. 가정을 알아내다

정의와 이해 캔버스에는 문제 이해를 돕고, 숨겨진 가정들을 찾아낼 수 있는 걸 도와주는 가정 매트릭스가 포함되어 있다(Souter, 2007). 왼쪽 하단 부분(우리가 아는 것)에 문제에 대한 모든 사실을 나열하자. 이 사실들은 정말 진실인 것 혹은 입증할 수 있는 것이어야 한다. 증명할 수 없는 것이라면 두 번째 가정 부분(우리가 생각하기에 우리가 아는 것)에 넣자. 가정은 알고 있다고 생각하지만, 실제로는 증명할 수 없거나 증명할 수 없었던 것이다. 이 과정을 통해 우리가 문제에 대해 모르는 영역들을 알아낼 수 있다. 이것은 앞으로 알아내야 할 정보이기에, 세 번째 부분인 조사 항목에 적어두자(우리가 알 필요가 있는 것). 이 과정을 끝내면, 우리는 '우리가 아는 것' '우리가 안다고 생각하는 것'과 '알 필요가 있는 것'을 명료히 정의하고 이해할 수 있게 된다.

5W1H 캔버스

무엇?
무엇이 사실인가?
나의 목표/목적은 무엇인가?

어디?
어디에서 내가 가장 잘
해결할 수 있는가?

누구?
누가 도울 수 있는가?
누가 혜택을 보는가?

왜?
왜 도전/과제가 존재하는가?
'왜'를 다섯 번 질문하라

언제?
데드라인은 언제인가?

어떻게?
사람들 혹은 활동에 어떻게
영향을 미치는가?
어떻게 발전되어 왔는가?

(표 6.3) 5W1H 캔버스

이 캔버스는 '실제' 문제에 대처하는 것을 돕기 위한 정보를 모아준다. 특히 문제가 추상적이거나 모호할수록 유용하다. 보편적인 질문들을 활용하면 이 캔버스를 더 현명하게 활용할 수 있을 것이다. 무엇? 왜? 어디에? 누구? 언제? 그리고 어떻게? 이런 질문들을 통해 다른 각도에서 정보를 수집하고 문제를 접근하면 색다른 관점과 통찰을 찾아내자. 많은 정보를 담고 있는 복잡한 문제를 해결할 때 가장 중요한 것이 무엇인지 파악하는데 큰 도움이 된다.

> 우리는 해답이 아닌, 질문에 의해 회사를 경영한다.
> – 에릭 슈미트Eric Schmidt, 구글의 전임 의장이자 CEO

무엇? 무엇이 사실인가? 통계, 역사와 시간적 변수들과 같은 하드 데이터와 여론, 사람에 의한 변수, 태도와 행동과 같은 소프트 데이터를 살펴보자. 문제를 해결하기 위해 이미 무엇을 이미 시도했는가? 무엇이 효과적이었고 무엇이 효과적이지 않았는가? 무엇을 성취하려고 시도하고 있는가? 목표와 목적을 개괄적으로 적어보자. 예를 들어, '고객을 더 잘 이해하려고' 시도하는 것인가, 아니면 '정부와의 계약을 따내려고' 하는 것인가?

왜? 왜? 아이들과 살고 있는 사람이라면, 아이들이 계속 '왜'라고 묻는 것에 익숙할 것이다. 4살짜리가 '왜'라고 묻는 이유는, 새로운 것에 대해서 더 배우고 깊이 이해하기 위한 것을 우리는 이미 안다. 하지만 어른이 된 우리는 '왜'라는 질문을 미성숙하게 여겨 이미 답을 다 알고 있다고 착각해 묻는 것을 그만둔다.

문제나 목표의 진짜 이유를 알아낼 때까지 최소 5번은 '왜'라고 질문을 던져라. 이렇게 해야 단지 증상이 아니라 근본적인 원인을 해결할 수 있다. '5번의 왜Five Whys'라는 개념은 선두를 달리는 일본 자동차 업체 도요타Toyota의 경영 방법이기도 하다. 도요타는 용접기 로봇이 시연 중에 고장 난 원인을 파악하려는 중에 이 방법을 발견했다고 하는데, 어떤 식으로 활용할 수 있는지 간단한 예로 알아보자(Ohno, 2006).

① 왜 이번 달에 고객 X, Y, Z가 떠났는가?
• 왜냐하면 우리가 작업을 정시에 또 마치지 못했기 때문이다.
② 왜 우리가 정시에 작업을 마치지 못했는가?
• 왜냐하면 프로젝트에 투입할 충분한 기술자가 부족했기 때문이다.
③ 왜 프로젝트에 투입할 충분한 기술자가 부족한가?

- 왜냐하면 이런 종류의 전문적인 업무에 필요한 교육을 받은 충분한 작업자가 부족하기 때문이다.

④ 왜 작업자들은 필요한 교육을 받지 못하는가?

- 왜냐하면 우리는 전문적인 교육을 제공할 충분한 예산이 없기 때문이다.

⑤ 왜 교육 예산이 충분치 않은가?

- 왜냐하면 교육은 회사의 우선순위가 아니기 때문이다.

'왜?'를 5번 물으면 근본적인 원인을 찾을 수 있게 된다! 물론 5번을 다 물었다고 해서 꼭 멈춰야 하는 것은 아니다. 문제에 숨겨진 원인을 제대로 파악할 수 있을 때까지 계속 파고 들어가야 한다.

어디? 어디에서 문제를 해결할 수 있을까? 추가적인 도움은 어디서 구할 수 있을까? 일을 풀어가거나 해결책을 실행할 최고의 장소나 환경을 찾자. 우리가 해결하고자 하는 일이 사무실이나 관련 부서에서 충분히 쉽게 처리할 수 있을지도 모른다. 혹은 구체적인 지점, 점포, 심지어 고객 사무실에서 더 잘 처리할 수도 있다.

누구? 누가 문제해결에 도움을 줄 수 있을까? 문제를 해결했을 때 가장 큰 혜택을 볼 사람은 누구일까? 직접적이나 간접적으로 해결에 참여할 수 있는 사람들을 찾아보자. 예를 들어 슈퍼마켓 회사의 고객 서비스에 대한 불만 이슈가 있다면, 해결책을 직접 실행할 책임은 대개 고객과 접촉하는 계산대 직원과 그들을 관리하는 매니저에게 있다. 간접적으로는 다른 사람들도 관계가 있다. 회사 전체적으로 더 나은 고객 서비스 프로젝트를 연구 개발하는 본사의 주요 인력들의 낮아진 사기를 처리하는 일을 담당하는 인사부서 직원들도 해당될 수도 있다.

언제? 언제 해결책이 준비되어야 할까? 엄격하게 말하자면 마감일이 언제인가? 이는 문제해결의 시간적인 계획을 잡는 데 도움을 주기 때문에 중요하다. 새로운 마케팅 캠페인 혹은 제품 출시를 고민하고 있다면, 언제 출시할 예정인가? 이때의 결정은 액션 플랜에 반영되어, 초반기 과업을 제시간에 맞추고 전체 프로젝트의 순조로운 진행에 도움을 준다.

어떻게? 문제나 도전이 사람들의 활동에 어떤 영향을 미치는가? 구체적인 과업, 팀, 자원, 제품 혹은 도구에 대한 문제의 영향을 탐색하라. 문제는 어떻게 진행되어왔고 얼마나 오랫동안 고려했는가?

케이스 스터디:

문제를 찾아내고, 시장을 파괴적으로 혁신한 에어비앤비

에어비앤비Airbnb는 문제에 초점을 맞추며 혁신적 해답을 찾아낸 좋은 예를 보여주었다. 에어비앤비는 사람들로 하여금 전 세계에 있는 주거용 부동산을 단기 임대할 수 있는 서비스를 제공하며, 처음에는 예약이 다 찬 호텔의 대안으로 처음에 떠오르게 되었다(Salter,2012).

창업자 브라이언 체스키Brian Chesky와 조 게비아Joe Gebbia는 2007년 대규모 디자인 컨퍼런스가 자신들의 집이 있는 샌프란시스코에서 열렸을 때, 아파트의 남는 공간을 임대함으로 부수입을 얻을 수 있는 기회를 발견했다.

그들은 필요한 것만 있는 임시 숙소에 대해 큰 수요가 있는 것을 깨닫고, 재빨리 웹사이트를 만들어 사람들이 방을 광고할 수 있게 했고, 건마다 9%에서 15%의 수수료를 받았다. 십여 년 후, 에어비앤비는 31조 달러의 가치를 지니게 되었다(Statista, 2018).

관점 변화 캔버스 Changing Perspectives Canvas

잠시 다른 사람이 되어보는 것도 문제를 탐색하고 정신적 제약을 극복할 수 있는 효과적인 방법 중 하나다. 보통 우리는 단 하나의 관점으로 문제를 바라보는데, 이것은 과거에 경험했던 것과 유사한 결과로 끝날 가능성이 높다. 다른 사람의 관점을 빌려오는 단순한 행동은 우리의 평소 습관을 해체시켜 주기에, 사물에 대한 창의적 접근에 있어 큰 차이를 만들 수 있다.

사람들은 각각 다양한 배경, 경험, 직업과 관심으로 각기 다른 방법으로 사물을 바라본다. 리얼리티 TV쇼의 스타는 우리의 문제를 어떻게 바라볼까? 간호사는? 8살 아이는? 버스 운전수는? 그들의 관점을 빌려 새로운 시각으로 문제를 바라보면 좁은 시야를 넘어 새로운 세계를 볼 수 있다. 이런 방법은 유쾌한 접근법이기에, 재미없는 미팅에 활기를 주기도 한다. 자세한 방법은 다음과 같다.

1단계. 다양한 관점을 확인하기

다른 역할, 환경 혹은 직업을 가진 사람들을 무작위로 뽑아보자. 동료나 고객처럼, 문제에 의해 같이 영향을 받는 사람들을 포함할 수 있으나, 관계없는 사람들을 활용하는 것이 훨씬 좋다. 예를 들어, 앨런 슈거경Sir Alan Sugar, 영국의 사업가, 여러분의 가족, 농부, 존경하는 사람 등을 떠올려보자. 칼 융이 말하는 원형들(영웅, 연인, 현자, 마술사, 범죄자 등), 백설공주와 같은 동화의 캐릭터, 혹은 심지어 슈퍼맨과 같은 영웅들을 활용해도 된다. 선택지가 다양할수록, 해결책을 만들어내는데 더 넓은 기초를 만들 수 있기에 좋다. 표 6.2는 탐색할 수 있는 관점의 예시다.

다른 것들보다 특별히 좋은 관점이 있을 수 있으나, 모든 관점은 근거 있는 아이디어를 제공하기에 우리의 사고를 확장시켜 줄 것이다. 최소한 4개의 다른 인물들을 선택하길 권한다. 보다 종합적인 관점을 위해서 서로가 무관한 인물들로 선택하도록 노력하자.

2단계. 각 관점을 탐색하기

다음으로, 선택한 사람들이 우리의 문제를 어떻게 바라볼지 생각해보자. 환경과 심리를 고려해 그들의 입장이 되어, 그들이라면 어떻게 문제를 기술하지 상상해보자. 다음 질문들을 중심으로 생각해보자.

- 그들에게 중요한 요소들은 무엇일까?
- 이슈의 어떤 측면에 그들이 초점을 맞출까?
- 그들은 문제를 어떻게 기술할까?
- 그들이 기술한 것이 나의 것과 어떻게 다를까?

문제 기술	두려움이 없다면 나는 무엇을 할 것인가?

| 다음 사람들은 문제에 대해 어떻게 해결책을 찾을 것 같은가?

1번 사람
2번 사람
3번 사람
4번 사람 | 해결책을 찾기 위해 무엇을 다르게 할 필요를 느끼는가?

1년 후 이 도전을 어떻게 대응했는지에 대해서 나는 무엇을 말하고 싶은가? |

(표 6.3) 관점 변화 캔버스

엄마/아빠	시인	비행기 승무원
광대	사서	어린이
경주지동차 드라이버	스파이더맨	미용사
의사	종교인	킴 카다시안(모델)
회계사	음악가	레오나르도 다 빈치
코미디언	퇴직자	영업팀장
호머 심슨(만화 주인공)	선생님	과학자
개	엘리자베스 여왕	윌 스미스(배우)
나폴레옹	빌 게이츠	헐크
축구 선수	요리사	탐정
달라이 라마	조종사	신데렐라
기자	절도범	정치가

(표 6.4) 다양한 관점을 줄 인물들

각 관점의 생각들을 캔버스 작업지에 적어보자. 예를 들어 아버지라면 이 문제에 대해 무슨 말을 하실까? 광대라면 무슨 말을 할까? 실소가 터져 나오는 엉뚱한 대답들이 나올지 모른다. 같은 일이더라도 법률가는 논점에 대한 증거를 조사하는 반면, 종교인은 깊은 정신적 의미를 탐색하려고 할 것이다. 가능하면 이들에게 직접 질문을 하고 이를 캔버스에 옮겨 적어보자. 다른 사람들이 문제에 어떻게 유사하게 그리고 다르게 접근하는지 주목하자.

관점을 바꾸는 또 다른 방법은 대안적 관점을 활용해 문제를 곰곰이 생각하는 것이다. 깊이 생각하는 것은 우리가 무엇을, 왜 성취하려고 하는지에 초점을 맞출 수 있다. 다음 3가지 질문을 자신에게 던져 보고 생각을 기록해두자.

- 두려움이 없다면 나는 어떻게 할 것인가?
- 해결책을 발견하기 위해 무엇을 다르게 할 필요가 있을까?
- 1년 후 이 문제를 어떻게 대응했는지에 대해서 무엇을 말하고 싶은가?

3단계. 처음 생각과 아이디어를 수집/분석하기

이런 관점들을 생각하면서, 문제해결을 위해 떠오르는 모든 아이디어를 적어두자. 이 사람들이라면 문제를 어떻게 공략할까? 어떤 아이디어나 접근법들을 추구할까? 우리 상황에도 적용이 될까? 창의적인 전략들을 끌어내는데 도움이 될까?

때로는 문제와 가장 멀리 떨어져 있어 보이는 관점들이, 필요한 영감을 정확히 던져 줄 수도 있다. '매출 증가'를 하고자 하면, 10대들의 관점으로 생각해보자. 장난기 많고 재미있는 기능들을 제품에 추가해도 좋다. 혹은 유행하는 멤버십을 도입해 고객들이 소속감을 느끼도록 해서 반복적인 매출을 기대할 수도 있을 것이다.

이해 체크리스트

창의적인 사고를 순조롭게 만들기 위한 간단하고 효과적인 방법 중 하나는 체크리스트를 사용하는 것이다. 여기 해결책 찾기 캔버스와 함께 생각하는 것을 도와줄 체크리스트를 만들었다. 나는 내 책상에서 볼 수 있는 곳에 이 체크리스트를 붙여두며, 프로세스의 다른 단계마다 이를 반복적으로 사용한다. 이해 체크리스트는 문제 정의 단계에서 고려해아 하는 사항과 고려하시 않아노 뇌는 사항을 구분해두었으니, 유용할 것이다. 혁신 프로젝트를 시작할 때마다 활용해보자.

해야 할 것	하지 말아야 할 것
진짜 문제를 확인하기.	결론으로 바로 출발하기.
누가 도울 수 있는지를 찾아가기.	즉흥적으로 하기.
여론을 형성하기.	어떤 것이나 가정하기.
사실을 수집하기.	몇 가지 견해를 얻기 전에 사실을 수집하기.
경계를 정하기.	의견 일치를 구하기.
목표에 동의하기.	타인의 반응에 대해 염려하기.
결정이 필요한지를 확인하기.	한 가지 선택지를 다른 것보다 선호하기.

과거의 경험을 활용하기. 동일한 문제에 대해 과거의 해결책을 사용해 최고와 최악의 결과를 고려하자.	빨리 반응하기.(삶과 죽음의 상황이 아니라면) 대신에 전략적으로 반응하자.
복수의 방법으로 문제를 재기술하기.	타협을 염려하기.
의견 불일치와 불화를 찾기.	불일치가 없다면 전진하기.
무엇이 옳은 가로부터 출발하고, 그 다음에 무엇이 수용 가능한 지를 탐색하기.	전통적 측정 방법을 사용하기. (그렇지 않으면 그것은 단지 조정이다)
문제에 적합한 측정 방법을 찾기.	
각각의 주장에 대한 증거를 요구하기.	

(표 6.5) 이해 체크리스트

요점

▶ 창의성 프로세스의 첫 단계는 문제를 확인하고 정의하는 것이다. 문제 분석은 문제의 본질과 원인, 직면한 목표나 기회를 이해하는 데 도움을 준다.

▷ 정의와 이해 캔버스: 문제 기술, 원하는 결과, 견해들과 경계/제약점들을 계획함으로 문제해결 활동에 대해서 분위기를 만들어나가자. 새롭게 바라보기 위해 문제를 재규정하고 이슈에 대해 긍정적인 해석을 더해보자. 알고 있는 것(사실들), 안다고 생각하는 것(가정들)과 궁극적으로 알아야 할 필요가 있는 것을 구분해두자.

▷ 5W1H 캔버스: 의사결정에 영향을 미칠 정보들을 수집하자. 문제를 조사하고 이해도를 높이기 위해서 '누구?' '무엇?' '어디?' '왜?' '언제?' 그리고 '어떻게?'라는 질문을 던지자.

▷ 관점 변화 캔버스: 타인의 눈으로 문제를 바라보자. 대안적 관점으로 도전에 접근하는 것은 진부한 사고방식을 깨뜨리고 완전히 새로운 의미를 불러올 수 있다.

▷ 이해 체크리스트: 문제를 정의하는 일에 익숙해지도록 자주 활용하자.

해결책 찾기 2단계 ·
생성(1) 브레인스토밍

창의적 리더의 역할은 모든 아이디어를 소유하는 것이 아니다.
모든 사람이 아이디어를 가지고 자신들이 가치 있다고 느끼는
문화를 만드는 것이 그 역할이다.

― 켄 로빈슨Ken Robinson, 창의성에 대한 저술가이자 국제적 자문가

생성적 사고

잘 알듯이, 창의성은 저절로 생기지 않는다. 때로 "유레카!"라고 소리
치는 것처럼 영감이 번쩍이는 순간이 있기는 하지만, 성공적인 아이디
어는 체계적 과정의 결과로 발생하는 경우가 더 많다. 1단계에서 문제
를 확인하고 기초를 다지며, 우리는 무엇을 해결해야 하는지 알 수 있었
다. 이번 순서는 정의된 문제에 대해 많은 아이디어를 떠올리는 재미있
는 부분이 될 것이다.

2단계는 새로운 아이디어들을 만들어내는 생성적 사고를 위한 시간
이다. 이는 현실을 확장하고, 터무니없는 아이디어를 촉발시키며, 새로
운 방식으로 기존의 개념들을 연결시키고, 다른 사람의 아이디어 위에

아이디어를 쌓아가는 활동을 의미한다. 이 챕터에서 우리는 성공의 확률을 높이기 위해 브레인스토밍 세션을 어떻게 운영할지를 살펴볼 것이다. 이 장과 다음 장은 밀접히 연결되는데, 미리 밝히자면 다음 장에서는 개인과 집단 브레인스토밍 세션에서 사용하기 위해 아이디어 도구 상자를 구성하는 창의적 기술들에 대해서 설명할 것이다.

브레인스토밍, 정말 효과가 있을까?

브레인스토밍은 1953년 알렉스 오스본Alex Osborn이 문제에 대해 사람들이 많은 아이디어를 내고, 신선한 접근법을 찾을 수 있도록 하기 위해 만든 창의적 회의 방식의 일종이다. 이후 브레인스토밍은 대부분의 비즈니스에서 기본적인 관행으로 자리를 잡아왔다.

새로운 것을 원하는가? 그렇다면 브레인스토밍을 하라. 계속되는 문제를 가지고 있는가? 문제의 싹을 자를 방법을 브레인스토밍하기 위해 사람들을 모으라. 브레인스토밍은 지금까지 창의적 사고를 위해 가장 광범위하게 사용된 기술이고, 사회에서의 문제해결과 의사결정 프로세스의 중요한 부분이다.

그렇지만 최근에는 브레인스토밍이 시간의 낭비라고 생각하는 사람들이 늘어났다. 동료들과 한 방에서 몇 시간씩 플립차트와 씨름하고 접착식 메모지를 모든 벽에다 도배하면서 논의를 해도, 멋진 아이디어가 아니라 볼품없는 결과로 기가 꺾인 허무함을 느낀 채 방을 나서본 적이 있다면, 이런 회의감이 터무니없는 것은 아닐 것이다.

한 집단이 비즈니스 문제에 대한 해결책을 찾기 위해 브레인스토밍을 하는 모습을 살펴보자. 문제해결을 위해 린다가 아이디어를 냈다. 팀원들의 머릿속에는 무엇이 스쳐지나가겠는가? 대부분 즉각적으로 그 아이디어를(마음속에서 혹은 공개적으로) 분석하고 판단할 것이고, 그들의 반응은 예상 가능하게 다음 중 하나일 것이다.

- 아이디어에 동의하고, 할 수 있는 한 그 아이디어를 지지한다.
- 아이디어에 동의하지 않고, 그래서 그 아이디어가 실행되지 않도록 모든 것을 다한다.
- 계속 들어보며 좀 더 생각한다.
- 듣고 있지 않았다. 린다가 무슨 말을 했지?

우리는 대부분 반응적 혹은 선택적 사고를 하게 된다. 이미 마음속에서 각자의 방향을 정한 것이다. 이것은 브레인스토밍이 아니다! 새로운 아이디어를 만나기 위한 사고방식에서 벗어나버렸다.

개인 브레인스토밍 vs. 집단 브레인스토밍

브레인스토밍이 1950년대에 시작된 후, 창의성은 특히 대규모 조직에서 집단적 과정이 되어갔다. '백지장도 맞들면 낫다'라는 속담처럼, 어떤 목표를 위해 많은 사람들이 모이는 것보다 더 좋은 방법이 있겠는가? 모든 사람은 집단이라는 유행에 편승하고 있다. 협력이 대세이고 고독은 배제된다. 이것이 나쁘다는 말을 하려는 것이 아니지만, 흥미로운 사실이 하나 있다.

연구에 의하면, 집단으로 일하는 사람들보다 홀로 일하는 개인들이 더 질적으로 수준이 높은 아이디어를 더욱 많이 생산한다고 한다. 연구자인 디엘Diehl과 스트로브Stroebe(1987)는 자신들의 실험뿐만 아니라 1958년 이후에 실시된 실험으로부터 많은 증거를 살펴보았다. 아이디어 생성을 위해 15분의 시간제한을 주었을 때, 개인들이 낸 평균 아이디어 숫자는 믿기 어려운 84개였고 수준 높은 아이디어도 13개나 만들었다. 이와는 아주 대조적으로, 브레인스토밍을 한 집단은 평균 32개의 아이디어와 단지 3개의 수준 높은 아이디어를 만들어냈다. 따라서 집단과 비교해보면 개인들은 수준 높은 아이디어를 네 배 이상 많이 만들어 낸 것이다.

집단의 생산성이 떨어진 이유는 무엇일까? 글쎄, 집단으로 일한다는 것 자체가 어떤 사람들을 불편하게 만들 수 있다. 아마 우리는 집단이 몇몇 강한 개성의 개인들에 의해 주도되고, 다른 사람들은 소극적으로 혹은 전혀 참여하지 않는 것을 볼 수 있다. 어떤 사람들은 자신의 우스꽝스럽고 괴짜 아이디어들을 나누기를 쑥스러워 할 것이다. 또 몇몇 사람은 자신의 아이디어가 충분히 좋지 않아 다른 사람들의 아이디어에 무임승차하는 느낌을 받고, 많은 이들은 동료 말하는 동안 자신들의 아이디어를 만들어내고 있다. 이것들은 각각 평가 불안evaluation apprehension, 사회적 태만social loafing, 산출 방해production blocking라고 불리기도 한다.

집단사고 Groupthink

팀원들이 자신의 의견을 표현하거나 아이디어를 공유하는 것을 꺼리는 브레인스토밍 세션을 이끌어 본 적이 있는가? 혹은 팀의 분위기를 흐리지 않기 위해 미팅에서 하고 싶은 말을 참은 적이 있는가? 만약 그렇다면 집단사고의 현상을 경험한 것이다.

집단사고는 아이디어와 견해를 진솔하게 표현하는 것보다 타인의 승인을 얻는 것을 더 신경 쓸 때 나타난다. 특히 자신의 견해가 집단의 의견과 반대될 때 그렇다. 집단사고는 정기적으로 모여 일하는 유대가 긴밀한 사람들에게서 더욱 잘 나타난다. 잘못하다간 결국 집단의 조화를 위해 상식을 완전히 몰아내기도 한다.

집단사고라는 개념은, 갈등이나 대립되는 관점이 없으면 집단을 잘못된 결정으로 이끈다는 것을 발견한 예일대학교의 심리학자 어빙 재니스Irving Janis에 의해 1972년 처음으로 개념화되었다. 그의 연구는 많은 상황에서 집단의 화합을 위해 사람들이 다른 의견들을 수용하지 않거나 더 좋은 결정을 위해 정보를 수집하는 것을 막는다는 것을 보여주었다.

집단사고는 영국항공과 영국의 소매업체 막스 앤 스펜서Marks & Spencer가 1990년대 글로벌 전략을 전개했을 때 큰 영향을 끼치기도 했다. 두 회사는 집단사고의 주요한 증상인 '무오류의 환상'으로 인해 실패의 가능성을 과소평가했다. 그들은 자신들이 일반적 비즈니스 문제들에 영향을 받지 않는다고 생각했다. 이런 과도한 자신감으로 인해, 그들은 많은 어리석은 결정을 내렸고 의사소통도 심하게 막히게 되었다. 오래되지 않아, 두 회사는 명성뿐만 아니라 주식 시장의 가치에 있어서도 심각한 추락을 경험하게 되었다(Eaton, 2001).

모두가 같은 음으로 노래하면 조화를 이룰 수 없다.

– 덕 플로이드Doug Floyd, 스포커스맨 리뷰The Spokesman-Review에서

활동: 직선들 📌

여러분은 독립적으로 사고를 하는가?
다음의 직선들을 살펴보자.

(표 7.1) 솔로몬 애쉬의 동조 실험(1951)

오른쪽에 있는 선들 중 왼쪽에 있는 선과 가장 비슷한 것을 골라보자. 이 문제가 어려운 것은 아니다. 오른쪽 선들 중 A는 매우 짧고, B는 너무 길고, 남은 C가 비슷해 보인다.

다만, 여러분 혼자 이 문제를 푸는 것이 아니다. 여러분은 다른 7명의 참가자들과 함께 한 방에 앉아있다. 그런데 만약 다른 사람들이 가장 긴 선을 선택했다면 당신은 어떻게 할 것인가? 당신의 대답을 고수할 것인가? 아니면 다른 사람들과 맞추기 위해 당신의 대답을 바꿀 것인가?

1950년대의 심리학자 솔로몬 애쉬Solomon Asch(1951)는 집단 내 동조의 힘을 보기 위해, 이 선 테스트를 사용한 일련의 실험을 시도했다. 애쉬는 8명이 집단으로 참여하는 실험에서 약 1/3이 집단의 틀린 답에 동조한다는 것을 발견했다. 하지만 개인적으로 답을 골랐을 땐 98%가 정답을 선택했다 (McLeod, 2008).

실험 참가자들은 왜 자신의 눈앞에 있는 증거를 부인했을까? 나중에 인터뷰를 해보니, 많은 참가자들은 집단의 나머지 사람들이 틀렸다는 것을 알았지만 조롱에 직면하거나 '혼자만 다른 사람'이 되는 위험을 피했던 것이었다. 다른 사람들은 실제로 집단의 선택이 정답일 것이 틀림없다고 믿었다. '그들은 내가 모르는 뭔가를 알고 있어'라고 생각하며 말이다. 이 실험은 군중과 함께 가는 것이 항상 정확한 해결책으로 우리를 인도하는 것이 아니라는 것을 보여준다. 누군가와 브레인스토밍 세션에서 어려움에 처했을 때 기억해야 할 사실이다.

브레인스토밍: '최근의' 관점

학술적 연구가 집단 브레인스토밍을 지지하지 않은 것처럼 보일지라도, 최근의 분석은 다르게 더욱 긍정적인 관점을 제시한다. 영향력 있는 교수이자 스탠퍼드대학교 디자인스쿨의 공동 설립자인 로버트 서튼Robert Sutton은 브레인스토밍을 다룬 대부분의 학술적 연구가 현실을 반영한 것이 아니라고 주장한다(Sutton and Hargadon, 1996). 그 연구 속 실험들은 참가자들에게 현실적인 가치가 없는 가설적 상황에서 아이디어를 만들어내라고 강제적으로 요구한다. 예를 들어 '또 다른 엄지손가락이 있다면 그것으로 무엇을 하시겠습니까?' 혹은 '벽돌에 얼마나 많은 용도가 있습니까?' 같은 질문들처럼 말이다. 또한 실험이 디자인되는 방식도 사람들로 하여금 다른 아이디어를 발전시키거나 이미 있는 아이디어들과 연관성을 맺게 하는 것을 불가능하게 되어있다.

더 나아가, 서튼 교수는 집단이 보여주는 소위 생산성 손실은, 집단에서 일어나는 다른 사람들의 말을 듣는 시간 때문이라는 것을 확인했다. 사람들은 집단에서 보다 혼자서 더 많은 아이디어를 내놓을 수 있는데, 자기가 말할 순서를 기다릴 필요가 없기 때문이다. 이 연구는 생산적 행위로서의 듣는 것을 배제하며, 혼자서 일하는 것과 비교해 미팅을 일을 완수하는 비효율적인 방법이라고 비판한다.

하지만 현실적으로 생각해보자. 대면 미팅은 상호작용의 혜택을 가져다주고, 같은 시간 동안 혼자서 하는 브레인스토밍보다 더욱 많은 아이디어에 사람들을 노출시킬 수 있다. 서튼 교수(2012)는 '말하기와 듣기는 창의성에 근원적인 사회적 절차의 두 주요한 요소'라고 주장한다. 그리고 협력은 걸출한 영화사인 픽사Pixar와 같은 가장 존경받는 창의적 회사의 문화에 핵심적이다.

이는 개인 브레인스토밍과 집단 브레인스토밍 중 어느 것이 더 창의성을 위해 효과적인지라는 질문으로 우리를 이끈다. 효과적인 창의성은 이 둘을 혼합하는 것에 기반한다. 개인이 우선 창의적 아이디어를 떠올릴 수 있게 허용하게 한 다음, 집단적으로 인정하는 과정이 필요하다. 우리는 브레인스토밍을 하는 실제 맥락과 브레인스토밍 미팅에 가져올 스킬과 구조의 수준을 고려할 필요가 있다. 다음에서 보겠지만, 개인 작업과 집단 작업 모두를 포함하는 좋은 브레인스토밍 전략을 가진다면 기술은 더욱 효과적일 것이다.

"어디에서 최선의 아이디어를 얻나요?"

이 질문에 대해 사람들은 저마다 다양한 대답을 한다.

"샤워 도중에"

"운전 중에"

"자전거 타는 중에"

"아침 혹은 밤 깨어 있는 중에"

아이디어는 우리가 느긋하고 자신다울 수 있을 때 우리를 찾아온다. 기대하지 않을 때 떠오르기도 한다. 그런데도 왜 대부분의 조직들은 집단으로 브레인스토밍을 할까? 별 의미 없어 보이지 않는가?

혁신은 우연에 맡길 수는 없다. 혼자 있는 시간은 우리 정신이 자유롭게 창조할 수 있게 해주기에 중요하다. 하지만 혼자 있다고 해서 아이디어가 저절로 생길 것이라고 간주하는 것은 실수다. 창의성은 사무실 바깥에서뿐만 아니라 사무실 안에서도 샘솟아야 한다. 다른 사람과 하는 브레인스토밍은 새로운 관점을 보여주고 협력하며 다른 사람의 아이디어 위에 자신의 아이디어를 개발할 수 있는, 밀도 있는 공간을 우리에게 제공한다. 헬레오Heleo의 CEO이자 창업자인 루퍼스 그리스컴Rufus Griscom은 다음과 같이 말하기도 했다. "아이디어는 사람과 같다. 아이디어는 고립되거나 타인이 질투하는 것을 싫어한다. 아이디어는 다른 사람의 아이디어와 섞이고 상호작용하는 것을 좋아한다"(Seppala, 2016).

창의성 컨설턴트 회사인 아이디어 챔피언스Idea Champions는 사람들에게 다음과 같이 물었다. '당신은 언제 그리고 어디서 가장 좋은 아이디어를 얻습니까?'(Moore and Ditkoff, 2008). 최고의 아이디어를 위한 상위 5개의 촉진제는 다음과 같다.

영감을 받을 때

다른 사람과 브레인스토밍을 할 때

프로젝트에 푹 빠져 있을 때

행복할 때

파트너와 협력할 때

보고서에는 다음과 같은 언급도 있다. "우리는 이 조사를 통해 사람들이 아이디어 창조를 위해 사회적인 상황과 개인적인 상황 둘 다에 의존하고 있고, 영감은 어느 쪽에서든 생길 수 있다고 생각한다. 조직이 얼마나 두 가지 접근법을 잘 지원하느냐 하는 것이 아이디어가 얼마나 혁신적인지에 영향을 미칠 것이다".

브레인스토밍을 더 잘하는 방법

브레인스토밍은 실력에 상관없이 다양한 의견을 모을 수 있는 방법이다. 많은 미팅에서 뚜렷한 성과가 없었다는 이유만으로, 브레인스토밍을 완전히 포기하는 것은 잘못된 결정이다. 자주 의미 없이 시간을 보내게 되는 것도 사실이지만, 프로세스로서의 브레인스토밍이 무의미한 것은 아니다. 실제 이유는 대부분의 브레인스토밍이 무계획적으로 운영되고, 그러면서 참가자들이 집중력을 잃기 때문일 것이다.

다행히도 약간의 교육과 사전 준비만 하면 누구나 브레인스토밍을 잘할 수 있다. 뉴욕 주립대학의 로저 파이어스틴Roger Firestien 박사의 연구(1990)에 따르면, 창의적 문제해결과 브레인스토밍에 대해 훈련받은 집단은 훈련받지 못한 집단보다 훨씬 더 많은 아이디어들을 만들어냈다. 더 좋은 사실은, 탁월한 아이디어는 거의 3배나 많이(618개, 281개) 만들어냈다는 것이다. 추가적으로 훈련받은 집단은 아이디어에 대한 비판도 훨씬 적었고, 지지도 더 많이 했으며, 더 많이 웃고 미소 지었다.

탁월한 브레인스토밍을 위한 규칙들

사람들은 보통 창의성에 규칙이 없다고 생각한다. 규칙은 자유롭고, 폭넓은 사고를 반대하는 방향으로서 여겨지며 실제로 많은 규칙이 그러하다. 하지만 브레인스토밍을 위한 규칙은 다르다. 게임의 규칙처럼, 어느 정도는 따라야 원하는 결과를 얻을 수 있다. 알렉스 오스본은 그의 저서 『응용된 상상력Applied Imagination』을 통해 브레인스토밍의 '전통적 규칙' 4가지를 기술했다. 틀림없이 살면서 수십 번도 마주친 규칙들이겠지만, 정말 우리가 이 규칙들을 잘 지키고 있는지는 의문이다.

1. 양으로 승부하라

혁신은 숫자의 게임이다. 가능한 많은 아이디어들을 뽑아낼수록 우리는 이미 알려진 모든 제약을 넘어서는 최고의 아이디어를 생각해낼 가능성을 엄청나게 높일 수 있다. 각각의 아이디어를 간략히 하자. 핵심만 포착하고 자세하게 기술하는 데 시간을 쓰지 말자. 페이스를 유지하는 것도 중요하다. 예를 들어 개인 브레인스토밍을 할 때에는 50개의 아이디어를, 그리고 집단 브레인스토밍에는 150에서 200개의 아이디어를 최소한으로 한다든지 해서, 아이디어의 할당량을 정해 동기부여를 해라. 그 숫자보다 많이 나오면 횡재로 생각하라. 짧게 진행할 때에는 타이머를 세팅하도록 하자. "자, 다음 5분 동안 모든 팀원은 10개의 아이디어를 떠올려주시면 되겠습니다"처럼 말이다.

2. 터무니없고 색다른 아이디어를 환영하라

자유분방함은 브레인스토밍의 다른 이름이다. 팀원들에게 영감을 주면서 터무니없고, 무모한 생각을 수용하고, 제정신이 아닌 것 같고 과장된 아이디어들을 얻으려고 애쓰도록 하라. 브레인스토밍에 재미를 느끼게 하라. 창의적이 되기 위해서 우리는 "모든 것이 가능하다"라는 생각을 믿을 필요가 있다. 격언이 이야기하듯이, "처음에 아이디어가 어리석어 보이지 않으면, 그 아이디어엔 희망이 없다". 아이디어의 첫인상이 완전히 터무니없거나 믿기지 않는다 하더라도, 우리는 나중에 그 아이디어를 더욱 실용적인 대안으로 고쳐나갈 수 있다. 고객을 미지근하게 만족시키기보다 황홀하게 하는 방법을 찾는 것이 더 낫지 않을까?

열린 마음은 다른 차원으로 가는 입구와 같아서,

그것에서는 불가능한 것이 가능하다.

– 딘 챔벌레인Dean Chamberlain

3. 판단을 연기하라

이 규칙은 명백한 것처럼 보일 것이나, 솔깃한 함정이다. 작업할 수 있는 충분한 양의 아이디어를 만들어내기 전까지는, 아이디어에 대한 비판과 판단이 없어야 한다. 긍정적이든 부정적이든 모든 비판은 전체 과정을 저해하고, 잠정적 해결책의 씨앗을 죽이며, 사람들로 하여금 아이디어와 함께 위험을 감수하지 못한다. 마치 한 발은 가속 페달에 놓고, 다른 발은 브레이크에 놓고 운전을 하는 것과 같다. 이러면 분명 멀리 가지 못할 것이다.

어떤 아이디어가 이상하다고 해서 계속 멈춘다면, 우리는 다시 동일
하게 낡은 익숙한 아이디어들에게로 돌아가고 말 것이다. 더 나아가 사
람들도 자신의 아이디어를 말하기 주저하고, 분위기도 안 좋아질 것이
다. 아이디어들을 평가할 많은 기회는 나중에도 많다. 브레인스토밍 미
팅의 마지막이나 다른 별도의 미팅에서 해도 된다. 이 단계에서는 잠시
비판은 잠재워두고, 상상력을 허용하자.

4. 아이디어를 연결하고 개발하자

단번에 완벽한 해결책을 세우기는 매우 어렵다. 이 원칙은 아이디어
의 씨앗을 더욱더 나은 아이디어로 만들기 위해 개선하고 수정하는 것
을 의미한다. 참가자들이 더욱 통합된 해결책을 만들어내기 위해 다른
사람들의 아이디어를 눈덩이처럼 키우거나, 더 새로운 아이디어를 위

해 그들의 아이디어를 출발점으로 삼을 수 있도록 격려하자. 더욱 실용적인 아이디어가 필요하다면, 이 과정을 통해 특이한 아이디어들을 변화시켜 현실에 더 기초할 수 있게 하자.

반면에 만약 더 과격한 것을 원한다면, 관계가 없는 두 아이디어를 결합해 어떤 일이 일어나는지 보자. 혁신적 제품으로 주목받은 트런키Trunki는 탈 수 있는 어린이용 손가방을 발명하기 위해, 바퀴 달린 장난감과 가방이라는 두 가지 아이디어를 결합했다. 이 제품은 여행 중인 어른들에게는 기능성과 유용성을, 아이들에게는 놀이를 제공하면서 동시에 두 고객층을 만족시켰다.

케이스 스터디: 나쁜 아이디어는 없다

브레인스토밍을 할 때 쏟아지는 '나쁜' 아이디어들은 어떻게 처리해야 할까? 나쁜 아이디어는 좋은 아이디어로 가는 징검다리로 활용할 수 있다. 그 자체로 나쁜 아이디어는 없다. 왜냐하면 항상 다른 것으로 확장될 수 있기 때문이다. 나쁜 아이디어의 바로 그 부적합함이, 우리로 하여금 위대한 아이디어를 찾을 때까지 탐색하고 변형하고 발견하게 한다.

3M의 직원이었던 스펜서 실버Spencer Silver는 쉽게 뗄 수 있으면서도 물건에 잘 들어붙는 약한 접착제를 우연히 개발했지만, 처음에는 실패작으로 간주되어 제품으로서는 보류되었다. 몇 년 후에, 3M의 제품 개발 엔지니어였던 아서 프라이Arthur Fry는 그 접착제를 이용해 찬송가책의 페이지 마커를

다시 잘 붙여, 교회 성가대 찬양 중에 자리를 떠나지 않아도 되게 했다. 프라이는 페이지 마커가 책의 페이지를 훼손시키지 않고 쉽게 떼어지는 것을 발견했다. 그 순간, 포스트잇 노트Post-it Note라는 수백만 달러의 경이로운 제품이 탄생했다. 우연히 발견한 약한 접착제가 매우 성공적인 아이디어로 가는 징검다리였다.

'정확한' 브레인스토밍 전략

아이디어를 막지 않는 효과적인 브레인스토밍의 비밀은, 집단 브레인스토밍의 동료애와 시너지를 최대한 활용하는 동시에 개인들의 기여도 담아내는 것이다. 나는 이 부분에서 나는 브레인스토밍을 효과적으로 작동시키는 절차에 대해 말할 것이다. 이 접근법들은 개인 그리고 집단 브레인스토밍을 결합시키는 것이며, 나 역시도 좋은 아이디어들을 더 많이 만들어내기 위해 사용한다.

사전 준비

장소

쾌적하고 조용한 장소를 찾아서 필요한 시간만큼 예약을 하자(짧은 소규모 미팅에는 최소한 1시간으로, 보다 광범위하고 제한받지 않는 사고를 하고 싶다면 가급적이면 2시간으로 잡아라). 평소 업무 환경에서 벗어난 곳이 제일 좋겠지만, 현실적으로 불가능한 경우가 더 많을 것이다.

평등한 토론과 재미를 북돋우기 위해 비공식적인 분위기로 진행하자. 할 수 있으면 마치 아서왕처럼 원탁을 찾아 경직된 자세로 앉기보다, 열린 원형으로 앉자. 재미있는 잡지들이나 컬러 사인펜과 같은 창의적인 소품들로 장소를 꾸며도 괜찮다. 브레인스토밍이라는 두뇌활동은 많은 에너지가 사용되기에 간식과 음료도 준비해두자.

팀을 정하기

기업의 가장 큰 자산이 '사람'이라는 것은 잘 알려진 이야기지만, 정확히는 '일에 적합한 사람'이다. 브레인스토밍을 위한 팀을 꾸릴 때는 다양한 업무와 책임을 가진 직원들을 잘 섞어서 구성하는 것이 좋다. 내향적인 사람과 외향적인 사람, 전문가와 비전문가들이 함께 얘기하고, 일할 수 있게 해야 한다. 분야와 배경이 다양하면 관점도 다양할 것이기에 '다른' 아이디어들이 스며들 가능성이 훨씬 높아지기 때문이다. 제리 허시버그Jerry Hirshberg(1998)가 그의 책『창의성 우선순위The Creative Priority』에서 지적하듯이, 생각의 차이가 새롭고 흥미로운 아이디어들을 만들어낸다.

인원은 쉽게 관리할 수 있게 가능한 5명에서 10명 이내로 하는 것이 좋다. 인원이 너무 많으면 모든 사람이 기여하기가 어렵고, 너무 적으면 새로운 토론을 촉발시킬만큼 다양성이 충분하지 않을지도 모른다. 아마존의 창업자이자 CEO인 제프 베조스Jeff Bezos는 한 팀의 인원을 피자 2판을 먹을 수 있는 사람들로 제한하는 것으로 알려져 있다(Quinn,

2016). 이는 일반적으로 5명에서 8명 사이다. 또한, 세션을 이끌고 지원할 진행자가 필요할 수도 있다는 점을 명심하라.

준비물

플립차트, 화이트보드, 마커, 시계, 접착식 메모지, 종이 등 기록을 위한 준비물을 마련하자. 나중에 더 쉽게 공유할 수 있게 앱을 사용하는 것도 좋다. 아이디어 생성 기술과 게임들을 준비해 팀의 창의성에 불을 지피고 색다른 통찰력으로 이끌어 나가자. 다음 장에는 우리가 선택할 수 있는 도구들이 담겨있다. 이 도구들은 어떤 환경에서도 쉽게 활용할 수 있다.

브레인스토밍은 게임이 아니다

브레인스토밍이 게임을 하거나 레고 혹은 지점토 따위로 시시한 것을 만드는 것이라고 오해하는 사람들이 있다. 심지어 '게임스토밍'이라는 재미있는 대체어가 유행이 되기도 했다. 게임, 장난감과 같은 아이스 브레이킹 활동은 워밍업으로서 사람들에게 생각을 할 시간을 주기에는 물론 유용하다. 하지만 게임 그 자체는 브레인스토밍의 공식 절차에서 보조적인 수단일 뿐이다.

브레인스토밍은 게임 수준의 활동이 아니라, 구조화된 과정을 통해 모든 참가자가 창의적으로 깊이 파고들어 풍성한 통찰과 아이디어를 생산해내기

위한 것이다. 구조라는 말이 직관이라는 말과 반대로 느껴질 수 있지만, 브레인스토밍의 구조는 사람들로 하여금 브레인스토밍에 재미를 느끼고 독창성을 산발적이 아니라 일정한 흐름으로 좋은 아이디어를 지속적으로 만들어낼 수 있게 한다. 효과적으로 작동하는 브레인스토밍과 프로세스는 무관하지 않다는 것을 유념해야 한다.

초점

브레인스토밍 중에 참가자가 담당해야 할 일과 지킬 필요가 있는 규칙들을 간략히 설명하는 걸 잊지 말자. 사전에 이메일로 알릴 수도 있다. 참가자가 세션의 목표를 이해할 수 있도록 하자.

세션 중 모든 사람들이 사명에 집중할 수 있게 문제를 큰 글자로 적어 회의실 어디쯤인가에 붙여 시각적인 보조 자료로 활용하는 것도 좋은 아이디어다.

브레인스토밍 세션의 구조

브레인스토밍 이전

모든 참가자가 모이면, 필요한 소개를 하고 아이디어 생성 세션에 맞는 운영 규칙(4가지 규칙은 이미 살펴보았다)을 정하자. 문제를 간략하게라도 분명히 정의하고, 좋은 분위기를 조성하자. 모두 충분히 깊게 이해할 수 있도록 배경이나 사실에 대한 정보도 전달하자. 시작 전 모든 이들이 브레인스토밍에 대해 같은 마음으로 임할 수 있게 하자.

해결하고자 하는 것은 '신제품 라인의 이름 짓기' '생산 라인의 비효율성을 줄이기' '내부 의사소통 절차를 개선하기' '부서를 다시 디자인하기' 등 거의 모든 것이 될 수 있다. 해결책 찾기의 1단계인 문제를 정확히 정의하는 것에 대한 가이드라인을 따랐다면 이런 과정은 상대적으로 쉬울 것이다. 혼란스럽게 여겨질 어떤 것이라도 분명히 해두자.

진행자를 뽑아 세션을 이끌고 아이디어가 계속 샘솟게 만들자. 아이디어 생성 중에는 긴 토의가 있어서는 안 된다. 진행자는 참가자들이 똑같이 기여할 수 있도록 팀에 대해 잘 이해할 필요가 있다. 또한 진행자는 사람들의 아이디어를 모으고 기록하는 서기의 역할을 할 수도 있다. 휴식시간을 고려해, 다음 3단계로 세션을 운영하자. 표 7.2는 좋은 브레인스토밍이 어떻게 운영되는지를 나타낸다.

팁: 브레인스토밍

휴식을 취하자. 집중적인 아이디어 생성 과정은 피곤한 일이기에, 가끔 휴식을 취해야 창의성을 유지할 수 있다. 휴식을 하고 나면 우리의 무의식이 더 집중할 수 있게 되어 더 많은 아이디어가 샘솟을 것이다.

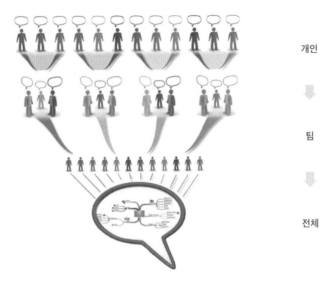

개인

팀

전체

(표 7.2) '정확한' 브레인스토밍 전략

1단계. 개인별 아이디어 생성

먼저, 모든 팀원에게 8장의 도구를 사용하거나 자유롭게 팀 활동을 준비하는 개인 브레인스토밍을 하도록 요청하자. 정신없이 바쁜 오늘날, 우리는 종종 창의적 과정에서 조용한 부분을 간과하고, 열의에 가득하지만 (때때로) 결실이 없는 팀 활동으로 곧 바로 달려가기를 선호한다. 이 단계는 각 개인의 생각과 참가하는 모든 사람의 활동이 대등할 수 있는 환경을 마련한다.

팀원들에게 정신을 재정비하고 집단 토의를 시작하기 전에 가능한 많은 해결책을 적을 수 있도록 격려하자. 모두가 브레인스토밍 직전에 옹기종기 합심하기까지 기다린다면, 우리는 집단사고와 사회적 태만,

평가 불안 등 부작용들에 의해 지배당하고 말 것이다. 개인은 혼자 작업할 때 어떤 집단의 압력과 비판에 대한 두려움 없이 자신의 생각을 자유롭게 탐색할 수 있다. 가장 내성적인 팀원이라도 아이디어를 낼 수 있게 하자. 좋은 아이디어가 항상 활발하고 외향적인 성격의 사람들에서만 나오는 것은 아니다.

심리학을 다룬 베스트셀러 『콰이어트Quiet』의 저자인 수잔 케인Susan Cain(2012)은 보통 일하는 내향적인 사람들이 가장 유력한 아이디어를 낸다고 말한다. 카리스마 있는 사람들에 의해 압도되거나 다른 동료가 주는 자극에 의존하는 대신, 이 사람들은 독창성으로 아이디어를 만들어낸다. 결정적으로, 그들은 다른 사람들이 아이디어를 표현하는 것을 기다리는 것에 생각의 제약을 받지 않는다.

2단계. 팀별 브레인스토밍

다음 단계는 모든 참가자를 3명에서 5명으로 나눈 후, 각자가 내어놓은 아이디어들을 모으고 주고받으며 하나의 문서를 만드는 과정이다. 팀이 작을수록 사람들이 생각과 아이디어를 나누는데 더 안전하기에, 편안하게 기여할 수 있다. 역동성에 흔들리지 않으며, 가장 강하게 자기 의견을 주장하는 사람이 팀을 완벽히 지배하는 일도 없을 것이다. 거기에 더해 사람들은 이미 첫 단계에서 자신의 관점을 기술하고 아이디어의 개요를 그려보았기 때문에, 반응적 사고에도 휘둘리지 않을 것이다. 전체적으로 더욱 많은 객관성과 다양한 초점을 통해 같이 작업하며 다음 단계로 발전시킬만한 아이디어들을 선택할 수 있다.

또한 이 과정은 유사한 아이디어들을 잘 걸러낼 수 있는 활동이다. 아이디어를 수집하고 합치는 과정을 통해 아이디어의 양을 줄이고, 중복되는 것들을 제거할 수 있다. 이는 과정을 관리하는 것을 더 용이하게 만든다. 공통으로 낸 아이디어는 명백한 아이디어인 경향이 많으며, 따라서 그렇게 혁신적이지 않다. 독특하며 극단적 아이디어들을 기반으로 삼아 더 쌓아 나갈 수 있도록 시도해야 한다.

인큐베이션을 기다리지 마라!

브레인스토밍의 인큐베이션incubation은 강력하지만, 종종 그 가치를 인정받지 못하는 일도 있다. 인큐베이션은 문제와 상관없는 일을 통해 문제로부터 잠시 멀어지는 것으로, 브레인스토밍을 할 때 떠오르는 아이디어를 독립해서 생각할 시간을 주는 것은 중요하다. 사람들은 보통 목표와 떠오른 처음의 아이디어와 생각들에 대해서만 계속해서 생각한다. 대부분 브레인스토밍을 일회성 미팅으로 생각하는 경우가 많은데, 그렇게 되면 참가자들에게 인큐베이션할 시간을 줄 수 없게 된다. 매우 창의적인 사람들에게도, 최선의 결과를 위해서는 아이디어에 푹 빠질 수 있는 시간이 필요하다.

시드니대학교University of Sydney의 연구자들은 인큐베이션이 창의적 성과를 촉진할 수 있다는 증거를 발견했다(Ellwood et al, 2009). 실험에서 90명의 참가자들은 세 그룹으로 나누어져 4분 동안 종이 한 조각으로 할 수 있는 모든 것들을 적도록 요구받았다. 첫 번째 그룹은 휴식 없이 4분에 걸쳐 계속 작업했다. 두 번째 그룹은 2분 후에 창의성 관련 다른 과제(미리 준비한 목록의 글자에 대한 동의어를 만들어내도록)를 했고, 그 이후에 2분 동안 본래의 과제를 완성하게 했다. 세 번째 그룹은 2분 후에 관련 없는 과제(MBTI 테스트)로 방해를 받았고, 이 테스트 후 2분 동안 본래의 과제로 돌아가도록 요청받았다. 동일한 시간으로 과제를 했음에도, 인큐베이션 시간을 받은 셋째 그룹이 아이디어를 평균 9.8개 만들어내며 가장 성공적이었다. 두 번째 그룹은 평균 7.6개의 아이디어를, 휴식이 없었던 첫 번째 그룹은 평균 6.9개의 아이디어를 만들어냈다. 이처럼 짧은 휴식이나 신선한 상황을 제공하는 인큐베이션이, 창의적인 산출물을 크게 증가시킨다는 것을 잘 알 수 있다.

기업들은 시간을 효율적으로 활용하기 위해 온종일 전략 혹은 브레인스토밍 시간을 계획하는 경향이 있는데, 실제 효과는 기대했던만큼 효율적이지 않다. 브레인스토밍은 일회성 이벤트가 아니다. 브레인스토밍은 프로세스이고, 프로세스로서 준수될 필요가 있다. 예를 들어, 전략에 관한 문제를 다루기 위해 하루를 다 사용하기를 원한다고 하자. 하지만 한번에 8시간 동안 브레인스토밍을 하는 것보다, 8일에 걸쳐서 매일 1시간씩 사람들이 생기가 넘치는 아침에 하는 것이 나을 것이다.

인큐베이션의 혜택을 볼 수 있는 가장 단순한 방법은, 브레인스토밍을 짧게 나누는 것이다. 자주 휴식을 가지고 매 휴식 이후에도 다른 것들을 하게하자. 4번의 30분 미팅이 120분의 아이디어 생성 시간보다 효과적이다. 매 휴식 시간마다 우리의 무의식은 우리 모르게 배후에서 계속 작동하면서, 더욱 좋은 아이디어와 개선점들을 생산한다. 함께 일했던 몇 회사와의 경험을 돌아보면, 하나의 큰 브레인스토밍 세션과 많은 작은 세션들 사이의 차이는 크며, 이것이 간과되어서는 안 된다.

3단계. 전체 세션

마지막 단계는 사람들을 전부 하나로 모아, 모든 생각을 수집하고 생성된 많은 아이디어에 대해 토론하고 그 결과를 기록으로 남기는 과정이다. 진행자는 각 팀의 아이디어를 하나씩 끄집어내어 화이트보드나 플립차트 혹은 스크린에 올려놓고, 아이디어마다 동일한 시간 동안 토론하게끔 안내한다(Delbecq, Van de Ven and Gustafson, 1986). 리스트를 작성하는 대신 다이어그램이나 마인드 맵 형식으로 아이디어를 기록하는 것도 좋다. 색깔과 코드를 사용하면 아이디어를 구조화하고 주제별로 아이디어를 모을 수 있어 효과적이다(Buzan and Griffiths, 2010).

진행자는 방을 돌면서 아이디어들을 끄집어내기도 해야 한다. 좋은 아이디어든, 나쁜 아이디어든, 그저 그런 아이디어든 상관없다. 모든 아이디어를 동등하게 취급하기 위함이다. 유사한 아이디어들은 묶어볼 수 있다. 모두의 기여는 가치로운 것이기에, 아이디어가 독창적이든 다른 아이디어와 비슷하든 아이디어를 낸 사람들의 공로는 반드시 밝혀야 한다.

아이디어들을 전부 모았으면, 진행자는 각 아이디어를 명료히 하고 개선하며 다른 아이디어에 기초해 쌓아갈 수 있도록 한다. 다만 아이디어의 해석에만 몰두하거나 대화가 다른 곳으로 흐르지 않도록 유의한다. '우리'라는 말을 지속적으로 사용하며, 이 모든 결과물이 모두의 노력이라는 것을 분명히 하자. 모든 아이디어는 지지받을 자격이 있다. 나쁜 아이디어가 좋은 아이디어로 가는 징검다리가 될 수 있음을 기억하자.

모든 이들도 역시 새로운 아이디어를 자유롭게 떠올릴 수 있도록 격려 받아야 한다. 아이디어들 사이의 관계가 분명하지 않으면, 어떤 관련성을 만들어도 좋다! 8장에 나오는 도구들을 활용해 변화를 일으키자. 반대로 생각해보고, "만약 …라면?"라고 묻거나 은유와 비유를 사용해 문제를 추상화시키자.

이 단계의 목적은 최고의 아이디어를 뽑는 것이 아니라, 아이디어를 모으고 개선하기 위해 생산적인 제안을 하는 것이다. 그러니 군이 아이디어를 평가하거나 판단하지 말자. 가급적 별도의 미팅에서 하자. 브레인스토밍을 기록한 문서는 언제든 문제해결에 대해 영감과 도움을 받을 수 있도록 벽에 붙여두자.

마인드 맵의 핵심

창의성은 연결을 사랑한다! 모든 아이디어를 큰 종이에 열거하기 보다, 아이디어들을 포착하고 개선하며 배열할 수 있는 마인드 맵Mind Map을 사용해보자. 마인드 맵은 하나의 중심 주제에 아이디어들이 가지로 연결되어 있는 그림이다. 마인드 매핑은 개념들 사이에 연상 작용을 통해 작업하는, 인간의 자연적인 사고방식과 비슷하다.

마인드 맵은 누구나 한 번쯤은 해봤을 것이고, 아이디어를 구분하고 확장하는데 유용하다는 것은 아무리 강조해도 지나치지 않다. 전통적인 열거법과 달리, 마인드 맵은 중심으로부터 바깥쪽으로 가지들이 뻗어 나가기게, 우리들의 사고에 아무런 제한이나 제약을 두지 않는다. 시각적인 마인드 맵은, 우리가 포착하지 못했던 생각이나 아이디어들 사이의 연관성을 '볼' 수 있게 해주고, 우리는 본래 독립적으로 여겼던 두 개의 아이디어들로부터 더 나은 아이디어를 창조할 수 있게도 해준다.

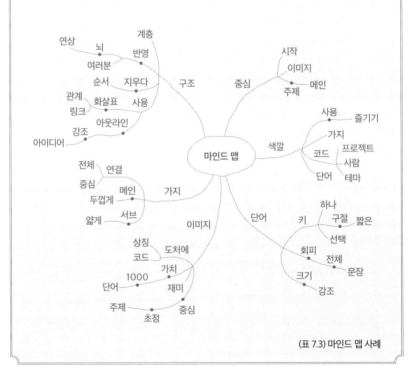

(표 7.3) 마인드 맵 사례

요점

▷ 브레인스토밍은 발산적 사고에 효과적이지만, 사회적 태만, 산출 방해와 집단 사고 및 동조와 같은 집단의 압력에 의해 심하게 약화될 수 있다. 그러나 충분히 준비를 갖춘다면, 팀으로 하여금 토론과 협력뿐만 아니라 개인의 독립적 사고를 위한 시간도 마련할 수 있고, 그럼으로써 누구나 발언권을 가지게 된다.

▷ 더 나은 아이디어 생성을 위한 개인 작업과, 기존의 아이디어를 개선하기 위한 팀 작업을 결합시키는 브레인스토밍 전략을 구사하자. 이렇게 하면 남들 앞에서 목소리 내기를 꺼려하는 사람들의 아이디어들을 효율적으로 수집할 수 있으며, 목소리가 큰 사람이나 나이가 더 브레인스토밍을 많은 사람들이 주도하는 일도 방지할 수 있다. 1) 개인 아이디어 생성. 2) 팀별 브레인스토밍. 3) 전체 세션 순으로 진행하자.

▷ 이 단계에서는 브레인스토밍 규칙을 잘 지키도록 하자. 1) 뻔한 아이디어를 넘어서는 결과를 위해 최대한 많은 아이디어를 수집하자. 2) 우스꽝스럽고 색다른 아이디어를 추구하자. 사고를 제한하는 박스를 제거하고, 독특하고 놀라운 것을 자유롭게 발견하자! 3) 판단을 보류하자. 굳이 분석적으로 아이디어를 너무 빨리 제거하지 말자. 더 많은 아이디어가 흘러나올 수 있도록 허용하자. 4) 다양한 방식으로 아이디어를 개선하기 위해 결합하고 개발하자. 나쁜 아이디어는 좋은 아이디어로 가는 징검다리가 될 수 있다.

8

해결책 찾기 2단계 ·
생성(2) 도구 상자

우리는 창의성을 다 써버릴 수 없다,

더 사용하면 할수록, 더 많은 창의성을 가지게 되니까.

– 마야 안젤로Maya Angelou, 시인, 가수이자 민권운동가

창의성을 위한 도구

우리는 스스로를 선천적인 창의적 사고가로 여기지 않고, 혁신적이라고 간주하는 것도 어려워한다. 아이디어를 만들어야 하는데 눈앞에 백지 밖에 없다면 당연히 두렵다. 마이크로소프트 서피스Microsoft Surface(2017)의 연구에 의하면, 영국인 직장인 1,100명 중 49%는 새로운 창의적 스킬을 배우면 역할을 더 효과적으로 수행할 수 있을 것이라고 믿었으나, 75%는 지난 2년간 이런 스킬을 배울 수 있는 교육과 도구들을 구비하지 못했다고 답했다.

창의성을 위한 특별한 도구를 제공하는 것은 아이디어를 촉진하고 출발의 두려움을 극복하는 데 매우 큰 도움이 된다. 우리에게는 창의적

이고, 발산적이며, 수평적인 사고를 할 수 있게 만드는 다양한 도구들이 필요하다. 이번 장에는 특히 집단 환경에서 도움이 될, 창의성에 구조적으로 접근할 수 있는 짧고 실용적인 도구들을 담았다.

캔버스 템플릿들은 창의성에 대한 욕구를 충족시키기 위해 디자인되었고 다양한 범위의 비즈니스 문제들에 대해 긍정적 결과를 만들어 줄 것이다. 이 템플릿들을 필요한 대로 자유롭게 사용하고 여러분만의 방법이 있다면 추가해도 좋을 것이다.

아이디어 생성을 시작할 때는 다음 사항들을 고려하면 좋다. 팀의 규모, 사람들이 내향형인지 외향형인지, 사고 오류의 어느 유형에 더 취약한지, 작업하고 있는 곳의 물리적 환경 등. 이렇게 하면 우리는 사람들의 창의적 선호도를 더 잘 이끌어내어, 결과를 더 잘 만들어낼 수 있다.

해결책 찾기 2단계의 목적은 가능한 아이디어의 가장 폭넓은 선택을 이끌어 내는 것이다. 작업하고 있는 문제에 가장 적합한 도구를 선택하는 것으로 시작해, 재밌고 활기차게 아이디어를 생성할 수 있는 도구들을 활용하자. 가능성과 통찰력을 탐색하고, 기대를 넘어서 다양한 연관성을 발견하고 현실을 확장시키자. 그리고 이에 필요한 공간과 사고의 도구를 자유롭게 사용하자.

기억하자. 처음 나온 좋은 아이디어에 멈추고자 하는 유혹과 싸우고, 이 단계에서 아이디어를 비판하고 거부하는 것을 피하자, 팀원들에게 즐거운 경험을 선사하자. 그러면 그들로부터 아이디어들이 흘러나올 것이다.

생성 도구 상자

입력

- 명료하게 정의한 문제

프로세스

- 가능한 많은 아이디어를 떠올리기

도구

- 거꾸로 브레인스토밍 캔버스

- 비유적 사고 캔버스

- 결합 창의성 캔버스

결과

- 모든 아이디어

익숙한 사고방식을 끊어내고, 자신을 최대한 밀어붙일 수 있도록 이후 나올 캔버스들을 최대한 활용하자. 프로젝트 도중에 슬럼프를 겪고 있다면(이것은 한번쯤은 불가피한 것인데), 도구들을 활용해 솟구치는 활력과 정신적 집중을 되찾고, 프로젝트를 재개하자. 미팅에서 나오는 아이디어를 하나라도 놓치지 말자. 아이디어 생성 캔버스는 www.thinking.space에서 받을 수 있다.

거꾸로 브레인스토밍 캔버스 Reverse Brainstorming Canvas

어떤 비즈니스에서든, 일하는 방식을 반대로 생각해보거나, 의문을 품어보는 것은 좋은 일이다. 기업들은 보통 문제를 정면으로 접근하는 마켓드리븐 방식을 택하며, 창의적이지 않은 결정들만을 내린다. 하지만 '거꾸로 브레인스토밍'으로 접근할 때는 '거꾸로 하는 것'을 전제로 한다. 문제를 거꾸로 생각해보며 새로운 아이디어의 계기로 삼는다. "무엇을 할 것인가"를 생각하는 대신에 "무엇을 하지 않을 것인가"를 생각한다.

만약 더 많은 고객을 얻는데 어려움을 겪고 있다면, 얻는 방법을 찾는 대신 고객을 잃을 방법들을 찾아보자. 생산품 중 하자가 있는 제품을 줄이려고 한다면, 하자가 있는 제품을 만들 방법을 찾아보자. 교육 프로그램에 최대한 많은 사람을 참여시키고자 한다면, 아무도 참여하지 않도록 하는 방법을 찾아보자. 다소 이상하게 들리겠지만, 회피하고 싶은 행동을 파악하는 것은 더욱 놀랍고 마켓드라이빙하는 대안들을 더 잘 발견할 수 있게 해준다. 명백한 것부터 완전 새로운 것까지 말이다.

장난스러워 보이는 이 전략은, 집단에서 주어진 가능성에 대한 생생한(때로 거침없는!) 교환으로 이끈다. 당연하다고 여겨지는 비즈니스의 규칙들을 전부 뒤집어보면, 사실 금지된 것은 없다는 것을 알 수 있을 것이다. 이는 지루하고 보수적인 분위기에 사로잡힌 모두를 흔들어버림으로써 새롭게 생각할 수 있기 위한 좋은 방법이다. 선택적 사고와 편견으로도 벗어날 수 있을 것이다. '거꾸로 브레인스토밍'이 어떻게 진행되는지 살펴보자.

1단계: 문제를 거꾸로 기술하기

문제를 정의하는 단계부터 시작하자. "어떻게 하면 고객 서비스를 더 좋게 할 수 있을까?"를 예로 들어보겠다. 문제를 거꾸로 바꿔보자. "내가 어떻게 이 문제를 풀 수(혹은 예방할 수) 있을까?"라고 묻기보다, "내가 어떻게 문제를 일으킬 수 있을까?"라고 묻는 것이다. "이 결과를 어떻게 달성할 수 있을까?"라고 묻기보다, "어떻게 정반대의 결과를 달성할 수 있을까?"라고 물어보자(Mind Tools, 2010).

"어떻게 "고객 서비스를 더 좋게 할 수 있을까?"라는 문제를 반대로 생각하면, "어떻게 하면 나쁜 서비스를 제공할 수 있을까?"라는 물음이 나온다. 우리는 초점을 어떻게 문제를 풀 것인가에서, 어떻게 문제를 일으킬 것인가로 간단하게 옮겨왔다.

2단계. 거꾸로 된 문제를 해결하기 위해 브레인스토밍하기

문제에 대해 직접 브레인스토밍을 할 때 우리는 흔히 떠오르거나 누구나 예상할 수 있는 방식을 택하곤 한다. 예를 들어 고객 서비스 개선을 위한 브레인스토밍에서는 '3번 벨이 울리기 전에 전화를 받기' 혹은 '하루 이내에 이메일 회신하기' 등과 같은 전형적인 아이디어들이 나올 것이다. 좋은 아이디어들이지만, 혁신을 일으킬 정도는 아니다.

하지만 '서비스 개선'에서 '서비스 붕괴'로 보면, 상황에 대한 관점도 바꿀 수 있다. 팀과 문제를 일으키는 아이디어들을 찾자. 나는 이 거꾸로 연습을 기업이나 클라이언트들과 함께 할 때마다, 이전에는 포착하지 못했던 요소들을 알아차리는 이들을 많이 보게 된다. 그러면서 최고의 고객 서비스를 위한 요소들이 무엇인지도 발견하게 된다.

1단계 문제를 거꾸로 기술하라	사례 더 많은 고객을 얻는 것은 더 많은 고객을 잃는 것이다. 더 나은 서비스를 제공하는 것은 더 나쁜 서비스를 제공하는 것이다. 성과를 개선하는 것은 성과를 악화시키는 것이다.
2단계 위의 기술문을 성취시키는 가능한 해결책에 대해서 브레인스토밍하라, 그런 다음 이미 하고 있는 것을 동그라미쳐라.	3단계 본래의 문제에 대한 실제적인 해결책을 만들기 위해 2단계에서 정의된 동그라미가 쳐지거나 적절한 '거꾸로 해결책'을 뒤집어라.

(표 8.1) 거꾸로 브레인스토밍 캔버스

때때로 무엇을 해야할 지를 아는 것만큼

'무엇을 하지 말아야 할지'를 아는 것이 중요하다.

-크리스 그리피스

- 늦게 점포 문을 열고 일찍 닫으라.

- 고객들에게 틀린 조언을 하라.

- 제품 지식이 매우 적은 직원들이 전화를 받게 하라.

- 고객 이메일을 삭제하라.

- 전화를 응대하지 말라.

- 통화 중에 고객을 기다리게 하고 잊어버려라.

- 서투른 언어 능력을 지닌 직원을 활용하라.

- 직원 성과를 응답된 전화 수로 결정하라.

- 무례한 고객 서비스 직원을 사용하라.

- 틀린 문법으로 가득 찬 문장들을 써라.
- 이슈에 대한 정보와 팀 내에서 해결책을 공유하지 말라.
- 제품에 대한 보증을 제공하지 말라.
- 항상 직원의 숫자가 모자란 상태로 두라.

이미 우리가 하고 있는 것에 동그라미를 쳐보면, 충격받을 것이다!

3단계. 거꾸로 된 해결책을 뒤집기

마지막으로, 원래의 문제(혹은 과제)의 해결책을 찾기 위해 해결책을 뒤집어 보자. 거꾸로 된 해결책 중 문제에 적합한 것이나 업무에 적용할 수 있는 것이 있는지를 살펴보자. 이렇게 하면 처음에 생각했던 것보다 본래 문제를 해결할 수 있는 방법들이 훨씬 더 많다는 것을 알 수 있다.

제품 지식과 고객에 대한 정중한 응대를 개선하기 위해 고객 서비스 직원들에 대한 추가 교육을 제공할 수도 있을 것이다. 정보를 부서에 상관없이 공유해 고객의 불만을 더 빠르게 해결할 수도 있을 것이다. 점포를 보다 빨리 열고, 늦게 닫기 위해 교대 근무를 도입할 수 있을 것이다. 채용 절차에서 전화 응대 횟수가 아닌, 언어 능력을 확인하고 전화 응대의 질에 기초해 성과를 평가할 수 있을 것이다.

이런 연습은 문제가 무엇인지, 개선해야 하는 것이 무엇인지를 보여준다. 반항을 해보고, 풍파를 일으켜보자. 예산, 시스템, 자원, 시간 등 업무상의 제약을 생각해보고, 이 기술로 그것들을 뒤집어 보자. 예를 들어 '이 과정을 뛰어넘을 수 있는 방법은 없을까?' '비용 없이 이것을 실행할 수 있지 않을까?' 라는 질문을 던져보자. 당장에는 터무니없는 아이디어처럼 보이더라도, 나중에 조금 더 생각해보면 실행 가능한 것으로 바꿀 수 있다. 거꾸로 된 아이디어들을 문자 그대로 받아들이기보다, 사고를 자극하는 용도로 활용하자. 눈에 보이는 결과는 얻지 못하더라도, 최소한 왜 규칙들이 처음에 존재했는지를 이해할 수 있을 것이다.

케이스 스터디: 거꾸로 생각한 그라나다 TV

1954년, 영국 정부는 처음으로 상업 TV 방송의 권리에 대한 경매를 실시했다. TV 광고를 할 수 있는 지역 방송에 대한 경매였다. 많은 회사가 이 사업권의 입찰을 준비했고, 많은 광고 수입을 가져다주는 가장 부유한 지역을 확인하기 위해 인구학적 분석을 사용했다. 결과는 런던과 영국의 남동부지역에 초점이 맞춰졌다.

시드니 번스타인Sidney Bernstein이라는 영국 남부 지역의 조그마한 극장 체인 그라나다 시네마Granada Cinemas의 대표 역시 입찰을 준비했다. 다만 그는, 가장 부유한 지역이 아닌 영국에서 가장 '비가 많이 오는 지역'인 북서부 지역으로 승부수를 띄웠다. 번스타인의 입찰은 성공했고 그는 맨체스터에 본부를 두고 영국의 북부지역에 서비스를 제공하는 그라나다 TV를 설립했다.

그의 논리는 다음과 같았는데, 햇빛이 나는 날에는 시청자들이 정원에 앉거나 산보를 하는 반면에, 비가 내리면 실내에 더 머무를 것이라는 것이었다(Sloane, 2016). 모든 사람이 한 방향('어디가 가장 부유한 지역인가?')을 바라보고 있을 때, 번스타인은 다른 방향('비가 가장 많이 오는 지역은 어디인가?')을 바라본 것이다. 그라나다 TV는 코로네이션 거리Coronation Street, 대학 도전University Challenge, 행동하는 세계World in Action와 같은 질 높은 예능과 고품격 프로그램으로 알려진 가장 성공적인 독립 방송사의 하나로 자리를 잡았다.

비유적 사고 캔버스Metaphoric Thinking Canvas

비유적으로 생각하는 것은 관습적 사고의 제약을 피하고 모호성을 수용하는 강력한 방법이다. 비유는 하나의 사물을 다른 사물의 관점에서 이해하도록 우리를 강제함으로 세상을 바라보는 우리의 방식을 변화시킨다. 다음의 익숙한 표현들이 모두 비유들이다.

- 인생은 롤러코스터와 같다.
- 재무 감시단체Financial watchdog.
- 바깥은 정글과 같다.
- 시간은 금이다.
- 운영상의 병목현상Operational bottleneck.
- 이제 우리 코트에 공이 넘어 왔다.
- 세상은 연극 무대다.

원래의 문제를 확인하기	사례	단계
	더 많은 고객을 찾기 = 더 많은 고기를 낚기 까다로운 고객을 상대하기 = 고집불통의 개를 훈련시키기	1. 문제를 확인하기 2. 비유로 문제를 재구성하기 3. 비유를 풀기 4. 해결책을 본래의 문제로 가져가기
비유로 재구성하기	기억하라, 새로운 비유를 만들기 위해 동사와 명사를 바꾸라	
비유로 풀 방법들	해결책을 본래의 문제로 가져가기	탐구할 새로운 아이디어를 선택하기

(표 8.2) 비유적 사고 캔버스

- 생각의 도약A leap of thought.
- 자신의 뜻대로 행동한다marches to the beat of a different drummer.

> 우리가 무의식과 가지는 관계가 인생의 성공에 있어 가장 중요한 요소이다.
>
> −존 그린더John Grinder, NLP(신경 언어 프로그래밍Neuro Linguistic Programming의 창시자)

    비유가 창의적 사고에 효율적인 이유는, 상징적이고, 이야기를 통해 사람들로 하여금 더욱 추상적이고 열린 사고를 하게 만들기 때문이다. 문제에 비유를 적용하면, 우리의 뇌는 잠시 제약을 풀고 온갖 새로운 아이디어들을 떠올릴 수 있다. 비즈니스 자문가이자 저자인 케빈 덩컨Kevin Duncan(2014)은 이를 '비유의 도약대'라고 부르기도 하며, 그만큼 비유는 끝없는 영감의 원천이라고 할 수 있다.

좋은 비유는 전혀 관계가 없어 보이는 개념들 간의 유사성을 찾도록 돕는다. 예를 들어 완두콩 꼬투리는 담뱃갑을 여는 새로운 방법에 영감을 주었고, 이제는 전 세계의 포장 업계에서 사용하는 방법이 되었다. 독일의 유명한 화학자인 프리드릭 케쿨Friedrick Kekule에 의해 발견된 벤젠 분자는 처음에 '자기 꼬리를 물어뜯는 뱀'라는 묘사부터 시작했다. 끈적거리는 벨크로(천 같은 것을 한쪽은 꺼끌꺼끌하게 만들고 다른 한쪽은 부드럽게 만들어 이 두 부분을 딱 붙여 떨어지지 않게 하는 옷 등을 여미는 것-옮긴이)는 식물로부터 받은 영감을 받았다.

인생과 비즈니스가 항상 논리적인 것만은 아니다. 문제를 비유로 재구성하면, 문제의 낡은 특성과 전제들이 느슨해져 새롭고 독창적인 통찰력이 수면 위로 올라오는 것을 발견할 수 있을 것이다. 이로부터 우리는 적합한 연관성과 아이디어들을 찾아 문제에 적용시킬 수 있다. 이후엔 아이디어 생성을 위해 간단한 비유를 사용하면 된다. 이 방식을 시도했을 때 팀의 분위기가 어떻게 바뀌는지도 살펴보자.

1단계. 문제를 확인하기

문장의 형태로 문제를 정의하자. 이번에도 "더 많은 고객을 원한다"라는 문제를 예로 들어볼 것이다.

2단계. 비유로 문제를 재규정하기

이제 본래의 문제를 비유를 사용해 유사하거나 관련성이 없는 문제로 바꾸어 적어보자. 쉬운 방법은 동사(프로세스를 표현하는)와 명사(문제의 내용)를 교체하는 것이다. 표 8.3처럼 동사와 명사를 분해하며 시작

(표 8.3) 동사와 명사를 분리하기

(표 8.4) 동사와 명사를 바꾸기

해보자.

새로운 문장을 창조하기 위해 동사와 명사를 어떻게 바꿀 수 있을지 생각하자. 제한을 두지 말고 상상력을 마음껏 발휘해도 좋다. 예를 들어 '원한다'는 '어떻게'로 바꿀 수 있고, '고객'은 '물고기'로 바꿔 '어떻게 물고기를 잡을 수 있는가'라는 새로운 도전 과제를 만들어 볼 수 있다. 이제 우리는 다른 방식으로 문제를 바라보게 된다(표 8.4).

더 많은 예를 들어 볼 수 있다. '까다로운 사람을 상대하기'라는 과제는 '다루기 힘든 개를 훈련시키기'로 바꾸고, '직장에서 관료주의를 줄이기'는 '정원의 잡초 뽑기'로 비유할 수 있다.

스스로 질문을 던져보자. 이 문제를 보면 무엇이 생각나는가? 문제와 비교될 만한 것이 있는가? 처음의 동사와 새로운 동사 사이에 모호하게라도 비슷하다면 더 좋지만(동사는 프로세스를 나타내기에), 그렇지 않으면 개념을 문제로 연관시키는데 애를 쓰게 될 것이다. 인간으로서 우리에게는 본질적으로 호기심이 있고, 모호한 과제에 의해 자극받는다. 그러나 너무 불분명하면, 과제가 던져주는 어려움에 대처하기보다 무시하게 될 것이다. 그래서 창의적 사고를 위한 자극이 되기보다 장애물이 된다. 동시에 충분히 낯설지 않으면 유용한 통찰력이나 아이디어를 얻을 수 없기에, 우리는 문제와 너무 비슷한 비유를 사용하지 않도록 조심해야 한다(Proctor, 1989).

> 아이디어는 연상의 뛰어난 솜씨고, 그 최고조는 멋진 비유다.
> – 로버트 프로스트

비유를 떠올리는 일에 조바심이 든다면, 무관해보이지만 비슷한 일들을 찾아보는 것도 좋다. 자연의 상황이나 당신의 문제와 다른 분야에서 잘 살펴보자. 잘못된 비유는 잘못된 길을 만들기 때문에, 문제에 대해서는 정확한 비유를 선택해야 한다. 좋은 비유는 다음과 같은 '행동'을 포함한다.

- 자전거를 타다.

- 휴일을 계획하다.

- 고급 음식을 요리하다.

- 다이어트를 하다.

- 아이를 기르다.

- 계약 협상을 하다.

- 식물과 꽃을 기르다.

- 정치적 선거에 출마하다.

- 낚시하러 가다.

- 집을 짓다.

- 암벽 등반을 하다.

- 축구 등 스포츠를 하다.

3단계. 비유를 풀기

다음으로 비유에 의해 제시된 문제를 해결하는 데 집중하자. 우리의 사고에서 본래 문제에 대한 모든 생각을 완전히 지우자. 비유, 즉 '어떻게 물고기를 잡을 것인가'라는 문제를 실제 문제인 것처럼 아이디어와 연상을 만들어내자. 비유를 어디까지 확대할 수 있는지 살펴보자. 비유에서는 어떤 해결책을 해볼 수 있을까? 이 사례에서는 다음과 같은 해결책들을 찾아볼 수 있다.

- 올바른 미끼를 사용한다.

- 어부에게 묻는다.

- 배를 산다.

- 좋은 낚싯대를 구한다.

- 어망을 사용한다.

- 작살로 잡는다.

- 폭발물을 사용한다.

- 낚시에 관한 책을 읽는다.

- 물고기의 습관을 배운다.

- TV에서 낚시 방송을 시청한다.

- 낚시 게임을 구한다.

4단계. 해결책을 본래의 문제로 가져가기

마지막으로 비유를 해결하기 위해 만들어낸 각각의 아이디어를 본래 문제에 연결시키자. 동일한 행동이나 반응을 어떻게 연결시킬 수 있을까? 예를 들어 3단계의 아이디어들은 다음과 같이 변환할 수 있다.

- 정확한 미끼를 사용한다 - 적절한 광고를 집행하고, 제품을 더욱 호소력있게 만든다.

- 어부에게 묻는다 - 판매 전문가/컨설턴트에게 묻거나 그들을 고용하고, 멘토를 찾는다.

- 어망을 사용한다 - 메시지가 고객들에게 가능한 한 폭넓게 제시되도록 하고, 협력사를 찾고, 웹 사이트 링크를 확산시킨다.

- 작살로 잡는다 - 개별 고객을 목표로 하고 반복 판매에 초점을 맞춘다.

- 폭발물을 사용한다 - 대규모 홍보 캠페인을 벌인다.

• 낚시에 관한 책을 읽는다 - 새로운 판매 테크닉을 공부한다.

가장 큰 잠재력을 가진 아이디어들을 선택해 마인드 맵으로 캔버스에 펼쳐보자(표 8.5). 비유적 관점은 문제를 있는 그대로 볼 때 포착하지 못했던 멋진 아이디어들을 찾게 해준다. 또한 문제와 거리를 두어, 문제를 둘러싼 감정과 제약도 제거한다. 이로써 토론에서 문제가 적어지고, 결정을 실행하기도 더 쉬워진다. 비즈니스의 다음 과제에 대해서도 비유를 사용해보자. 비유는 우리의 예측 뛰어넘는 발견을 만들어줄 가치 있는 도구임을 모두가 동의하리라 확신한다.

팁

비유적 해결책을 본래 문제로 거꾸로 매핑하기 위해 마인드 맵을 사용하는 것은, 우리의 사고가 자연스럽게 두 개의 다른 아이디어를 찾고 연결시키는 것을 돕는다.

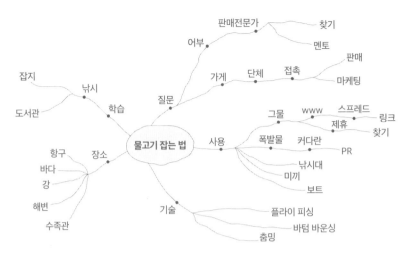

결합 창의성 캔버스Combinational Creativity Canvas

알고 있늣이 창의성은 여러 방식으로 탄생한다. 연결을 짓는 능력은 모든 영역에 걸쳐 많은 새로운 아이디어 생성에 기여하고, 여기서 '결합적 창의성'이 중요하게 작용한다.

아이디어 생성은 자유분방함과 할 수 있는 한 많은 아이디어를 만들어내는 것이다. 일상에서 찾아도 좋고, 독특한 것이어도 좋고, 유용한 것이어도 좋다. 아이디어를 더 많이 가질수록, 상황을 돌파할 탄약을 더 많이 가지게 되는 셈이다. 실용적이고 실행할 수 있는 해결책을 제법 뽑았다고 해서 브레인스토밍을 중단해선 안 된다. 초기의 아이디어들은 문제해결의 흐름을 지속시키는데 핵심적이지만, 혁신이지 않을 가능성이 높다. 우리는 이런 한계를 넘어설 필요가 있다.

이 접근법은 아이디어 생성의 3단계를 통해 일상적이며 합리적인 아이디어로부터 무모하고 비합리적인 아이디어를 거쳐 궁극적으로는 성공적이고, 가능한 해결책(합리적인 아이디어와 비합리적인 아이디어의 결합)에 닿을 수 있게 해줄 것이다. 도중에 그만두고 싶은 유혹이 들어도, 끈기 있게 계속해야 한다. 고도의 에너지가 필요한 아이디어 생성에는, 최소 30~120분을 들여야 최선의 결과를 낼 수 있다. 예를 들어 표 8.1에서 보여준 순서는 1시간을 할애한 경우에만 유용할 것이다. 팀의 필요에 맞춰 시간을 자유롭게 조절할 수 있도록 하자.

1단계. 합리적 아이디어

우리는 브레인스토밍 초기에 명백하고 합리적인 아이디어들이 나온다는 것을 확인했다. 이런 아이디어들은 팀으로부터 즉각적인 반응을 받지만, 독특한 아이디어가 아닌 경우가 많다(Harris, 2009). 마켓드라이빙의 혁신보다는 점진적 개선을 나타낼 뿐이고, 이런 안전한 아이디어에게는 혁신을 일으킬 정도의 힘은 없다. 추후 발전시킬 수 있으니, 이 아이디어들은 우선 출발점으로 생각하자. "네, 또 다른 어떤 아이디어가 있을까요?"라며 팀 내에서 아이디어의 흐름이 끊기지 않도록 안내하자.

모든 아이디어를 공평하게 다루는 것을 잊지 말자. 만약 어떤 특정 유형의 아이디어를 선호하는 모습을 보인다면, 팀원들은 당신이 무엇을 추구하려고 하는지 의심할 것이다(Rawling, 2016).

2단계. 비합리적인 아이디어

열정적으로 아이디어를 만들다보면, 아이디어가 아주 별나게 보이기 시작하는 순간을 만나게 될 것이다. 자신감을 가질수록, 아이디어는 더욱 급진적이고 야심차게 된다는 것을 의식하자. 우리는 점진적 개선보다 파괴적이고 변혁적인 변화를 바라고 있다.

독특한 아이디어들을 묵살하는 일은 열정을 죽이는 일이다. 극단적인 아이디어일수록 처음 보기에는 성공할 가능성이 낮아 보이나, 아예 가능성의 씨앗이 없는 것은 아니다. 현실적으로 즉시 수익을 발견할 수 있는 아이디어가 현실적으로 실용적일 수 있지만, 시장은 자신을 놀라게 할 아이디어를 갈망하고 있는 것일지도 모른다.

이는 우리의 사고방식과 관련이 있다. 논리적인 의사결정자들은 모호성을 견디지 못하기에, 말이 되는 아이디어들을 좋아하고 사물을 강제로 끼워 맞추기도 한다. 그러나 모호성을 두려워하면 반응적 사고에 빠지게 되고, 결국 생생하고 창의적인 단계를 완전히 무시한 채로 의사결정을 해버린다.

반면에 창의적인 사람들은 흔쾌히 자기 자신을 혼란과 무질서의 소용돌이 속으로 던진다. 이 방식으로 그들은 명백하고, 논리적인 접근법을 넘어서는 개념적 도약을 하게 된다. 헨리 포드는 차를 생산하는 '논리적 방식'을 무시했기 때문에 패러다임을 변화시키는 혁신적인 조립

1단계	3단계	2단계
합리적 아이디어	합리적 아이디어와 비합리적 아이디어의 결합	비합리적 아이디어

(표 8.6) 결합 창의성 캔버스

아이디어 생성 세션(60분)	
10분	도입. 세션 규칙을 정하고 문제로부터 출발.
30분	생성적 사고 도구로 개인과 집단 아이디어 생성. 합리적 아이디어와 비합리적 아이디어 모두 가능.
5분	휴식.
10분	토론과 합리적 아이디어와 비합리적 아이디어를 결합하기.
5분	마무리하며 다음 단계로 진행.

(표 8.7) 아이디어 생성 세션

라인을 고안할 수 있었다. 그는 작업자들이 차에서 차로 옮겨가는 방식으로 버리고, 컨베이어 벨트 위에 차의 뼈대를 놓고 작업자들은 제자리에서 조립하는 방식으로 바꾸었다.

> 질서가 습관을 낳을 때, 무질서는 종종 생명을 잉태한다.
>
> — 헨리 애덤스Henry Adams, 미국의 저널리스트이자 역사가

'만약 …라면 어떻게 될까what if?'라고 묻기

브레인스토밍 도중 관습적 사고와 안전한 아이디어의 늪에 빠져있다면, 보다 위험한 선택지를 찾아보기 위해 '만약 …라면 어떻게 될까?'라는 질문을 시도하자. 이 질문은 앞을 내다보는 힘과, 일어날 수 있는 일들을 추측하는

능력을 길러주는 이상적인 방법이다.

'만약 …라면 어떻게 될까?'라는 질문은 우리가 좋아하는 어떤 질문으로도 만들 수 있고, 아무리 터무니없고 괴상한 조건, 아이디어나 상황에도 초점을 맞출 수 있다. 이 질문은 생각의 방향을 다양하게 해주고, 할 수 없는 것이 아닌 할 수 있는 것에 초점을 맞출 자유를 준다. 미래의 자기 자신을 상상해보면 좋다. '지금으로부터 2년 후, 우리의 성공을 축하하고 있다면, 그동안 무슨 일이 일어난 걸까?' 이 이야기를 직접 적어보자!

어떤 의심도 없이, 우리 자신을 상상 속 시나리오에 완전히 던져보자. 마치 시나리오가 사실이고 이미 일어나고 있는 것처럼 행동하자. 우리는 업계의 어떤 공백을 메웠을까? 어떻게 우리의 제품을 더 낫게, 크게, 빠르게, 작게, 더 재미있게 만들었을까? 우리는 어떤 규칙이나 전제에 도전했을까? 어떤 약점을 극복했을까? 이런 창의적 추측이 탐구를 통해 비현실적인 아이디어들을 진정성 있는 기회로 손쉽게 바꾸는 것을 보고 금방 놀라게 될 것이다.

3단계. 합리적인 아이디어를 비합리적인 아이디어와 결합하기

아무런 노력 없이 새로운 아이디어가 번쩍 떠오른다는 것은 미신이다. 창의적 성취는 대부분은 기존의 아이디어, 지식, 속성과 관행들 사이를 연결하고, 이들을 재결합시키는 것으로 탄생한다. 이런 개념은 기술, 예술과 과학의 영역에서 발견할 수 있는 많은 혁신과 돌파의 기초이기도 했다.

요하네스 구텐베르크Johannes Gutenberg는 포도주를 짜는 기계의 압력과 동전을 각인시키는 구조를 결합시켜 인쇄기를 발명했고, 정보의 유통 방식에 혁신을 가져왔다. 혁신적인 스마트 자동차Smart는 고급 자동차 메이커인 메르세데스-벤츠Mercedes-Benz와 패션 시계 브랜드인 스와치Swatch의 결합으로 탄생한 의외의 결과다(Sloane, 2010). 메르세데스의 정밀한 엔지니어링과 스와치의 최신 디자인과 마이크로공학 기술이 결합해, 도심 운행에 적합한 작고 멋진 자동차가 나올 수 있었다. 기발하게도 자동차의 이름인 스마트에 'Swatch Mercedes Art'라는 의미를 담기도 했다. 이지젯easyJet은 미국의 국내선 항공사인 사우스웨스트 항공Southwest Airlines의 전략을 따르며, 유럽에서 불필요한 서비스 없는 저렴한 항공여행을 어떻게 가능하게 할지에 대한 영감을 얻었다(Sull, 1999). 어떤 것도 전적으로 독창적이지는 않다. 모든 것은 과거에 있던 것의 연장이다.

기회는 연결된 정신을 선호한다.

– 스티븐 존슨Steven Johnson, 혁신과 대중 과학에 대해 쓰는 저자

아이디어를 결합시키기 위해, 시작할 수 있는 많은 아이디어가 필요하다. 그러니 지금까지 만들어낸 아이디어들을 과감하게 섞어라. 새로운 것을 만들어내기 위해 무작위로 아이디어들을 서로 짝지어보자.

어리석고 터무니없는 아이디어도 실용적 요소들과 결합하면 더욱 멋진 가치를 갖게 된다. 두 개의 상충되거나 연결되지 않는 아이디어들을 결합시키는 것을 두려워하지 말자. 다소 이상하게 느껴지더라도 이 방

법은 아이디어들끼리의 다양한 결합을 통해 팀 전체의 정신을 확장시켜준다.

결합을 격려하기 위해 긍정적인 피드백을 전달하자. 예를 들어 다른 사람의 아이디어를 공개적으로 칭찬해주고, 당신의 아이디어와 연계해서 확장시키자. 팀의 동기를 더욱 끌어내기 위해 아이디어를 만들어내고 있다면, 표 8.8에서처럼 합리적인 아이디어들도 있고 비합리적인 아이디어들도 있을 것이다

신선한 통찰력을 얻어서 문제를 해결하기 위해 이런 아이디어들을 연결시키자. '사무실에서 옷을 입지 않고 일한다'라는 비합리적인 아이디어를 '업무 환경을 쾌적하게 만든다'와 짝을 짓는다면, 어떤 결과가 나올까?

옷을 벗는다는 것은 자유로운 느낌을 제안하니, 아마 더 여유로운 환경을 위해 사무실에서 산뜻한 복장으로 일하는 것을 허용할 수 있을지도 모른다. 너무 편하지도 않고 너무 격식 차린 옷도 아닌 옷 말이다. 또는 다음 브레인스토밍 세션에서는 파자마와 슬리퍼를 사무실로 가져와 파자마 파티를 할 수도 있다.

다양한 아이디어 생성 도구를 사용하면 브레인스토밍 세션은 더욱 풍성해진다. 기존에 이뤄낸 진전에 새로운 도구들을 사용하면 아이디어를 개발하기 용이해진다. 맨땅에서 시작하기보다, 지금까지 만들어낸 모든 아이디어들을 섞고 짝을 지어보자. 명백한 것과 모호한 것을 결합시키며 진정한 혁신의 기초를 형성하면, 새로우면서도 기능적인 아이디어들을 생산할 수 있다.

합리적 아이디어	비합리적 아이디어
개인적 강점에 초점을 맞춘다.	사이비 종교집단을 만든다.
사람들이 원하는 것을 묻는다.	사무실에서 옷을 입지 않고 일한다.
실적을 인정한다.	금요일에 휴무를 한다.
필요에 따라 팀을 만든다.	가장 어리석거나 재미있는 아이디어만을 행동에 옮긴다.
유연근무제를 시행한다.	팀 전원을 승진시킨다.
달성할 수 있는 '도전적' 목표를 설정한다.	무제한의 휴일 수당을 준다.
업무 환경을 쾌적하게 만든다.	팔씨름 대회을 연다.
학습 또는 교육 기회를 제공한다.	마감일을 지키지 못하는 사람들을 무시한다.
의사결정을 위해 더 많은 의견을 수집한다.	직원들을 중매시킨다.
창의성을 격려한다.	업무와 무관한 스킬을 가르친다.
'칭찬 달력'을 만든다.	(성공보다) 실패에 대해 더욱 보상한다.
신뢰를 보여준다.	매일 해피아워Happy Hour, 간단한 음식이 제공되는 직원들 간의 비공식 미팅-옮긴이를 실시한다.
다양한 보상을 수여한다.	사무실에서 위험한 장난을 격려한다.
일과 삶의 균형을 주장한다.	모든 미팅을 금지한다.
어떤 결과가 나오는지 유심히 본다.	일과 후 공짜 음식을 집으로 가져간다.
무엇이 의욕을 꺾는 지 배운다.	취미를 위해 일주일의 반을 할애한다.
성공을 축하한다.	과업이 어려우면 포기하는 것을 격려한다.
사무실을 더 다양한 색깔로 채운다.	'적합하지 않은' 사람에게 과업을 위임한다.
'감사합니다'라고 말한다.	업무를 무제한으로 끄는 것을 허용한다.
투명하게 공개한다.	시간 엄수에 대해 보너스를 지급한다.
비전과 사명을 공유하며 이유에 초점을 맞춘다.	사무실 내 시위와 공개적 갈등을 허용한다.
승진에 대한 기회를 제공한다.	'수다 시간'을 정례화한다.
성과 코칭을 활용한다.	새로운 리더십 자리를 선거로 뽑는다.

의미 있는 인센티브를 제공한다.	무제한의 휴대폰 사용을 허용한다.
긍정적으로 된다.	매월 급여를 인상한다.
정기적으로 의사소통하고 자문을 구한다.	사내 소셜 네트워크를 만든다.
강사, 멘토, 교사를 초청한다.	다른 직무를 위해 개인들을 재고용한다.
급여를 인상한다.	업무 중 음주를 권한다.
자주 피드백을 준다.	원하지 않는 모든 업무의 위임을 허용한다.
우호적인 경쟁을 격려한다.	모든 가구를 없앤다.
자율성을 부여한다.	사무실 내 나이트클럽을 만든다.
기대를 명백히 한다.	영화 보는 방을 만든다.

(표 8.8) 동기부여를 위한 아이디어의 목록

브레인스토밍 및 아이디어 생성이 끝나면, 팀으로 모여 아이디어들을 되짚어보고 분석해 해결책으로 발전시키는 평가 단계를 준비하자. 이는 아이디어가 모두의 마음에 스며들도록 별도의 미팅이나 휴식을 취한 후에 하는 것이 이상적이다. 평가 단계는 아이디어를 현실로 만드는데 있어서 핵심적이다(9장를 참고하자).

생성 체크리스트

브레인스토밍에는 효율적인 방법과 비효율적인 방법이 있다. 다음 표는 생성 체크리스트로서, 모든 아이디어 생성 미팅을 준비하고 운영하는데 필요한 가이드라고 할 수 있다. 해야 할 것에 초점을 맞추고, 하지 말아야 할 것을 지양하며 아이디어가 효율적으로 생성될 수 있게 하자. 생성 체크리스트는 www.thinking.space에서 받을 수 있다.

해야 할 것	하지 말아야 할 것
적절한 환경을 조성하기.	남의 시선을 의식하기.
오픈 마인드를 유지하기.	아이디어 생성을 급히 서두르기.
판단을 유보하기.	아이디어 생성과 판단을 동시에 하기.
개인 브레인스토밍을 먼저 하고, 그 다음에 그룹 브레인스토밍을 하기.	아이디어 생성 단계에서 부정적이 되기.
타인을 참여시키기.	자신의 아이디어로 타인을 위협하기.
아이디어의 양에 초점을 맞추기.	합리적으로만 생각하기.
사고 실험을 활용할 시간을 주기(초점을 맞춘 백일몽).	주제에서 벗어나기.
아이디어를 확산하고 개발하기.	아이디어를 만들어내려고 시도할 때 멀티테스킹하기.
겉으로 보기에 무작위의 아이디어들을 연결시키기 - 연결되지 않은 것을 연결시키기.	불가능하다는 이유로 비합리적인 아이디어를 묵살하기.
모든 아이디어를 포착하기.	전문가를 맹신하기.
휴식을 취하기.	자신감을 잃기.
다른 사람에게 귀 기울이기.	체계 없이 브레인스토밍하기.
여러 번의 짧은 아이디어 미팅을 가지기.	
다른 사람의 관점을 빌리기.	
영감을 위해 외부에 눈을 돌리기 - 타인을 거울삼아 개선하기.	
여유를 가지고 아이디어 개발 시간을 허용하기.	
회의주의자들의 방해를 무시하기.	
전체 과정을 재미있게 진행하기.	

(표 8.9) 생성 체크리스트

요점

▶ 창의성에는 장난기 어린 정신이 필요하다. 아이디어 생성이 잘 되기 위해서는, 사람들이 자유롭게 자신의 아이디어를 나눌 수 있는 긍정적이고 쾌활한 환경을 조성해야 한다. 특별한 아이디어 생성 도구를 사용하면 사고를 촉진시켜 모호해 보일지라도 자유롭고 다양한 방향으로 아이디어를 모색할 수 있다.

▷ 거꾸로 브레인스토밍 캔버스: 더 나은 고객 서비스를 제공할 방법을 찾는 대신에, 더 나쁜 서비스를 제공할 방법을 찾자. 그러면 평소에 보지 못하던 것을 볼 수 있을 것이다. 팀이 최선을 다하는 것을 방해하는 어리석고, 불필요한 규칙과 관습들을 제거하기 위해 이 도구를 사용하자.

▷ 비유적 사고 캔버스: 비유는 새로운 아이디어를 만들어내는 강력한 힘이다. 창조하기 위해 먼저 비유부터 시작하자. 다음 4단계를 따르면 된다. 1) 과제를 확인하기. 2) 비유로 문제를 재규정하기. 3) 비유를 풀기. 4) 해결책을 본래의 문제로 가져가기.

▷ 결합 창의성 캔버스: 혁신에 불을 붙이기 위해 일상적인 것을 터무니없는 것과 결합시켜보자. 다음 3단계를 통해 진행하자. 1) 합리적인 아이디어를 만들자. 2) 비합리적인 아이디어를 생각해내자. 현재의 제약으로부터 자유롭게 만드는 상상력을 자극하기 위해 '만약 …라면 어떻게 될까?'라는 질문을 던져도 좋다. 3) 새로우면서도 실용적인 아이디어를 만들기 위해 합리적 아이디어와 비합리적 아이디어를 결합시키자.

▷ 아이디어 생성 체크리스트: 해야 할 것과 하지 말아야 것을 구분하며 브레인스토밍 세션으로부터 최선의 결과물을 만들어내자.

9

해결책 찾기 3단계 · **분석**

혁신이란 1,000개의 아이디어에 대해서 '노No'라고 말하는 것이다.
— 스티브 잡스, 애플의 공동 창업자

<u>아이디어를 평가하기</u>

여러분은 도전을 통해 재미있는 시간을 가졌고, 많은 아이디어를 쌓아놓았을 것이다. 자. 이제는 평가의 시간이다. 좋은 분석은 브레인스토밍을 통해 나온 많은 정보를 잘 이해해 아이디어를 해결책으로의 바꾸는 것을 돕는다. 이는 약한 아이디어를 가려내며, 최선의 아이디어를 선택하는 과정이기도 하다. 스티븐Stevens과 벌리Burley(1997)에 따르면 단하나의 상업적인 성공적 해결책을 산출하기 위해서는 3,000개의 아이디어가 필요하다고 한다. 이 중 약 300개가 더욱 공식적으로 아이디어를 가려내는 프로세스에 들어온다. 분석은 창의적 프로세스에 너무나도 중요하다.

분석은 해결책을 발견하는 과정의 수렴적 단계이기에, 발산적인 아이디어 생성 단계와는 다른 생각이 요구된다. 분석 과정은 복잡하게 전개될 수 있다. 문제를 둘러싼 해석의 범위는 폭넓고, 아이디어를 바라보면 방법은 다양하다. 모든 것을 이해하려고 노력하는 과정에서 '분석마비analysis paralysis'에 이를 수도 있다. 이 장에서는 균형 잡힌 접근법과 아이디어들을 측정하고 분석할 수 있는 도구들을 통해, 약한 아이디어들을 걸러내고 높은 가치를 지닌 아이디어를 찾아낼 수 있는 발판을 마련할 것이다. 목표를 달성하기 위해선 어떤 아이디어들을 선택해야 할까?

언제나 하나 이상의 해결책이 있을 수 있다는 것을 기억하자. 만약 하나의 완벽한 아이디어를 찾는다면, 우리는 '양자택일'의 사고에 빠져있는 것이다. 이는 너무 제한적이다. 가장 혁신적인 아이디어를 효과적으로 선택하기 위해선 'A와 B', 모두를 보는 관점을 가져야 한다. 선택지들을 줄여나가고 해결책에 수렴하는 과정일 뿐이지, 우리의 정신을 무조건 닫아야 하는 것은 아니다.

큰 그림을 보자

다음 활동을 살펴보자.

활동: 누가 가장 부자일까?

다음 세 사람들 중 누가 가장 부자인지를 한번 맞춰보자. A, B, C에 대한 사실들은 다음과 같다.

A

- 1950년대에 산 집에 지금도 여전히 살고 있다.

- 자동차로 캐딜락 XTS를 몰고 있다.

- 패스트푸드점에서 식사를 하고 하루에 5잔의 코카콜라를 마신다.

- 휴대폰이 없고 책상에 컴퓨터가 없다.

- 취미로 조립을 한다.

B

- 수동변속기가 달린 폭스바겐 해치백을 몬다.

- 매일 티셔츠에 청바지와 후드티를 입고 출근한다.

- 집 뒤뜰에서 결혼식을 치렀다.

- 5개의 침실이 있는 집에서 산다.

- 자신의 자선재단을 설립했다.

C

- 여러 개의 고급 부동산을 소유하고 있다.

- 광범위한 예술품을 소장하고 있다.

- 고급 요트와 사설 전용기를 소유하고 있다.

- 5,000만 달러에 달하는 다수의 슈퍼카를 소유하고 있다.

- 유명인들이 연주하는 호화 파티를 연다.

A, B, C 중 가장 부자는 누구일까? 오로지 사실에만 기초해 판단한다면, 논리적 귀결로 C가 제일 부자일 것이다. 가장 호화스러운 생활양식을 보이고 있기 때문이다.

A, B, C는 다 실제 인물들로, 각자 어떤 삶을 살았는지 살펴보자.

A는 버크셔 해서웨이Berkshire Hathaway의 의장이자 CEO인 워런 버핏Warren Buffet이다. 순자산은 840억 날러고, 포브스Forbes의 2018년 '세계의 억만장자' 리스트의 3위에 올랐다.

B는 페이스북의 창업자이자 CEO인 마크 저커버그다. 순자산은 710억 달러고, 포브스의 2018년 '세계의 억만장자' 리스트의 5위에 올랐다.

C는 투자자이자 영국의 축구 구단 첼시Chelsea의 소유주인 로만 아브라모비치Roman Abramovich다. 순자산은 108억 달러고, 포브스의 2018년 '세계의 억만장자' 리스트의 140위에 올랐다.

슈퍼리치가 항상 호화스러운 생활을 하는 것은 아니다. 분석적으로 생각할 때는 어떤 것을 보이는 대로만 믿어서는 안 된다. 평가단계에서는 데이터가 우선시되는 위험이 항상 존재하는데, 방금 보았듯이 정보만으로는 전체 그림을 정확히 그릴 수 없다. 물론 기업에서 아이디어의 실행가능성을 객관적으로 평가하고자 할 때 논리적 사고는 분명 필요하다.

정보가 판단의 기초가 되어줄 근거를 제시하고, 예상되는 득과 실 그리고 그것의 위험을 평가하는 데 도움을 주는 것은 맞다. 하지만 논리에만 너무 큰 믿음을 주면 잘못된 결론을 내리게 된다. 코카콜라는 뉴코크를 준비하면서 그들이 원했던 모든 사실과 통계자료를 가지고 있었으나, 결국 큰 실수를 저지르고 말았다. 데이터를 검토하는데 과도하게 시간을 사용하는 것보다, 목표의 큰 그림을 그리는데 초점을 맞추는 것이 낫다. 나무들 사이에 갇혀 길을 잃지 말고 숲을 바라보자.

체스는 가장 분석적 경기 중 하나다. 자기공명 영상fMRI으로 보면 아마추어 체스 선수들이 체스 문제에 몰두할 때, 뇌의 분석적 좌측이 더욱 활성화되는 것을 볼 수 있다. 그러나 체스 프로 선수들은 뇌의 양쪽 측면을 동일하게 사용한 것으로 밝혀졌다(Schultz, 2011). 프로 선수들은 이전 경기의 패턴을 인식하기 위해 시각적으로 초점이 맞춰지는 우측 뇌와 다음 최선의 논리적 수가 무엇인지 평가하기 위해 분석적인 좌측 뇌를 모두 사용해, 최고의 사고가 어떻게 이뤄지는지 보여준다. 이처럼 논리적이 되는 것은 좋은 혁신가를 만들 수는 있으나, 정말 최고의 혁신가가 되고자 한다면, '뇌의 전부를 사용하는' 사고를 할 수 있어야 한다.

즉, 문제를 직관적이며 동시에 합리적으로 접근하기 위해 좌뇌와 우뇌를 동시에 사용해야 한다.

> 논리는 지혜의 시작이다 ⋯ 끝이 아니라.
>
> — 스팍, 〈스타트렉 6: 미지의 세계〉

사랑은 어디에 존재하는가?

논리적 사고에 갇힐 때의 가장 슬픈 사실 중 하나는, 가장 소중한 정신적 자산 중 하나인 '감정'을 사용하지 않는다는 것이다. 감정이 없이도 우리가 〈스타트렉Star Trek〉의 스팍Spock처럼 초능력을 개발할 것이라고 상상하는 것은 미신이다. 사회에서 우리는 감정을 판단을 흐리게 만드는 것이라고 배웠다. 하지만 의사결정에 있어 감정이 설자리가 없다는 것은 그 자체로 잘못된 판단인데, 이는 뇌과학자인 안토니오 다마지오Antonio Damasio(1994)의 연구가 잘 보여준다.

다마지오는 사고나 장애로 흥분, 고통, 열정 등의 일반적 감정과 느낌을 상실한 환자들을 연구했다. 우리는 이들이 완전히 이성적이 되어서, 최선의 결정을 위해 모든 지성을 사용하리라고 생각할 수 있다. 하지만 도리어 그들은 의사결정에 어려움을 겪었고, 속수무책으로 아무 것에나 가치를 부여하거나 그저 단순한 결론에 이르곤 했다. 그들은 정서적 신호를 발견하지 못했기에, 빨간 펜과 푸른 펜 사이를 선택하는 것과 같은 가장 기본적인 결정조차도 몹시 고통스러운 과정으로 여겼다. 다마지오는 "특정 신경 조건에서 발생하는 것처럼 감정이 이성적 그림으로부터 완전히 배제된다면, 감정이 우리 결정에 나쁜 영향을 행사하는 것보다 이성은 더욱 심각한 오류에 빠지게 되는 것으로 드러난다"라고 보고했다.

감정이 비합리적일 수도 있고, 때때로 우리를 궤도에서 벗어나게 하는 것은 사실이다. 감정은 우리가 옳지 않을 때에도 우리가 옳다고 느끼게 만들기도 한다. 하지만 논리의 과정에서 감정이 얼마나 중요하고 본질적인 지원을 하는지는 과장해도 지나치지 않다. 감정은 많은 선택지 중, 각 결정에 대해 우리가 어떻게 느낄 것인지를 알려줌으로써 승인을 하거나 거절을 하게 한다(Gibb, 2007). 감정은 논리를 희생시키는 것이 아니라, 논리에 스며드는 것이다. 이 장에서 우리는 마음과 두뇌를 연결하는 법을 배우며, 우리의 느끼는 능력을 우리의 평가하고 판단하는 역량만큼 강하게 만들 수 있게 된다. 그 아이디어에 대해서 여러분은 어떻게 느끼는가? 다른 사람들은 어떻게 느끼는가?

감정은 인간으로 하여금 사고하는 것을 가르쳤다.

－ 뤽 드 클라피에르, 보브나르그 후작luc de clapiers, Marquis de Vauvenargues,

프랑스의 도덕주의자

케이스 스터디: 감정적 광고

가장 성공하는 브랜드들은, 머리가 아니라 마음에 호소하는 것이 최고의 광고라는 것을 오랫동안 알고 있었다. 사람들은 구매 결정에 있어 제품 자체보다 감정에 의존하곤 한다. 그러므로 감정적 반응을 유도하는 광고가 논리적 메시지를 가진 광고보다 더 영향력이 있다.

영국의 광고 실행인들UK Institute of Practitioners in Advertising, IPA의 데이터베이스에 대한 종합적 메타 연구를 통해, 레스 비넷Les Binet과 피터 필드Peter Field(2013)는 감정적 광고가 논리적 광고에 비해 2배 이상 효과가 있었고, 장기적인 수익도 2배를 더 달성했다는 것을 발견했다. 그들의 연구는 700개 브랜드의 996개의 광고를 대성으로 했고, IPA의 30년에 걸친 정보도 포함했다.

빅데이터 트렌드는 감정적이고, 창의적인 캠페인보다 목적이 분명하고 합리적인 방식을 지지한다. 합리적인 방식은 단기적으로 효과적인데 반해, 감정적이고 창의적인 캠페인은 더 큰 장기적인 수익으로 연결되는 브랜드 명성을 구축해준다(Roland, 2013). 감정적 요인들을 살 활용해, 기억에 남을 만한 광고 중에는 존 루이스John Lewis, 호비스Hovis, 니콘Nikon과 영국 가스British Gas의 광고들이 있다.

분석 도구 상자

입력

- 모든 아이디어

프로세스

- 다이아몬드를 캐라

- 최선의 아이디어를 분류하고 가려내어 선택하기

도구

- 가슴/머리 장점/단점 캔버스

- 역장 평가 캔버스

결과

- 하나 혹은 그 이상의 최상의 아이디어

뇌의 전부를 활용하는 분석에 대한 나의 공식은, 간단하게 3단계 프로세스로 요약할 수 있다. 분류하고, 가려내고, 선택한다. 올바른 선택으로 이끌어줄 이 과정은 평가 단계를 합리적이고 직관적인 작은 단계들로 나눠서 안내할 것이다. 이 프로세스는 자신만의 아이디어뿐만 아니라 타인과 함께하는 워크숍이나 미팅에서 아이디어를 평가하기 위해서도 사용할 수 있다. 분석 캔버스는 www.thinking.space에서 받을 수 있다.

1. 분류하기

아이디어들을 상세하게 분석해보기 전에 우선 아이디어의 숫자를 관리가 가능한 숫자로 줄일 필요가 있다. 이상적으로는 3개에서 6개 정도가 좋다. 이 첫 단계는 우리가 가능성의 바다에서 헤매지 않게 해줄 것이기 때문에 중요하다. 우리는 초점은 본래의 문제에 항상 맞춰져 있어야 한다.

예를 들어 50개에서 100개의 아이디어를 가지고 있다고 한다면, 의미 있는 주제를 기준으로 분류해보자(브레인스토밍 세션의 마지막에 이렇게 하지 않았다면). 또 혁신의 종류에 따라 아이디어들을 나눌 수도 있다. 제품 혁신, 기술혁신, 조직 혁신, 관리 혹은 방법론적 혁신 등으로 말이다(Rebernik and Bradac, 2008). 새로운 제품이나 서비스를 개발 중이라면, '실용성' '차별화' '안전' '재미' 등 디자인 관련 요소들과 관련해서 아이디어들을 묶을 수 있다. '쉬운' '보통' '어려운'과 같은 시간과 비용의 관점에서 아이디어들을 나누는 방법도 있다. 최소한의 시간과 돈을 들여 실행해 볼 수 있는 것부터, 모든 시간과 돈을 들여야 실행할 수 있는 것으로 나누는 것이다(Moore, 1962).

아이디어를 분류하는데 정해진 법칙은 없으니, 가장 적합한 범주를 선택하면 된다. 가능하면 간단한 것이 좋다. 아이디어들을 묶은 상태에서는 버릴 아이디어를 더 쉽게 선택할 수 있다. 아이디어가 문제해결에 도움이 될 만한 명백한 범주에 속하지 않는다면, 주저 없이 버리면 된다. 심지어 어떤 범주가 최종 목표에 적합하지 않다면 그 범주 전부를 버려도 된다.

이렇게 흥미롭고, 재밌어 보이는 선택지들을 분류하는 동안에는 긍정적이고 열린 자세를 유지하자. "아니오, 왜냐하면…" 혹은 "예, 그러나…"와 같은 말로 시작하는 판단들은 분류 과정에서는 반드시 피해야 한다. 이런 부정적인 시작은 분위기를 꺾고 아이디어의 잠재력을 간과하게 만든다. 반대로 "예, 만약…"라는 말로 평가를 시작한다면, 추가적인 추측을 통해 긍정적인 관점으로 아이디어에 새로운 가능성을 부여할 수 있다. 그 아이디어가 정말 멋진 실용성을 지닌 해결책으로 다듬어질지는 아무도 모른다.

이 단계가 끝날 때쯤에는 가장 유망하고 매력적인, 소수의 아이디어들만 남고 나머지 많은 아이디어들은 무시될 것이다. 살아남은 아이디어들은 가려내기 과정으로 넘어가게 된다. 평가할 아이디어가 많이 없거나 빨리 진행해야 한다면, 분류하기 과정을 건너뛰고 바로 다음 평가 과정으로 넘어가도 괜찮다.

2. 가려내기

어떤 아이디어가 다른 아이디어보다 나은지 어떻게 판단할 수 있을까? 사전에 정의한 기준으로 하나씩 아이디어를 체크하는 것은 설득력이 없는 평가 방법이다. 이런 방법은 풍부하고 복잡한 뇌의 모든 능력을 잘 활용하는 것이 아니며, 또한 그 절차가 너무 고정적이어서 어떤 긍정적 가능성을 제시하기 어렵다. 효과적으로 자원을 활용하고, 생각의 양적, 질적 모두를 연계하고자 한다면, 뇌를 전부 사용하는 접근법을 이용해야 한다. 이를 위해, 가슴/머리, 장점/단점 캔버스를 활용하자.

가슴/머리, 장점/단점 캔버스Heart/Head, Pros/Cons Canvas

분류하기 과정을 잘 끝냈다면, 더 발전시킬만한 아이디어는 얼마 되지 않을 것이다. 8개 미만이면 적당하다. 최소한 그 중 몇 개는 패러다임을 깨는 아이디어일 것이다. 평소라면 떠올리지 못했거나, 이상하게 여겼던 것일 수도 있다. 아이디어를 가려내기 위해 여기서 사용하는 과정은, 좌뇌와 우뇌의 분석을 균형 있게 독려하고 결정을 내리는 동안 생산적이 되도록 돕는다. 다음 요소들을 활용해 아이디어들을 평가해보자.

a. 가슴 vs 머리 평가. 아이디어 중 하나를 선택해 가슴(감정)과 머리(논리)의 두 관점에서 평가를 해보자. 팀원들이 각자 평가를 하고, 그 점수를 비교하자.

- 가슴: 아이디어에 대해서 어떻게 '느끼는지'를 고려하자. 당신의 가슴은 어떻게 느끼는가? 아이디어에 대한 직감은 어떤가? 아이디어가 당신을 흥분시키는가? 아이디어에 대해서 감정적으로 얼마나 긍정적인지를 나타내는지를 기준으로 평가를 해보자. 10점은 "매우 긍정적이다"이고, 1점은 "매우 부정적이다"인 10점 척도를 사용하자.

- 머리: 이번엔 지성적 추론을 사용해 동일한 과정으로 평가해보자. 머리로 생각하라. 아이디어가 논리적으로 말이 되는가? 강력한 논거를 가지고 있는가? 아이디어를 합리화하며 정당화할 수 있는가? 마찬가지로 1에서부터 10사이의 점수로 표시하라.

잠정적 해결책 1	♥ = 점수(1-10)	👤 = 점수(1-10)	총합 =	잠정적 해결책 3	♥ = 점수(1-10)	👤 = 점수(1-10)	총합 =
+ 장점	- 단점			+ 장점	- 단점		

잠정적 해결책 2	♥ = 점수(1-10)	👤 = 점수(1-10)	총합 =	잠정적 해결책 4	♥ = 점수(1-10)	👤 = 점수(1-10)	총합 =
+ 장점	- 단점			+ 장점	- 단점		

(표 9.1) 가슴/머리, 장점/단점 캔버스

이 활동은 대개 흥미로운 결과를 보여준다. 가슴은 '예'라고 한 반면 머리는 '아니오'라고 한 경우와 그 반대의 경우도 있으며, 가슴과 머리가 같은 의견을 보여주는 아이디어들도 있다.

이제 합리적이고, 직관적인 사고를 균형 있게 고려한 점수를 산출할 수 있도록 가슴과 머리 점수를 더하자. 이런 평가 방식은 분석의 양적인 형태이며, 최선의 아이디어를 만들기 위한 선명하고 확실한 방법이다. 높은 점수는 매력적인 선택지임을 말해주며, 낮은 점수는 그 반대를 의미한다. 팀 내에서 점수가 일정하게 모여 있지 않다면, 합의가 충분하지 않다는 것을 나타낸다. 추가적인 탐색을 한다면 앞으로 나아가는데 도움이 될 통찰력을 줄 것이다.

평가 점수는 대안들을 평가하는 데 도움이 되지만, 우리 또한 더 질적이고, 생성적인 사고를 사용해 분석 결과를 넓히고, 깊이를 더해야 한다. 이를 위해, 다음 관점으로부터 아이디어를 조사해보자.

b. 장점 vs 단점 평가. 아이디어를 긍정적/부정적 관점으로 분석하자. 긍정적 관점은 초록색으로, 부정적 관점은 빨간색으로 표현하자. 모든 구성원이 참여해 중요한 재무, 마케팅, 그리고 조직의 시사점들(예: 비용, 시간, 새로움, 브랜드 적합도, 영향, 경쟁, 신뢰도, 질, 매력, 사기, 관련된 위험, 법적 이슈, 스케일, 수익 잠재력, 실행 난이도, 안전, 회사 관행, 실행 가능성 등)을 고려한 발산적 사고를 활용하자.

다시금, 우리는 아이디어의 '큰 그림'을 원하므로 아이디어 단독이 아니라 현재의 시장, 환경과 제품 믹스의 관점에서 아이디어를 살펴보자. 비용과 결과를 평가하기 위해 빠른 계산이 필요할 수도 있다. 분석에 도움이 될 추가적인 자료와 연구를 위해 캔버스가 더 많은 질문을 던지는 것도 좋다.

- 장점(초록색): 이 해결책의 긍정적인 측면은 무엇인가? 강점은? 이 아이디어에 대해서 무엇을 좋아하는가? 왜 이 아이디어가 성공할 것 같은가? 다른 사람들은 무엇을 좋아할 것 같은가? 미래에는 어떤 이점이 생길까? 모든 구성원에게 현재 논의되고 있는 아이디어의 장점에 대해서 이야기하도록 요청하라. 모든 긍정적인 특성과 상호관계들을 자세히 조사하라. 아이디어를 더욱 크고 좋게 발전시키기 위해 이런 특성들에 기초해 무엇을 개발할 수 있을지 간략하게라도 생각해보자. 이제 아이디어를 실행하는 것을 주장할 때 사용할 수 있는 멋진 셀링포인트의 리스트를 가지게 될 것이다.

- 단점(빨간색): 해결책의 부정적 측면은 무엇인가? 약점은? 이 아이디어에 대해서 무엇을 싫어하는가? 왜 그것이 실패할 것 같은가? 왜 다른 사람들이 이 아이

디어를 거부할 것 같은가? '실제 세계'에서의 제한점은 무엇인가? 가장 냉혹한 비평가가 되어라. 깊이 있게 아이디어의 모든 오류와 단점을 탐색하라. 열린 마음으로 단점을 없앨 방법이나 오히려 강점으로 전환시킬 수 있을지 생각해보자. 아직 초기 단계인데 벌써 아이디어에 대한 열정이 떨어지는 것은 원치 않을 것이다. 필요하면 관점을 바꾸어도 괜찮다. 예를 들어 비용이 너무 많이 드는 것이 단점이라면, '어떻게 이 비용을 충당할 수 있을까?'라고 생각을 바꿔보자. 그리고 이 질문에 해답을 찾을 수 있다면, 더 이상 단점이 아니게 될 것이다.

분류 과정을 통과한 아이디어들에 대해 이 활동을 실시하면, 각 아이디어에 대해서 완전하고 강력한 분석을 얻게 될 것이다. 이 활동은 의사결정의 역동성을 완전히 변화시킨다. 머리/가슴 척도에서 높은 점수를 얻은 아이디어일지라도 많은 약점을 가지고 있을 수 있다. 혹은 낮은 점수를 가진 아이디어라도 많은 장점을 갖고 있을 수 있다. 우리가 깨닫지도 모르는 사이에 우리는 이 과정을 통해 좌우뇌 통합적인 분석을 한 것이다.

어떤 사람들은 이런 접근법이 너무 개괄적이고 충분히 분석적이지 않아, 단순하거나 소프트하다고 비판한다. 그러나 더 복잡해지면 오히려 분석을 망가뜨리고 말 것이다. 살펴보았듯이 논리적인 의사결정은 중요하지만, 너무 지나치면 재앙이 될 수 있다. 측정과 평가가 복잡해지면 선택하기가 혼란스러워지고 어려워지기에, 우리가 피해야 하는 분석 마비가 올 수도 있다. 앞선 방식은 생산적 사고와 풍부한 감정을 통해 이런 제한점들을 넘어선다. 또한 이 방식은 단지 나열된 기준들을 체크하는 것보다, 훨씬 흥미 있는 토론을 통해 그룹을 참여시켜 합의를 이

끌어내는 데 도움이 된다.

3. 선택하기

이제 해결책을 선택하는 마지막 단계다. 지금까지 잘 따라왔다면 다른 선택지들보다 두드러지는 하나 혹은 두 개의 선택지가 있을 것이다. 이 아이디어들이 왜 좋은 지도 알고 있을 것이다. 팀으로 작업할 때는 단순한 투표만으로도 추구할 가치가 있는 아이디어를 선택할 수 있다. 아이디어들을 벽에 붙이고 스티커(당연히 사람들에게 한정된 수량을 배부하라)로 투표하라고 요청하거나 단순히 손을 들게 해서 투표를 진행하자. 보다 민감하거나 논쟁적인 주제에 대해서는 비밀 투표에 부치면 된다. 조그만 종이에 자신의 의견을 써서 박스에 넣는 방식으로 말이다. 이렇게 하면 동료들로부터 지나치게 영향받는 것을 막을 수 있다.

선택한 해결책이 본래의 목적에 확실히 부합하는지 알기 위해 정의한 목표를 다시 참고하자. 멋진 아이디어는 보통 위험과 기회를 동시에 갖고 있으면서, 다음 FAD요소도 갖추고 있다.

- 실행가능성Feasibility: 우리가 실제로 그것을 실행할 수 있다.
- 수용성Acceptability: 만족할 만한 수익을 얻을 수 있다.
- 바람직함Desirability: 사람들이 그 아이디어를 원한다.

목적을 달성하기 위해 하나의 명료한 아이디어를 갖는 것이 이상적이겠지만, 그 외에 시도해 볼 만한 차선의 아이디어가 하나 또는 두 개가 있을 수 있다. 장점이 있으나 다시 한 번 손봐야하는 아이디어가 있을 수도 있고, 아이디어들의 우선순위를 정해야할 필요가 있을 수도 있다. 결정을 내리기 전에, 주요한 아이디어들을 역장 평가 캔버스로 확인해보자.

역장 평가 캔버스 Force Field Evaluation Canvas

수십 년 동안 존재해왔던 역장 평가는, 쿠르트 레빈Kurt Lewin이 1951년에 만들어낸 변화 관리 도구다. 간략하게 소개하자면, 어떤 결정이든 2가지 힘이 작동하고 있다고 보는 것이다. 즉 아이디어의 실행을 돕는 추진력이 있으면, 변화를 방해하는 장애물인 저항력도 있다고 보는 것이다.

이 분석은 이 단계에서 팀으로 하여금 실행가능성에 있어 높은 잠재력이 있는 해결책을 고려하도록 돕는다. 캔버스에는 해결책을 지지하거나 방해하는 각 힘에 점수를 할당해, 전체적인 그림을 볼 수 있게 한다. 추진력이 저항력의 점수보다 높으면 때 아이디어가 실행가능하다고 간주할 수 있다. 아이디어를 실행하기 전 팀으로 역장 평가 캔버스를 해보면, 해결책에 의해 영향을 받을 법한 사람들도 처음부터 자신의 입장을 밝힐 수 있다는 장점이 있다. 이런 초창기의 참여는 성공의 가능성을 높인다. '사무실 이전'을 사례로, 천천히 따라가보자.

점수 3+5 단계	점수 5 단계	4단계 점수를 높일 선택지	점수 3 단계	2단계 추진력	1단계	2단계 저항력	점수 3 단계	4단계 점수를 낮출 선택지	점수 5 단계	점수 3+5 단계

(표 9.2) 역장 평가 캔버스

1단계. 현재 혹은 희망하는 상태

중간 세로단에 현재 상태 혹은 목표하는 바를 간략히 적어보자. 여기서는 사무실이 어떤지, 어떤 사무실을 만들고 싶은지 떠올려보자.

2단계. 추진력과 저항력을 조사하기

'사무실 이전'이라는 결정(아이디어)을 지지하는 모든 것을 고려하고, 추진력 세로단에 적어보자. 내부적, 외부적 힘이나 현재 존재하거나 희망하는 힘도 있을 수 있다. 사무실을 옮기면 우리의 경쟁력이 더 높아질까? 신속하게 실행할 수 있을까? 이익이 나거나 더욱 효율적이 될까? 전체적인 비즈니스 모델/비전/전략과 잘 어울리는가? 누구 혹은 무엇이 이 아이디어를 성공하게 도울 수 있는가? 이 말고도 추진력에는 새로운 기술, 시장, 법률과 경쟁의 변화 혹은 리더십으로부터의 전략적 계획까지 포함할 수 있다.

다음으로 해결책을 실행하는 것, 즉 사무실 이전의 모든 단점에 대해 생각해보자. 사무실을 옮기고 나면 어떤 문제가 생길까? 장기적으로 볼 때 오히려 이 해결책은 더 많은 문제를 야기하는 것은 아닐까? 아니면 문제의 부분적인 면만을 해결하는 것은 아닌가? 누가 혹은 무엇이 아이디어의 진전을 지연시킬까? 조직적 타성, 직원의 적의 혹은 실패의 두려움과 같은 요인들이 저항력으로 간주된다. 때로 가장 큰 잠재력을 가진 해결책은 가장 큰 위험을 수반할 수도 있다. 방해하는 힘들을 저항력 세로단에 적어보자(표 9.2). 사무실 이전에 관한 추진력과 저항력의 사례들은 표 9.3에 정리해두었다.

추진력	저항력
새 사무실 리스 계약으로 인한 인센티브.	이전에 대해 팀이 불안하게 느낌.
고객과 보다 가까운 거리로의 이동.	이전 비용.
경비 절감.	이전 계획을 준비해야 함.
새로운 시장으로의 진출.	'평상시 상황'의 파괴.
비즈니스에 대한 새로운 출발.	현재도 위치가 좋음.
이미지 제고.	새로운 공간에 적응해야 함.
더욱 필요한 공간.	채용이 힘들 수 있음.
	새로운 환경과 규제.

(표 9.3) 사무실 이전의 추진력 vs 저항력

3단계. 평가하기

추진력과 저항력을 5점 척도(1=약함, 5=강함)로 평가해보자. 그리고 모든 추진력과 저항력의 점수를 더하자. 높은 추진력 점수는 좋은 선택의 근거가 된다. 만약 추진력이 21점이고 저항력이 32점이라면, 사무실 이전을 실행하지 않는 것이 나을 수도 있다. 하지만 다소 유용한 사고를 가져도 나쁘지는 않다. 만약 우리가 정말 프로젝트를 성공으로 이끌고 싶다면, 추진력을 강화하고 저항력을 감소시키는 방식을 찾아볼 수도 있다.

4단계. 점수를 높이거나/낮추는 선택지들을 살피기

차례차례 추진력 점수를 살펴보고 이를 강화할 선택지들에 대해 얘기해보자. 즉, 해결책을 더 쉽게 실행할 수 있는 방법을 강구하자. 예를 들면 혼란을 최소화하기 위해 시스템의 위치를 고정시키고 시작할 수도 있고, 인센티브를 활용해 사무실 이전이 팀에게 더 매력적으로 보이게 할 수 있다. 그런 다음 저항력을 감소시키거나 완전히 제거할 수 있을 지를 고려하며, 저항력 점수를 낮추는데 초점을 맞춰보자. 이에 대해 반대 의견을 받아보는 것도 아이디어를 균형 있게 발전시킬 것이다. 이 활동이 우리의 평가를 확장하고, 생성적 추론과 분석적 추론을 최종 선태지와 결합시키고 있다는 것에 주목하자.

5단계. 점수를 합산하라

새로운 점수의 총합을 확인해보자. 이대로 앞으로 나아가도 문제가 없을까?

법정에서의 도전

아이디어는 엄격한 법정에서도 여전히 유효할까? 살펴보았듯이 혁신은 논리적이면서도 감정적이다. 그리고 보통 사람은 자신의 아이디어에 대한 집착이 있으며, 프로젝트에 대한 희망적인 태도로 의사결정을 한다. 우리는 아이디어에 대해서 더 긍정적일수록, 그 결함 보기가 더 힘들어진다.

이런 선택적 사고를 극복하기 위해, 우리가 선호하는 아이디어를 반대할 강력한 증거를 찾는 '법정 케이스'라는 접근을 해볼 수 있다. 동료로 하여금 악마의 변호인devil's advocate, 어떤 사안에 대해 의도적으로 반대 의견을 말하는 사람의 역할을 맡아 열심히 반대해달라고 요청하자. 해결되지 않는 모든 의심들을 고려하자. 아이디어의 허점들도 계속 찾아내자, 그러면 즉시 큰 흐름에서 부족한 부분을 발견할 수 있을 것이다. 이는 어떤 측면들이 덜 개발되었는지를 보여주기에, 아이디어를 시험해볼 수 있는 훌륭한 방법이다. 집중하기 전에 보충해야 하는 부분들도 모두 확인해두자.

> 일종의 균형 혹은 희생이 없는 의사결정은 없다.
> — 사이먼 시넥Simon Sinek, 리더십 대가이자 『스타트 위드 와이Start With Why』의 저자

어떤 해결책도 완벽할 수는 없고, 그래서 보통 어느 정도 현실과 타협을 한다. 지금까지 잘 따라왔다면 긍정적/부정적 측면의 균형에 대해

잘 이해했을 것이다. 최종으로 실행할 해결책을 선택했다면, 과정을 함께한 모든 이들에게 그들의 공로에 대해 감사를 전달하는 것이 매우 중요하다. 사람들은 많은 용기와 시간, 그리고 에너지를 소모해가며 아이디어와 아이디어에 대해 의견을 주었으니 말이다. 만약 어떤 아이디어가 진전되지 않았으면 그 이유와 피드백을 항상 전달하고, 그들이 어떻게 느낄지를 고려하자.

분석 체크리스트

창의적 문제해결에 있어서는 아이디어 평가에 대해 보다 더 전체적으로 접근해야 한다. 좋은 의사결정은 다양한 관점들을 분석하는 것으로 부터 시작한다. 하나의 관점(예를 들어 '실제 데이터')에만 의존한다면, 전체 그림을 파악하지 못할 것이다.

다양한 방법으로 아이디어에 대해 파고드는 것을 도와줄 분석 체크리스트를 여기 준비했다. 해야 할 일과 하지 말아야 할 일들을 중심으로, 체크리스트는 체계적인 사고를 통해 편견의 함정을 피할 수 있게 도와줄 것이다. 분석 체크리스트는 www.thinking.space에서 받을 수 있다.

해야 할 것	하지 말아야 할 것
정말 중요한 것을 확인하기 위해 평가 기준에 합의하기.	해결책을 과도해 생각하기.
최고의 잠재력이 있는 해결책으로 결정하기.	숫자에만 의존하기.
생성적 사고를 유지하기, 전체 뇌 사고를 활용하기.	하나 혹은 두 개의 대안들에만 초점을 맞추기. – 최소한 네 개의 대안이 있으면 좋다.
사실이 전부가 아님을 기억하기.	가설의 근거를 확증하는 증거만 보기.
감정적 느낌을 포함하기.	어려운 질문을 던질 사람들을 피하기.
'지도는 영역이 아니다'라는 것에 주목하기.	즉흥적으로 하기.
건설적 비판을 환영하기.	더 조사를 해야 한다는 안전지대에 머물기.
잠재적 위험을 평가하고, 개별적으로 실행이 가능한 대안에 대해 보상하기.	일회성 과정으로 여기기.
평가 단계에 다른 사람들을 참여시키기.	다시 생각하고 추가적인 아이디어를 만드는 것을 두려워하기.
다른 사람들의 해결책을 고려하기 위해 신선한 관점을 확보하기.	선택을 미리 결정하기 위해 심리학적 편향을 허용하기.
잠정적 해결책의 장단점을 포착하기.	선호하는 해결책이 옳지 않다고 느낄 때에도 앞으로 나아가기.
다른 사람들이 대안들에 대해 어떻게 느끼는지를 알기 위해 투표를 활용하여 아이디어에 대한 지원을 측정하기.	적은 비용으로 즉시 실행할 수 있는 단순한 대안들을 무시하기.
선택지들을 직접적으로 비교하기.	현재의 상황에 머무르기.
시도되고 검증된 분석적 과정을 사용하기.	결정을 뒤집는 것을 두려워하기.
실행가능성, 수용성, 바람직함의 정도를 평가하기.	매우 신속하게 분석하기.
아이디어가 장기적으로 얼마나 지속가능할지 진단하기.	'이것 아니면 저것'이라는 사고방식을 사용하기. '둘 다 모두'라는 사고방식을 고려하기.
선택에 대해서 사후 비판을 할 시간을 마련하기.	

(표 9.4) **분석 체크리스트**

요점

▶ 해결책 찾기의 3단계는 (분석을 통해서) 아이디어에서 해결책으로 발전시키는 과정이다. 어느 정도 걸러낸 아이디어들을 분류하고 가려내어 최고의 '적합도'를 가지는 해결책을 찾자. 체스의 대가처럼, 우리는 이성과 논리(좌뇌) 뿐만 아니라, 감정과 발산적 역량(우뇌) 모두를 아우르는 뇌의 모든 능력을 활용해야 한다.

▷ 가슴/머리, 장점/단점 캔버스. 아이디어를 가슴(아이디어에 대한 나의 직감은 어떤가?)과 머리(아이디어는 논리적이고 실용적인가?), 이 두 가지 측면에서 검토하자. 아이디어가 완벽한가? 데이터의 전체 관점을 얻기 위해 장점(초록색)과 단점(빨간색)으로 평가하자.

▷ 역장 평가 캔버스. 아이디어를 지지하고 저항하는 힘들을 분석하자. 1단계) 현재 혹은 희망하는 상태를 적어보기. 2단계) 추진력과 저항력을 조사하기. 3단계) 평가하는 것을 돕기 위해 점수를 배정하기. 4단계) 추진력의 점수를 올리고 저항력의 점수를 낮추기 위해 선택지들을 살피기. 5단계) 새로운 합계를 확인하기. 확실한 해결책이 나왔는가?

▷ 분석 체크리스트. 큰 결정을 내리기 전에, 함정에 빠지지 않고 전체적인 측면에서 평가를 할 수 있어야 한다.

10

해결책 찾기 4단계 · 실행

새로운 방향으로 인도하는 오래된 길은 없다.

― 보스턴 컨설팅 그룹the Boston Consulting Group

<u>아이디어를 행동으로 바꾸기</u>

실제로 행동으로 옮겨지기 전까지, 아이디어는 혁신이 아니다. 해결책을 결정했으나, 여러 이유로 창의적 문제해결을 위한 노력을 멈추는 것은 흔히 일어나는 일이다. 미루는 버릇이 있거나 용기가 부족해서 혹은 정말 그냥 아무런 이유 없이, 가장 변혁적인 해결책도 빛을 보지 못하고 방치될 수 있다. 이런 함정에 빠지지 말자. 실속 없이 새로움을 좇는 것보다 팀의 사기와 창의성에 해를 끼치는 것은 없다. 창의성은 처음에 아이디어를 만들어내는 것에 관한 만큼이나, 아이디어를 행동에 옮기는 것에 관한 것이다. 우리가 결국 찾고자 하는 것은 응용 창의성applied creativity이다.

실행 단계는 아이디어를 실질적인 긍정적 변화로 탈바꿈하는데 핵심이다. 과정, 제품, 팀, 방법, 문화, 사고의 방식이나 업무의 방식에서 든 말이다. 이 단계는 이제껏 우리가 살펴본 모든 사고의 정점이니, 앞서 준비한 가장 유망한 아이디어를 꺼내보자. 해결책 찾기의 3단계에서 확인한 그 아이디어 말이다. 이제 아이디어의 실용성을 강화하고, 구체적인 모양과 구조를 입혀, 목표와 행동을 설정할 시간이다. 아이디어가 실제 현장에서 살아남기 위해선 최선의 위치와 확실한 경로가 있어야 한다.

우리는 지금 긍정적인 선택적 사고를 통해 목표에 전념할 수 있는 지점에 도착해 있다. 앞서 해결책 찾기의 3단계를 통해 필요한 모든 사고 과정을 거쳤기 때문에, 아이디어와 성공에 대한 우리의 능력을 믿어도 좋다. 여러 요소가 뒷받쳐주는 이런 믿음은 앞으로 우리와 우리의 팀들이 만들어갈 혁신에 큰 힘이 되어줄 것이다.

> 천재는 1%의 영감과 99%의 땀으로 이루어진다.
>
> − 토마스 에디슨Thomas Edison, 미국의 발명가

99%의 땀, 지속적인 혁신

의심의 여지없이, 아이디어를 실제로 만들기 위해서는 동기부여와 규율 그리고 인내가 필요하다. 마지막 장애물이지만, 아직 할 일은 남았다. 최고의 아이디어를 찾기 위해 꾸준히 생성 과정을 작업했듯이, 현장에서 해결책을 지속하기 위한 실행 과정도 꾸준히 해야만 한다. 아이디어를 진행시킬 때 창의적이 되는 것을 멈추지 말자. 계속해서 아이디어

가 더 강력해지도록 해야 한다. 배우는 것도 게을리하면 안 된다.

실행은 매우 진지한 작업이다. 우리는 높은 적응력으로, 무엇이 작동하고 무엇이 작동하지 않으며 다음에 무엇을 해야 하는지를 알아가면서 지속적이고 역동적인 개발 과정을 따라가야 한다.

모바일 게임 '앵그리 버드Angry Birds'를 만든 로비오Rovio의 직원들은 수천 번의 반복 끝에 전 세계의 관심을 끈 중독의 원리를 생각해낼 수 있었다(Cheshire, 2011). 처음에는 게임의 출발점에 대한 고민뿐이었으나, 2009년 출시 이후에도 혁신은 지속되었다. 덕분에 우리는 더 높은 수준과 새로운 버전의 게임뿐만 아니라 파생상품, 껴안을 수 있는 인형, 만화 시리즈, 책들, 애니메이션 영화와 다른 많은 새로운 것들을 볼 수 있었다. 앵그리 버드는 시대를 통틀어 최고의 유료 앱일 뿐만 아니라 68개국에서 아이튠즈ITunes의 1위 유료 앱이 되기도 했다. 정말이지, 엄청나게 놀라운 일을 해낸 것이다!

집요함은 최고의 아이디어를 실행으로 전환시키고, 그 과정에서 동반되는 변화를 다루는 데 필요한 연료다. 창의적 프로세스의 즐겁지 않은 세계에 온 것을 환영한다! 그러니 혁신이 어려운 것을 잊지 말고, 도중에 성공적으로 해낸 일들은 꾸준히 축하하면서 진행하자.

케이스 스터디: 성공은 쉽게 오지 않는다

유명한 인물들의 성공신화로부터, 우리는 그 어떤 것도 쉽게 이루어진 것이 없다는 것을 알 수 있다. 그들의 이야기는 좌절로 얼룩져있다. 월트 디즈니의 첫 번째 만화 영화 회사는 파산했고, 디즈니 월드의 자금을 마련하기 전에 302번의 거절을 거쳐야 했다.

제임스 다이슨은 업계를 놀라게 한 이중 사이클론 백리스 청소기dual cyclone bagless vacuum cleaner의 개념을 실제 제품으로 만드는 데에는 15년이 걸렸고, 그는 5,127개의 프로토타입을 만들면서 끈기 있는 노력을 계속했다(Malone-Kircher, 2016). 자신의 디자인을 받아주는 곳이 없자, 직접 생산하기 위해 그가 시작한 것이 다이슨컴퍼니이기도 하다.

스페이스엑스SpaceX와 테슬라Tesla를 움직이는 억만장자 일론 머스크는 커리어를 쌓아가면서 몇 번이나 타격을 입었고, 터무니없는 야망으로 인해 비웃음을 받기도 했다. 그는 신혼여행 중에 그가 공동 창업한 페이팔PayPal에서 쫓겨났고, 저음 세 번 쏘아 올린 로켓은 실패했으며 두 회사는 2008년 거의 파산 직전에 몰렸다.

하지만 그는 좌절하지 않고 독보적인 기개와 회복 탄력성으로 청정에너지, 혁신화된 운송수단과 우주 사업에 대한 혁신을 추진하고 있다. 발명가 토마스 에디슨도 전기 백열전구를 성공적으로 개발하기 전에 9,000번이 넘는 시도를 했다. 이 사람들이 수백만의 사람들에 의해 존경받는 이유는, 그들은 '아니오'라는 대답을 거부하며 계속 시도했기 때문이다.

중요한 것은 신념

2장에서 우리는 선택적 사고의 부작용들을 살펴보았다. 그러니 여기서 우리가 선택적 사고를 하라고 하는 것은 의아하게 들릴 것이다. 앞서 보았듯이, 선택적 사고는 초기의 아이디어들에만 몰입하게 되어 다른 기회들을 간과하게 만들기에, 아이디어 생성 단계에서는 위험하다. 하지만 활동적인 실행 단계에서는 아이디어에 전념하는 것이 중요하다. 이미 해결책 찾기 단계를 통해 최선의 아이디어를 찾았기 때문이다. 이 단계까지 우리는 최적의 사고 공식을 적용해왔니, 우리의 선택이 정확하다는 믿음을 가져도 괜찮다.

피오나 패터슨Fiona Petterson(2009)은 네스타 혁신 재단Nesta innovation foundation의 연구 보고서에서 '자기 신념과 자신감'이 혁신에 있어 크게 기여하는 본질적인 특성이라는 것을 발견했다. 이는 심리학자 알버트 반두라Albert Bandura(1977)의 선구적인 작업과 연결되는데, 그는 '과업이나 상황에서 성공하는 자신의 능력에 대한 신념'을 의미하는 자기 효능감self efficacy 이론을 개발했다. 자기 효능감은 아이디어를 현실에서 실현시키는 능력을 향상시킨다. 자신의 해결책에 대한 진정한 믿음이 있으면, 그 해결책을 개발해 끝까지 실현시킬 수 있는 동기, 신념과 의지를 가질 수 있다.

나는 괴테의 이행시 중 하나에 깊은 감동을 받았다.
"당신이 무엇이든 할 수 있거나 꿈을 꿀 수 있으면, 시작하라.
배짱은 그 안에 천재성, 힘과 마법을 지녔다."
– 윌리엄 머레이William H. Murray, 스코틀랜드의 히말라야 등반가

기업가를 위한 자기 효능감 📌

강한 자기 효능감은 매우 생산적인 의사결정에서 얻을 수 있으며, 특히 기업가들에게 큰 가치가 있다. 독일 기센대학교University of Giessen의 심리학자들은 자기 효능감이 비즈니스를 만들어가는 능력과 비즈니스의 성공과 상당한 상관관계가 있다는 것을 발견했다(Rauch and Frese, 2007). 그리고 이 상관관계는 가장 높은 상관관계 중 하나로 알려진 미국 성인의 몸무게와 키의 상관관계만큼이나 높다고 한다(Bharadwaj Badal, 2015). 높은 자기 효능감은 기업의 성공으로 이끄는 행동을 이끌어낸다. 즉, 높은 자기 효능감은 다음과 같은 효과를 준다.

매사에 주도권을 쥐고

문제나 도전을 직면했을 때 더 잘 대처하게 돕고

다양한(종종 예상치 못한) 과업을 수행하는

자신의 능력에 대한 자신감을 주고

미래에 대해 희망에 찬 관점을 제공한다.

실행 도구 상자

입력

- 하나 혹은 더 많은 최고의 아이디어들

프로세스

- 최종 해결책을 개발하기
- 실행을 계획하고 시작하기

도구

- 해결책 개발 캔버스
- 스마트 목표 캔버스
- 액션 플랜 캔버스

결과

- 진행 중인 실행

해결책 찾기의 마지막 단계에서 우리는 혁신적 아이디어를 세상에 선보이기 위해 해결책을 개발하고, 스마트 목표를 설정하고 액션 플랜을 실행하기 위해 실행 캔버스를 활용할 것이다. 실행 캔버스는 www. thinking.space에서 받을 수 있다.

해결책 개발 캔버스 Building Solution Canvas

초기의 아이디어들은 미숙하나, 잠재력이 가득한 상태다. 이 아이디어들이 싹을 틔우고 탄탄하게 작동하는 해결책으로 자라나기 위해선 적절한 관리가 필요하다. 예를 들어 전기로 움직이는 차, 즉 지금의 전기차가 갖춘 개념 자체는 사람들이 생각하고 있는 것만큼 새로운 것이 아니다. 그 개념은 19세기에 처음 나타났으나, 곧 단순하게 또 감당할 수 있는 비용으로 만들 수 있는 내연 기관에게 자리를 내어 주고 말았다. 전기차라는 아이디어는 최근에 이르러서야 전통적인 휘발유 차량을 대체하며 속도를 더하기 시작했기 시작했다.

본격적으로 계획에 착수하기 전에, 실행하려고 하는 해결책을 다듬고 수정해야 할 필요가 있다. 계획이 진행되는 도중에도, 최선의 결과를 위해 지속적으로 개발하는 것을 멈추지 말아야 한다. "어떻게 더 낫게 만들지?"라는 질문을 계속 던져야 한다.

우리가 분석 과정을 통해 시작한 작업 중에는 아이디어의 실행가능성을 높여줄 수 있는 것들이 있다. 아이디어를 조사하고 다양한 각도에서 강화하기 위한 장력 평가, 법정에서의 도전이라는 아이디어 빌리기(9장)와 SWOTStrengths, Weaknesses, Opportunities and Threats, 강점, 약점, 기회, 위협 분석과 같은 도구들을 사용하자. 아이디어를 더욱 유연하고 매력적이게 만들기 위해 목표와 도전과제에 비춰서 다시 생각하자.

이는 우리의 아이디어가 최대한 많은 지원을 받기 위해 필요한 연습이다. 우리는 충격요법을 써서라도 최대한 다른 사람들을 많이 실행에 참여시켜야 한다. 성공적인 혁신이 되기 위해서는, 모든 새로운 해결책은 기존에 존재하는 사람, 기술과 역량 등의 일부가 될 수 있어야 한다.

해결책 =

찬성	촉진
1.	1.
2.	2.
3.	3.

반대	수정
1.	1.
2.	2.
3.	3.

(표 10.1) 해결책 개발 캔버스

예를 들어 우리의 아이디어를 사용하거나 아이디어로 인해 변해야 하는 사람들(고객, 직원, 이해관계자)을 살펴보자(McKeown, 2014). 제안하고자 하는 해결책에 대한 그들의 반응과 지지나 저항의 다른 요소들을 고려하자(장소, 사물, 회사 내 정치, 규칙, 스킬, 시간 혹은 활동). 이것이 변화 과정을 견디는 튼튼한 해결책을 구축하는 방법이다.

아이디어를 과대평가해 궁극적인 최종의 해결책이나 확정된 계획으로 생각해서는 안 된다. 그러기보다, 아직 준비 중인 아이디어로서 제안하고 다른 사람들로 하여금 아이디어 개발에 참여해 그것이 다른 사람들의 아이디어가 되게 만들자. 이렇게 하면 사람들에게 뛰어들 이유가 생기니 더욱 적극적으로 참여할 것이다.

자기 자신은 옆으로 밀쳐놓고 영광은 나누어라. 아이디어를 제시한 사람으로서 인정받지 못하는 것은 염려할 필요가 없다. 사람들은 당신을 팀 플레이어이자, 비즈니스의 새로운 방향과 목표를 주도적으로 발견한 사람으로 인정할 것이다. 해결책 찾기의 3단계에서 수행한 장점/단점 검사를 다시 참고하자. 이제 긍정적인 것을 '촉진하고' 부정적인 것을 '수정하는' 실용적인 방법들을 살펴볼 것이다.

촉진

시작은 장점(초록색)부터다. 각 장점을 강조하거나 강화할 수 있는 모든 방법들을 적어나가자. 해결책을 더 크고 좋게 만들기 위해 무엇을 더 할 수 있을까? 해결책의 규모를 키울 수 있을까? 더 단단하게 만들 수 있을까? 비용 대비 더 효과적으로 만들 수 있을까? 더 오래 지속되게 할 수 있을까? 아이디어를 달성할 또 다른 방법은 없을까? 예를 들어 회사의 세미나와 워크숍에 참석하는 인원을 더 늘릴 수 있는 마케팅 아이디어가 떠올랐다고 하자. 우리는 이 아이디어를 다음 단계로 가져가, 노리고 하는 시장에서도 활용할 수 있을 것이다.

수정

다음으로 아이디어의 단점을 극복하고, 그 결함을 제거할 수 있는 모든 방법을 검토하자. 어떻게 사람들의 의심을 누그러뜨리고 그외 잠재적인 위험들을 없앨 수 있을까? 단지 틈을 메우는 것만으로는 부족하다. 나올 수 있는 모든 반대 의견을 긍정적으로 바꿀 수 있도록 해보자. 조직에 새로운 관리 방식을 도입하고자 한다면, 이 제안에 대해 이해관계자들이 어떻게 반발할지 생각해보자. 그런 다음 회사와 임직원, 파트너와 고객들에게 더 나은 아이디어가 될 수 있는 방식을 고민하자.

아이디어 그 자체는 창조적 과정의 총합이 아니다. 그것은 단지 시작이다.

– 존 아놀드John Arnold, 스탠퍼드대학교 교수

테스트하고, 또 테스트하라

해결책을 개발하는 과정에는, 해결책을 시도해보고 어떻게 작동하는지를 관찰하는 것이 포함되어 있다. 아이디어의 샘플이나 '실제' 테스트를 통해서, 우리는 생각해보지 못했던 단점이나 결함을 확인할 수 있다. 그러면 아이디어를 다시 개발하여 '리스크를 줄인' 상태에서 전념할 수 있다. 짧은 시간 내로 해볼 수 있는 몇 가지 방법들은 다음과 같다.

- 프로토타입: 아이디어의 샘플이나 작동하는 모델. 이론적으로 문제가 없어 보여도, 실제로 아이디어가 어떻게 작동하는지는 물리적으로 아이디어를 실현해보고 나서야 이해할 수 있다. 아이디어를 직접 보고 만지는 것은 아이디어에 생명을 부여하고, 프레젠테이션을 하는 것보다 다른 사람들이 아이디어를 더 잘 이해하도록 돕는다. 너무 세련된 모습의 프로토타입을 제시하려고 염려하지 말자. 골판지, 접착테이프와 마커 펜 정도라면 해도 충분히 좋은 작업이 되고, 혹은 웹사이트나 앱을 위해 종이에 스켈레톤 스크린Skeleton Screen, 콘텐츠가 로드되기 전 회색 막대나 점 등으로 간략한 UI를 표시하는 것을 그릴 수도 있다.
- 유용성 테스트: 잠재적 고객을 초대해, 제품이나 서비스를 테스트해보

는 것. 사람들이 아이디어와 어떻게 상호작용하는지를 자세히 관찰하자. 모두가 관심을 주지 않는 기능이 있지는 않은가? 사용자가 스트레스를 받거나 혼란스러워하는 순간이 있는가? 이런 종류의 피드백을 얻으면 어떤 문제점을 고쳐야 하는지 또는 사람들이 아이디어의 어떤 점을 좋아하는지 확인할 수 있다.

• 파일럿: 실제 상황에서 어떤 일이 일어나는지 보기 위해 새로운 시스템, 제품이나 절차를 짧은 시간 동안 시도하는 것. 큰 쇼에 앞선 의상 리허설로 생각해도 된다. 이노센트 드링크Innocent Drinks는 1998년 음악 축제에서 한 스무디 테스트를 시작점으로 출발했다. 창업자들은 가판대 앞에 스무디를 만들기 위해 자신들의 직장을 포기할 수 있냐고 사람들에게 묻는 표지판을 세웠다(O'Neill, 2009). 사람들은 빈병에 '예' 혹은 '아니오'라고 적고 통에 던지면 되었다. 그 결과, '예'라고 쓰인 통은 가득 차고, '아니오'라고 쓰인 통에는 단 세 개의 빈병이 있었다. 창업자들은 바로 다음 날 자신의 직장을 그만두었다.

프로토타이핑과 테스트는 규모를 확대해 실행하기 전, 아이디어를 정교화하고 입증하는데 큰 도움이 된다. 하려는 혁신이 정말 준비된 상태인지 꼭 확인하는 것은 필수다.

스마트 목표 캔버스 SMART Goals Canvas

우리에게 혁신의 목표는 명확하게 보이지만, 다른 사람들에게는 그렇지 않을 수 있다. 목표는 프로젝트에 관여한 모든 사람이 알 수 있도록 명료하고 간략한 용어로 기술해야 한다. 특히 직원의 동기를 높이거나 회사의 문화를 변화시키는 것과 같이 추상적인 목표일 때 더욱 중요하다.

목표가 분명할수록 더욱 성공적으로 달성할 수 있다는 것은, 다양한 연구들이 뒷받침하고 있다. 캘리포니아 도미니칸대학교Dominican University의 게일 매튜Gail Matthews 박사(2015)는 149명이 참여한 연구에서, 목표에 대해서 생각만 한 사람들(43%)보다 목표를 쓰고, 헌신적으로 할 것을 다짐하고 목표와 진척도를 친구들과 공유한 사람들이 훨씬 더 높은 성공률(76%)을 보였다는 것을 발견했다. 교육컨설팅회사인 리더십 IQLeadership IQ가 4,960명을 대상으로 한 조사에서도 자신의 목표를 선명하게 기술하거나 그려본 사람들이 1.2배에서 1.4배 더 높은 성공률을 보였다고 밝히고 있다(Murphy, 2010).

목표를 분명히 하는 것은 의도를 명료히 하고 목표를 더욱 현실적으로 만든다. 그리고 목표를 위한 여러 이정표를 설정해두는 것도 동기부여를 통해 큰 도움이 된다. 다른 사람들과 협업을 하고 있을 때도 목표를 분명히 하는 것은 모두가 올바른 우선순위에 초점을 두는 것을 돕고, 더 나은 결정을 하도록 힘을 북돋는다. 아주 명료한 목표를 가지면 아이디어가 완성되어 갈수록 그 성취를 축하할 수 있기도 한다.

목표 설정에 관해서는 많은 방법들이 나와 있고, 어떤 방법을 택해도 상관없다. 스마트 기법은 5가지 조건을 통해 문제의 종류에 상관없이

해결책 =		
의도를 고려하라 어떤 문제를 풀려고 하는가?	**S 구체적인** 목표를 구체적으로 정의하자. 목표가 무엇이며, 누가 관여하며, 어디서/왜 이 목표를 가지는가를 구체화하자.	**M 측정가능한** 진척도와 결과를 측정하라 비용은? 얼마나 많은 사람이 관여하는가? 목표가 달성되었음을 어떻게 알 수 있나?
A 달성가능한 목표가 달성가능한가? 목표가 수준 이하인가?	**R 적절한** 목표는 필요와 일치하는가? 목표는 계획과 일치하는가?	**T 기한이 있는** 목표가 달성될 날짜를 설정하자.

(표 10.2) 스마트 목표 캔버스

적합하고 잘 정의된 목표를 만들 수 있게 한다. 또한 우리로 하여금 성공적인 혁신의 결과가 얼마나 멋진 모습일지 적어볼 수 있게 해준다. 여기서 스마트SMART는 구체적이고Specific, 측정 가능하고Measurable, 달성 가능하며Attainable, 적절한Relevant 그리고 기한이 있는Timely 목표를 의미한다. 모호한 목표는 도움이 되지 않는다. 완성된 캔버스는 우리가 달성해야 할 성공의 시각적 개념을 보여준다. 캔버스는 우리의 관심을 쏟게 만들 뿐 아니라, 내부 문서로서 목표 달성에 같이 참여하는 다른 사람들의 초점도 맞춰준다.

검토하기. 목표를 스마트 목표로 전환하기 전에, 해결하고자 하는 상황과 문제를 조사해두면 좋다. 어떤 의도를 담으려고 하는지도 고려하면 좋다. 이렇게 하면 목표의 핵심 목적을 설정할 수 있고, 이는 해결하고자 하는 동기의 뿌리에서 발견할 수 있다. 예를 들어, 산아 제한 활동가였던 마거릿 생어Margaret Sanger의 경구 피임약을 개발하려는 목표는 여성들에게 자신의 몸에 대한 권리를 주려는 의도에서 탄생했다.

구체적인. 결과/목표에 대해 상세한 정의를 내리자. 무엇이 목표고, 누가 연관되어 있으며, 목표가 어디에 존재하며 왜 이 목표를 가지게 되었는지를 적어보자. 예를 들어 '새로운 비즈니스 지능 소프트웨어를 사용하는 모든 분석가들을 충분히 교육하면, 모든 부서의 전략적이고 전술적인 의사결정을 위한 보다 전체적인 데이터를 얻을 수 있다'라고 적을 수 있다.

측정가능한. 정확한 목표, 지표 혹은 기준을 통해 성공의 정도를 측정하게 하자. 지불해야 하는 비용은 무엇인가? 얼마나 많은 사람들이 관여하는가? 목표가 달성되었다는 것을 어떻게 알 수 있는가? 목표가 고객 만족의 개선이라면, 몇%의 개선을 목표로 하는가? 신제품을 출시하려고 한다면, 어느 정도의 매출을 목표로 하는가? 맥킨지McKinsey의 조사에 따르면, 70%를 넘는 리더가 혁신을 비즈니스에서 가장 중요한 세 가지 중 하나로 언급했지만, 단지 22%만이 혁신의 성과 지표를 설정한다고 밝혔다(Barsh, Capozzi and Davidson, 2008). 혁신의 목표는 평가하기에 어려운 것일 수 있으나, 재무수치이든 인기든 현실성이든 간에, 성공을 평가하는 것을 돕는 지표를 설정하는 것은 중요하다.

달성가능한. 목표가 달성 가능한 것인가? 아니면 목표가 손쉽고 하찮은 것인가? 너무 어려운 목표를 잡으면 달성하기 어려워지고, 너무 쉽게 잡으면 눈에 띄는 변화를 만들 수 없다. 목표는 충분한 성장과 진전을 나타낼 수 있어야 하나 통제 범위 내에 있어야 하고, 맡고 있는 다른 주요한 책임에게 영향이 가지 않도록 해야 한다.

적절한. 목표가 필요와 일치하는가? 목표가 계획이나 큰 흐름과 어울리는가? 해야 한다는 이유만으로 목표를 설정하지 말자. 그저 해야 해서 하는 것이라면, 목표를 위해 열정적이거나 헌신적이 되기 어렵다. 새로운 트렌드를 만들어내는 것이든 더 많은 돈을 벌거나 더 재밌는 일을 하든 간에, 목표는 비즈니스에서 우선하는 문화와 운영의 일부여야 한다. 또는 부서 혹은 전체 조직의 목표와 분명하게 연결되어 있어야 한다.

기한이 있는. 목표를 달성할 시점을 정하자. 자기 개발 분야의 저자인 앤서니 로빈스Anthony Robbins는 목표를 '데드라인이 있는 꿈'이라고 정의한다. 데드라인은 긴박감을 통해 성취를 더 빠르게 가져다주며, 목표를 실제적이고 분명하게 보이게 하는 중요한 기준점이 된다. 예를 들어 '6월 말까지 새로운 컴포넌트 공급자를 찾기' '3개월 내로 월간 경비를 10% 줄이기' '6개월 내로 웹사이트의 트래픽을 2배로 늘이기' 또는 '2019년 3분기 내로 새로운 고객관리시스템을 실행하기'와 같이 목표에 시점을 포함할 수 있다. 마감일이나 시작하는 날짜가 없으면 지연하기 일쑤고, 일상 업무를 핑계로 진짜 원하는 것을 하지 못하게 된다. 또한 새로운 시스템의 계획, 개발, 실행에 대한 데드라인이나 시스템을 테스트하고 사용할 직원들을 교육하는 시간 계획과 같은 목표에 있어 핵심적인 성취에 대한 마감일을 설정할 수 있다.

이런 식으로 목표를 설정하는 것은 새로운 어떤 것을 도입함으로써 혁신을 이끌어 낸다(새로운 고객, 프로젝트, 시장, 제품, 접근법 등). 그러나 목표 설정만으로는 성공적인 실행을 보장하기는 어렵다. 한 걸음 한 걸음 그곳으로 나아가는 것이 중요하다. 종종 우리는 최종 결과에 너무 매달려서 그곳까지 가기 위해 필요한 단계들을 계획하는 것을 잊어버리게 된다. 이로 인해 우리는 외부의 힘에 휘둘리게 되어, 자포자기 상태에 빠져버리기도 한다. '나는 정해진 시간에 이 일을 끝낼 수 없을 거야' '이 목표는 불가능해'라고 생각하며 말이다.

액션 플랜 캔버스 Action Plan Canvas

스마트 목표를 설정했으면, 우리는 이제 어디로 가야할 지에 대해서는 정확히 알고 있는 셈이다. 그러나 아직 어떻게 그곳에 도달할 것인가에 대한 문제가 남았다. 주도적 계획은 모든 사람의 반응과 일과를 궁극적 목표와 일치하도록 만들어, '큰 아이디어'를 구체적이면서도 관리가 가능한 단계들로 나누고, 반응적 사고의 경향을 극복하는 것을 돕는다.

혁신 프로젝트를 개시하기 위해, 액션 플랜 캔버스를 사용해 계획을 그려보자. 너무 세세하거나 완벽한 것이 될 필요는 없고, 계획은 체계적이면 된다. 계획을 그리는 일에 다른 사람들을 참여시킨다면, 그들에게 프로젝트를 수용하고 주도권을 가질 수 있는 기회를 줄 수 있기도 한다.

1단계. 과업을 확인하기

목표를 성취하기 위해 해내야 하는 모든 과업을 확인하자. 처음부터 시작해 단계별로 과업을 정리하는 것이 도움이 된다. 첫 번째로 해야 하

(표 10.3) 액션 플랜 캔버스

는 것은 무엇인가? 그것을 완수하면 그 다음에는 무엇을 해야 할까? 목표에 다가가는데 가장 많이 진전시킬 중요한 과업들에 초점을 맞추자. 포스트잇을 사용해, 과업을 우선순위대로 캔버스의 '지금' '다음' '곧' 행에 묶고 각 과업을 마치기 위해 필요한 순서를 명료히 볼 수 있게 하자. 책임감을 높이기 위해 각 포스트잇에 '목표 날짜'와 '주관하는 사람'처럼 과업과 연계된 세부적인 사항을 적어두자. 다른 과업들과 연결된 과업들도 있고, 독자적으로 수행할 수 있는 과업들도 있으니, 과업 간 연계성에 대해서도 주의를 기울이도록 하자.

2단계. 자원을 할당하기

모든 과업을 명확히 했으니, 이 과업들을 더욱 자세하게 연구해보자. 과업을 잘 해내기 위해 사람, 돈, 설비, 시간과 전문성의 관점에서 어떤 자원이 필요할까? 모든 면에서 다루고 있는지를 체크하기 위해 다음 조언들을 참고해보자.

돈. 모든 활동의 단계를 수행하기 위해 얼마큼의 재무적 자원이 필요할까? 지금 돈을 구할 수 있을까? 그렇지 않다면, 필요로 하는 펀드를 구할 수 있을까? 이런 질문에 대한 답을 찾다보면 추가로 무엇을 해야할지에 대한 힌트를 얻을 수 있을지도 모른다.

시간. 각 활동 단계에 대해 필요한 시간을 고려해보자. 목표에 도달하기 위한 시간은 충분한가? 캔버스는 먼저 수행할 필요가 있는 과업들을 위해 다른 과업들의 순서를 바꾸는 데 도움을 준다. 어떤 과업을 완수하는데 시간이 부족한 경우, 다른 과업으로부터 시간을 어떻게 빌릴 수 있을지 찾아보자.

사람. 계획을 실행할 수 있는 충분한 인력이 있는가? 지원을 해줄 수 있는 사람들이 있을까? 업무량이 늘어나도 그들이 처리할 수 있을까 아니면 추가로 채용해야 할까? 모든 과업이 적절한 사람들에게 할당되었는지 확인하는 것도 중요하다.

아무에게도 할당되지 않은 과업은 그대로 남겨지기 쉽다. 하기 어려운 일이 있다면 위임하거나 아웃소싱하는 것이 좋다. 보조 인력을 두어 관리 업무를 돕게 하든지 세부적이든 테크니컬하고 분석적이든 창의적이든 각 업무에 맞는 역량 있는 프리랜서를 활용하자.

예를 들어 전략적 의사 결정이나 고객과의 커뮤니케이션과 같이, 우리의 장점과 재능으로 가장 많은 기여를 할 수 있는 업무에 집중하자. 사람들은 우리를 다양한 방식으로 도울 수 있다. 어떤 사람들은 시간,

지식, 돈 혹은 영향력으로 도울 수 있고, 정신적인 도움을 줄 수 있는 사람들도 있다. 우리를 도울만한 사람들이 누구인지 정의한 후, 어떻게 하면 그들을 더 참여하게 할 수 있을지 자문해보자. 이 단계에서도 계획에 필요한 추가 행동들을 찾게 될 수도 있다.

설비. 계획을 실행하는 데 있어 중요한 설비, 시스템과 시설을 갖추고 있는가? 이미 필요한 설비를 가지고 있다면, 그 사항을 프로젝트 계획에 포함시켜라. 만약 없다면, 그 설비들을 얻을 방법에 대해 적어보자.

기술. 우리와 우리의 동료들에게 각 행동 단계를 완수하는데 필요한 지식이나 그에 필요한 교육을 받았는가? 얼마만큼의 교육이 필요한가? 더 많은 지식이나 기술이 필요하다면, 어떻게 얻을지 생각해보자.

이제 우리는 행동을 위한 플랫폼을 가지게 되었다. 작은 프로젝트들에 대해서는, 우리는 이 모든 요소들을 생각할 필요까지는 없을 것이다. 예를 들어 특정 부서의 데이터베이스를 만드는 조그마한 내부 프로젝트를 하고 있다면, '사람' '기술' '설비' 정도만을 고려하면 될 것이다. 더 크고 복잡한 프로젝트에 대해서는, 간트Gantt 차트나 프로젝트 관리 소프트웨어와 같은 프로젝트 관리 기술들과 도구들을 사용하는 것이 도움이 될 것이다.

3단계. 계획을 공유하기

변화관리 이론의 일부로, 쿠르트 레빈(1958)은 변화를 도입하기 전에 우선 사람들에게 변화에 대해 소개해야 한다고 주장했다. 좋은 의사소통은 프로젝트의 장점을 서술함으로써, 사람들을 우리 편으로 끌어들이는데 중요한 역할을 한다. 하나의 이야기처럼 전달하자. 기억하기 쉬운 헤드라인 뉴스처럼 전달하고, 아이디어가 데리고 갈 여정을 기술하며, 잠재적 장애물, 선택과 행운의 만남을 담아서 완성하자.

해결책 찾기(분석)의 3단계에서 확인한 장점 목록을 참고해도 좋고 그 목록을 뒷받침하기 위해 설득력 있는 사실과 숫자들을 함께 묶어보자. 상투적인 말이나 전문용어는 피하는 게 좋다. 사람들이 잘 듣고, 이해하고, 행동할 수 있도록 일상적인 말로 명료하게 전달하자. 핵심 문제에 초점을 맞추고, 그것을 어떻게 창의적으로 해결하려고 의도하는지를 간결하게 전달하자. 그리고 가장 중요한 것은, 열정적이고 목적지향적이 되는 것이다. 아이디어를 팔기 위해서는, 아이디어에 대한 신뢰를 먼저 보여줄 필요가 있다.

4단계. 계획을 실행하기

마지막으로, 결국 모든 사고와 계획은 어떻게 행동하느냐에 달려 있다. 4단계는 에너지와 열정을 모아 아이디어가 현실이 되도록 시작하는 지점이다. 너무 오래 준비하지 말자. 모든 것이 완벽한 상태에서 시작하려면, 결코 출발하지 못할지도 모른다. 큰 규모의 해결책이나 변화를 시도하고 있다면, 전환이 가능한 부드럽게 일어나도록 변화관리 기술에 대해서 살펴보면 좋을 것이다.

아무리 위대한 아이디어라도 결코 완벽할 수는 없으며, 현실에 적용해 봐야만 어떻게 될지 추측할 수 있다. 의도가 좋아도, 새로운 비즈니스, 결정과 프로젝트는 잘못된 방향으로 흘러갈 수 있다. 계획 A가 잘되지 않을 때를 대비해서, 계획 B를 항상 준비해두자. 계획에 영향을 미칠 잠재적 제약 요인이나 위험에 대해서 주의하자. 진척도를 항상 확인하고, 예상치 못한 장애물에도 재빨리 대응할 수 있도록 효과적인 보고 시스템을 갖추자.

예를 들어 새로운 경쟁자가 시장에 진출했는가? 현재의 관리 구조가 성장을 막고 있는가? 중요한 스킬이 결핍되어 있는가? 최신 정보에 귀를 기울이고, 무슨 일이 일어나는지 관찰할 수 있어야 한다. 만약 길을 잘못 들었다는 걸 발견했다면, 과감하게 방향을 바꿀 수도 있어야 한다.

하지만 모든 계획을 갖춰도, 완전히 보장된 것은 없다는 것을 알아야 한다. 모든 일을 완벽하게 맞추는 일은 어려운 일이다. 비슷하게 맞추는 것만으로도 충분하다. 계획은 비즈니스의 미래를 보장해주지 않으며 실수 역시 일어날 수 있다. 하지만 계획을 세우는 것은 실수나 수동적 사고가 심각해지는 것을 줄이는 데 도움이 된다.

> *누구나 그럴싸한 계획을 갖고 있다. 처맞기 전까지는.*
>
> – 마이크 타이슨Mike Tyson, 전직 프로 복싱 선수

케이스 스터디: 누구나 실수를 한다

맥콤즈경영대학McCombs School of Business의 제니퍼 윗슨Jennifer Whitson 의 연구에 따르면, 권력이 있는 사람은 그렇지 않은 사람보다 더욱 능동적이고 목표지향적이 될 성향이 많다(Whitson et al, 2013). 주도적인 행동을 하는 경향이 성공에 도움이 되는 것은 맞지만, 리더십을 발휘하는 지위에

있는 사람들에게는 오히려 피해야 할 장애물을 못 보게 되는 문제를 일으킬 수도 있다. 윗슨은 우선 실험의 참가자들을 권력이 있는 혹은 권력이 없는 지위에 무작위로 할당했다. 예를 들어 아마존의 열대우림으로 가는 여행 계획을 수립하거나 꽃을 파는 비즈니스를 시작하는 사업가로서의 자신을 상상하도록 요청받았다.

그런 다음 그들은 계획에 있어 고려해야 할 많은 사항들을 제시받았다. 반은 도움이 되는 것(당신은 정글에 가본 경험이 있다)이었고, 나머지 반은 제약이 되는 것(당신은 원시동물을 두려워한다)이었다. 참가자들은 나중에 이런 사항들을 회상해달라는 요청을 받았는데, 제약 사항들에 있어 높은 지위에 있는 참가자들이 지위가 없는 참가자들보다 훨씬 적게 회상하는 것을 발견했다. 지위가 없는 참가자들은 도움이 되는 기술문과 제약이 되는 기술문을 반반씩 기억했다. 윗선은 권력이 있는 사람들은 장애물이나 문제를 알아차리는데 더 어려움을 겪는다고 결론지었다(Collins, 2015).

만약 여러분이 관리자이거나 CEO라면, 보이지 않는 장애물을 확인하는 능력이 줄어들 수 있다는 것을 명심해야 한다. 우리에게 해결책을 강화하기 위해 무엇을 해야 하는지 알려주는 방법을 모를 수 있다.

반대로 일반 직원들은 보다 균형 잡힌 견해를 가지고 리더들을 도울 수 있을 것이다. 그들은 아직 명확하게 밝혀내지 못한 문제들을 포착하기 위해 필요한 의견들을 리더들에게 전달할 수 있다. 최고의 해답은 위험을 밝혀낼 수 있는 다른 사람들과 주기적으로 협력을 하면서, 실행할 결정을 준비하는 것이다.

5단계. 진전을 돌아보고 축하하기

우리가 내린 결정이 옳은 결정이었다는 것을 어떻게 확신할 수 있을까? 혁신은 피드백을 통해 발전한다. 실행 단계의 핵심은 데이터를 모아 성공, 학습과 실패를 평가하는 것을 돕는 것이다. 이런 데이터를 확인하는 것은 거의 실시간으로 우리의 활동을 되돌아보고 수정하는 것을 도우며, 우리가 올바른 방향을 잡을 수 있게 해준다. 어떤 문제가 생겼다고 해도 그것이 더 큰 문제로 번지기 전에 고칠 수 있는 시간을 가질 수 있게 된다.

목표의 진척도를 측정할 수 있는 투명한 방법을 강구하자. 산출물(해결책)뿐만 아니라 프로세스(계획)의 효과성도 판단하는 것도 평가에서 중요하다. '확실한' 아이디어라도 잘못된 고객을 선택하거나 기술이 너무 비싸거나, 혹은 프로젝트 관리가 엉망이라서 실패하곤 한다.

프로세스. 계획이 일정에 맞춰 잘 수행되었는가? 계획이 예상대로 흘러가지 않았다면 다음 사항을 고려해보자. 계획에 현실성이 있었는가? 계획을 완수하기에 충분한 자원이 있었는가? 변화를 지원하기 위한 시스템이나 프로세스가 부재하지는 않았는가? 간과한 측면이 있지는 않았는가? 치명적인 문제가 발생하지는 않았는가? 사람들이 계획을 내켜하지 않았는가? 어디서 시간을 낭비했는가? 비슷한 목표를 다시 시도해본다고 생각하고, 성공적이었던 단계를 파악해 이 부분을 수정된 계획에 반영하라. 그런 다음, 더 잘할 수 있었던 모든 것들을 수정하라. 예를 들어 특정 과업에 더 많은 시간을 할애하거나 자금이 모자라지 않도록 추가로 확보하는 것 등이 있을 것이다.

결과. 해결책의 효과는 어떤 해결책을 실행에 옮겼는지에 따라 다르게 측정할 수 있다. 어떤 해결책은 숫자로 구성되어 양에 있어서의 변화를 비교해야 한다. 예를 들어 결함 있는 제품의 빈도나 해결책이 실행되기 전과 후의 불평 및 오류 발생 횟수 변화 등을 확인하는 식으로 말이다. 이런 경우에는 통계적 자료와 다른 수학적 정보들을 모으면 결과를 확인하기 좋을 것이다.

반대로 사람의 태도, 의견, 만족감이나 사기의 변화와 관계있는 해결책들도 있고, 여기서는 질적인 접근이 도움이 될 것이다. 예를 들어 설문조사나 포커스 그룹 같은 방법들을 섞어 활용하면 해결책에 의해 영향을 받은 사람들로부터 피드백을 받을 수 있을 것이다. 이 반응에는 그들이 해결책이 얼마나 성공적이었는지에 대한 믿음의 정도도 담겨 있다.

결과가 나올 때쯤이면, 잠시 뒤로 물러나 왜 혁신 전략이 성공했는지 혹은 실패했는지에 대해 객관적으로 바라보는 것이 중요하다. 무엇이 일이 일어났는가? 잘 된 것은 무엇이고 잘 안된 것은 무엇인가? 다음에는 어떻게 다르게 할 것인가? 성과에 대해 검토해보는 시간을 가진 후 그것을 축하하자.

완벽주의자들은 간혹 성과에 대해서 만족하지 못하기에, 전진하는 것을 힘들어한다. 성공을 반복하려면 그것을 만들어낸 공식을 제대로 인식하는 것이 좋다. 팀의 승리를 축하하는 것은 활기차고 친근하고 창의적인 분위기를 만드는 데 이상적인 방법이다. 이는 사람들에게 공동의 활동을 통해 유대감을 쌓을 기회를 주고, 더욱 많은 아이디어를 내는 것과 더불어 이를 성사시키도록 독려한다. 밖으로 나가 팀끼리 점심이나 피크닉과 같은 간단한 자리를 만드는 것도 충분히 효과가 있을 것이다. 최종 결과가 아닌, 지금까지 이뤄낸 진전을 축하하자. 모든 혁신의 여정에는 프로젝트의 이정표들이 자연스럽게 존재한다. 그리고 각 이정표에 도달한 시점은, 얼마만큼 전진했는지를 깨닫고 작지만 소중한 승리를 자축하기에 좋은 시간이다.

목표를 달성하지 못했어도 실망하지 말자. 가장 성공적인 혁신가들조차도 때로는 실패하곤 했다. 실패는 장애물이 아니라 디딤돌임을 기억하자.

애플은 모토롤라와 협력해 아이튠즈를 실행할 수 있는 ROKR E1을 만들었으나, 성과가 실망스러웠기 때문에 독자적으로 스마트폰을 만들어야겠다고 결정했다. 종종 우리는 우리의 실수와 우리를 실망시키는 것들로부터 가장 많이 배운다.

중요한 것은 긍정적 태도를 유지하는 것이다. 창의성은 낙관주의, 모험과 헌신의 정신에서 성장하기에, 이루고자 하는 것과 일치하는 기회들을 눈여겨보자. 무엇이 잘못되었는지를 확실히 이해하고, 실행할 창의적 방법을 발견해 다시 성공을 위한 여정에 오르자.

우리는 경험으로부터 배우는 것이 아니다.
우리는 경험을 회고함으로써 배운다.
– 존 듀이John Dewey, 『하우 위 싱크』에서

케이스 스터디: 회고로부터 배울 수 있는 것

학자들의 연구에 의하면, 작업에 대해 회고하는 시간을 가지는 것은 더 나은 성과를 가져다준다. 하버드경영대학의 한 연구는, 아웃소싱 회사 와이프로Wipro의 직원들을 회고, 나눔, 통제, 이렇게 세 집단으로 나뉘었다(Di Stefano et al, 2014).

회고 집단의 참가자들은 지급받은 공책에 하루를 15분간 회고하고, 자신들이 느낀 중요한 교훈들을 적었다. 나눔 집단의 참가자들은 회고그룹과 동일하나 15분이 아니라 10분 동안 회고하고, 자신이 공책에 적은 내용을 동료에게 5분간 설명하게 했다. 통제 집단의 참가자들은 특별한 지시 없이 일만을 계속했다. 10일이 지난 후 회고그룹의 직원들은 그렇지 않은 직원들보다 22.8% 높은 성과를 보여주었다.

정기적인 자기 진단과 학습은 '더 나은 성과'를 만드는 문화의 핵심이다. 하루의 경험을 되돌아보는 것은 사람들에게 그날 배웠던 교훈들을 정리하게 해주며, 이 교훈들을 통해 미래의 생산성을 개선할 수 있다. 그렇기에 해결책이 어떤 진전을 이뤘는지 자주 추적하고 회고하는 것은 중요하다. 잘못만을 신경쓰지 말자. 조그마한 성취가 발생할 때마다 축하하도록 하자. 이는 목표를 이루는데 필요한 자신감을 축척시켜 주며, 해결책을 성공으로 이끌 가능성을 높여준다.

6단계. 반복하기

검토하는 것은 혁신의 마지막 단계일까? 아니면 첫 단계일까? 실행은 오로지 직선으로만 이뤄지는 것은 아니다. 오히려 그것은 지속적인 개발의 순환이다. 시장 혹은 비즈니스 내에서 새로운 아이디어를 실행에 옮기는 것은 단지 시작 단계일 뿐이다. 지속적인 피드백 고리를 통해 계획을 발전시키자.

일본의 카이젠Kaizen, 개선(改善) 철학은 지속적인 개선을 의미하는데, 한 걸음씩 작업에 작은 변화를 반복적으로 일으키도록 격려한다. 이런 조그마한 변화는 시간 이 흘러 축적되었을 때 큰 차이를 만들게 된다. 크게 성공하고 나면 많은 기업이 우쭐해하거나 현실에 안주하지만, 단 한번의 탁월한 혁신으로는 영속적인 성공을 보장하기 어렵다. 혁신의 궤도에 올라섰다면, 더 많은 독창적인 해결책을 실험하고 실행할 수 있도록 그 속도를 유지해야 한다. 창의적인 리더로서 우리는 항상 성공을 위한 기회를 찾고 있어야 한다.

SWOT과 PESTLE Political, Economic, Social, Technological, Legal and Environmental, 정치적, 경제적, 사회적, 기술적, 법적. 환경적 분석과 같은 유용한 도구들을 가지고 내적 및 외적 환경의 변화를 항상 눈여겨보고 있어야 한다. 다음과 같은 질문을 던져보는 것이 좋다.

- 왜 꼭 이렇게 일해야 할까?
- 빠진 것이 있지는 않을까?
- 무엇을 받아들이고 있는 것일까?

- 고객을 따라가야 할까 시장을 따라가야 할까?
- 어떤 기회들을 놓쳤을까?
- 어떤 점에서 위험을 감수하고 있는가?

아마존은 창의성을 통해 지속적으로 비즈니스를 개발하는 조직의 훌륭한 예이다. 창업자이자 최고경영자인 제프 베조스에 따르면, 아마존은 '항상 첫째 날의 문화'를 가지고 있고, 이것은 아마존의 DNA로서 혁신을 촉진하고 있다. 아마존은 안전지대에 머무르기보다, 다양한 면에서 확장하고 실험하고 있다. 아마존이 이뤄낸 놀라운 성공들 중에는 알렉사Alexa, AI에 기초한 디지털 기기, 원클릭 구매, 킨들Kindle, 아마존 마켓플레이스(제3의 공급자가 아마존 플랫폼을 통해서 판매하는 시스템), 프라임Prime, 멤버십 프로그램, 음악 스트리밍, TV 및 영화 프로그램, 로봇을 통한 물류 자동화 등이 있다.

아마존의 정신은 재빠른 혁신으로 핵심 목표를 놓치지 않는 것이다. 베조스는 2011년 주주총회에서 "우리는 비전에 대해서는 완고하고, 세부사항에 대해서는 유연합니다"라고 말했다. 여기에서 우리는 다음과 같은 조언을 얻을 수 있다. 계획을 세우자. 하지만 그러면서도 민첩하고 유연하게 움직여 언제든 새로운 트렌드를 받아들일 수 있게 하자. 전념하되 유동적이 되자. 결국 우리는 수많은 계획들을 살펴봐야 할 것이다. 다시금 말하거니와, 우리는 완벽함을 추구하는 것이 아니다. 아마존도 처음부터 성공하지 않았다. 아마존 마켓플레이스도 3번의 시도를 하고 나서야 자리를 잡을 수 있었다.

실행 체크리스트

집중하기 위해 우리의 사고를 한 방향으로만 좁히는 것은 쉽지 않다. 하지만 체크리스트를 활용하면 계획이 지닌 잠재력을 전부 발휘할 수 있다. 결정에 있어 100% 확신할 수 있는가? 아이디어를 관리할 자원과 역량을 가지고 있는가? 해결책이 장기적 목표를 반영하고 있는지 확인하고 싶은가?

실행 체크리스트가 도와줄 것이다. www.thinking.space에서 받을 수 있다.

해야 할 것	하지 말아야 할 것
자신과 팀을 믿기.	숲과 나무를 동시에 보기.
행동을 취하기.	모든 사람이 목표/목적을 이해한다고 간주하기. 설명하고 명료히 하기.
의사결정 레이더 도구를 사용하기.	나쁜 결정을 할지도 모른다는 두려움이 자신을 억제하게 놓아두기.
실행하기 위해 자원을 배분했는지를 고려하기.	지속적으로 뒤를 돌아보기.
데드라인이 있는 명료하고 달성가능한 목표를 설정하기.	결정을 '세 번'은 추측하기.
실행 계획을 세우기.	선택의 여지가 없을 때 마음을 바꾸기.
잘못될 수 있을 것을 고려해 비상 계획을 수립하기.	쉬울 것이라고 기대하기. 어떤 것도 쉽지는 않다.
이해관계자들과 결정을 의사소통하기.	즉각적인 결과를 기대하기.
결정과 진척도를 정기적으로 돌아보기.	결정을 시도하고 더 낫게 만드는 것을 두려워하기.
결과를 추적하고 문서화하고 나누기.	성공과 실패로부터 배울 수 있는 어떤 교훈이라도 무시하기.

100퍼센트 옳을 수는 없음을 기억하기.
'거의 옳음'으로 충분하다.

프로젝트를 관리하기 위해 시각적 도구를 사용하기.

정기적인 진척도 관리 미팅을 갖기.

일어나는 일들을 연결시키기.

성공적 결과가 성취되었을 때 축하하기.

결정을 지지하기.

열정적이고 목적지향적이 되기.

계획을 실행하기.

(표 10.4) 실행 체크리스트

요점

▶ 혁신을 추구하는 것은 행동을 의미한다. 해결책 찾기의 마지막 단계에서는 아이디어에 대한 강력하고 유연한 입장을 준비하고 어떻게 실행할지 그 계획을 마련한다.

해결책에 대해 믿음과 자신감을 가져라! 어떤 것도 우리를 막지 못할 것이다! 유연한 자세를 취하며, 진척도를 확인하고, 혁신을 지속하며 성공을 축하하라.

▷ 스마트 목표 캔버스. 스마트 공식을 활용해 목표를 명확히 하고, 성공의 시각적으로 어떤 모습을 갖고 있을지 살펴보자.

▷ 해결책 개발 캔버스. 아이디어를 더욱 강력하고, 매력적이고, 실용적이고, 효과적이게 만들 방법을 찾자.

어떻게 긍정적 '초록색'을 기초 삼아 개발하고, 부정적 '빨간색'에 대처할 수 있을까?

▷ 액션 플랜 캔버스. 실행해야 할 일들에 대한 대략적인 전략을 세우고, 어떤 장애물이 있을지 또 그 장애물들을 어떻게 극복할 것인지 기술하자. 자원(돈, 시간, 사람, 설비, 기술)을 배분하고, 중요한 이해관계자들과 얘기를 나누며 진행하자! 성과를 꾸준히 검토하고, 지속적인 혁신을 만들어낼 피드백 순환을 만들어내자.

▷ 실행 체크리스트. 아이디어를 행동으로 옮기고, 혁신적인 목표로 가까워지는 과정에서 도움이 되는 체크리스트를 확인하자.

3부

시작의 끝

11

다르게 생각하기

전념에는 두 가지 선택지만이 있다. 하거나 하지 않거나.

인생에 그 중간이라는 것은 존재하지 않는다.

– 팻 라일리Pat Riley, 프로농구 코치이자 전 선수

모두 모아서

축하한다! 이제 거의 다 왔다. 책의 마지막 이정표라 할 수 있는 곳에 도착했다.

1장에서 우리는 의사결정 레이더를 활용해 머릿속에서 현재 어떤 일이 일어나고 있는지를 탐색하고 변화의 모든 잠재적 분야들을 알아냈다. 그 다음 우리는 잘못된 사고방식과 그것이 어떻게 우리의 사고를 망치는지를 살펴보면서, 정신의 일반적 편견과 오류를 조사했다. 이후엔 해결책을 찾기 위한 여정으로 우리의 문제를 정의하는 법을 다뤘고, 안전지대를 벗어나 최고의 결정을 내리기 전에 아이디어들을 탐색하는 법을 살펴봤다(표 11.1).

이해	생성	분석	실행
문제를 정의하기	아이디어를 떠올리기	아이디어를 평가하기	해결책을 실행하기
입력 마주한 문제	**입력** 명료하게 정의한 문제	**입력** 모든 아이디어	**입력** 하나 혹은 더 많은 최고의 창의적 아이디어
프로세스 개요를 검토하고 문제를 세부적으로 정의하기	**프로세스** 가능한 많은 아이디어 만들기	**프로세스** 다이아몬드를 캐자!: 최선의 아이디어를 분류하고 가려내어 선택하기	**프로세스** ·마지막 해결책을 개발하기 ·실행을 계획하고 시작하기
도구 ·정의와 이해 캔버스 ·5W1H 캔버스 ·관점 변화 캔버스	**도구** ·거꾸로 브레인스토밍 캔버스 ·비유적 사고 캔버스 ·결합 창의성 캔버스	**도구** ·가슴/머리 장점/단점 캔버스 ·장력 평가 캔버스	**도구** ·해결책 개발 캔버스 ·스마트 목표 캔버스 ·액션 플랜 캔버스
결과 명료하게 정의한 문	**결과** 모든 아이디어	**결과** 하나 혹은 더 많은 최고의 창의적 아이디어	**결과** 진행중인 실행

(표 11.1) 해결책 찾기 매트릭스

이 책을 필요한 부분부터 읽었다고 하더라도, 더 창의적인 의사결정을 위한 새로운 지식과 통찰력을 어느 정도 흡수했을 것이다. '새롭고 개선된' 능력을 진단하기 위해 의사결정 레이더로 우리의 사고를 다시 테스트해보자. 하지만 그전에 먼저 추론에 대해서 이해할 필요가 있다.

추론reasoning은 무엇인가?

혁신에는 탁월하고 전략적인 의사결정이 필요하다. 아이디어란 생성, 검토, 개발을 거친 뒤에, 세상에 궤적을 남기기 위해 실행에 옮겨져야 한다. 해결책 찾기는 이해, 아이디어 생성, 분석과 실행을 통해 우리의 사고와 우리의 목표를 결합한다. 그리고 뒤에서 이 4단계를 연결해 주고 있는 것이 바로 추론이다.

우리는 추론을 통해 문제해결에 대해 주도적으로 생각할 수 있고, 초점을 맞추며 접근할 수 있다. 추론은 우리가 무엇을 생각하는지가 아니라 우리가 어떻게 생각하는지에 대해 생각하도록 한다(이는 메타인지라고 알려져 있다). 다양한 사고의 종류에 익숙한 이들은 많지만, 창의적 성공에 이르는 핵심은 각 사고방식을 적재적소에 활용하는 것에 있다. 이는 비생산적인 편견들을 누그러뜨리며, 우리가 각 문제에 철저하게 작업할 수 있게 한다. 또한 훌륭한 추론을 반복하면 할수록, 긍정적 습관으로 자리 잡는다.

이 접근이 획기적인 것은 아니다. 이 책에서 다룬 많은 내용을 상식으로 여기는 사람들도 있을 것이다. 하지만 상식이 항상 보이는 것은 아니다. 대부분의 사람들은 창의적인 사고가 '막히게' 되어도, 따로 시간을 내어 사고를 재구성하지 않는다. 잘못된 사고와 이를 야기하는 장애물을 허물려고 하지 않는다. 때때로 가장 단순하고 가장 '확실한' 것이 실행하기에 가장 어렵다. 하지만 '확실한' 것을 실행하면 할수록 더 쉬워지고 직관적이 된다.

추론 체크리스트

생각하는 데 있어 어느 정도 주도적이 되었다면, 우리는 어떤 상황에도 준비된 셈이다. 더 객관적으로 일하고, 더 창의적으로 탐구하고, 더 효과적으로 계획을 세우고자 한다면, 추론 체크리스트(표 11.2)를 참고해 생각을 가다듬어보자. 탁월한 추론은 우리 자신과 우리의 팀이 혁신하기 위한 최고의 조건을 만들어낸다. 일상적으로 추론 체크리스트를 적용해보면 시간이 갈수록 생성적, 분석적, 선택적이고자 할 때 균형과 조화를 이루는 것이 쉬워질 것이다. 추론 체크리스트는 www.thinking.space에서 받을 수 있다.

의사결정 레이더 V2

이제 우리는 새로운 지식과 이 책의 전략들을 활용한 경험으로 가득 차 있으니, 배운 것들을 활용해 다시 의사결정 레이더를 해보자(https://decisionradar.opengenius.com). 더 정확한 결과를 위해서는 전체 테스트를 하는 것이 좋지만, 시간이 없다면 10분 테스트를 선택해 대략적인 평가를 얻을 수도 있다.

새로운 결과를 살펴보고, 어떤 변화가 있었는지 파악해 보자. 어떤 부분들이 새로운 강점으로 개발되었는지, 또 아직 어떤 부분들을 신경 써야 하는지 확인하자. 우리의 목적은 모든 것이 초록색 영역(바깥의 원형)으로 가게 하는 것이다.

해야 할 것	하지 말아야 할 것
객관적으로 되기 - 오픈 마인드 유지하기.	결론을 너무 일찍 내리기.
메타 인지 공부하기 - 사고의 배후에 있는 전략을 창조하기.	감정을 무시하기.
납득할 수 없는 증거를 찾기.	찾고자 하는 것에 선택적이 되기.
아이디어를 다른 사람과 나누기.	자신의 잇속을 차리는 결정을 하기.
자기 이미지의 영향을 인식하기 - 영향을 주려고 하는 사람들에게 묻기.	확증편향에 떨어지기.
어떤 정보를 사용하는지에 관심을 기울이기.	갈등이나 불협화음을 피하기.
문제를 어떻게 이해하느냐에 따라 해결책이 바뀐다는 것을 이해하기.	실패를 두려워하기.
자신감을 가지되 너무 과도한 자신감은 거부하기.	틀린 제약에 묶이기.
의사 결정 프로세스의 초기에 직감에 귀 기울이기.	추정에 대해서 과도히 낙관적이 되기.
부정적이고 긍정적인 사고 기법들을 활용하기.	직감과 전제가 중요한 결정의 반응에 영향을 주도록 하기.
적절할 때 규칙을 깨기.	테스트 없이 직감을 따르기.
그룹이나 내숭에 의해 야기된 압력을 피하기.	지금 행동하고 나중에 생각하기.
다양한 종류의 편견의 영향력을 인식하기.	지나치게 신중함으로 인해 고통받기.
상식이 흔하지 않다는 것을 이해하기.	일반적인 사고의 오류를 무시하기.
불완전함을 수용하기.	항상 규칙을 따르기.
크게 생각하지만, 작은 단계들로 나누기.	편견의 맹점을 가지기.

(표 11.2) 추론 체크리스트

이는 당연히 시간이 걸리는 일이다. 종종 사람들은 특정 영역에만 집중해 다른 영역의 결핍을 만들어내기도 한다. 탁월한 추론을 위해서 우리에게는 균형이 필요하다. 잠시 시간을 내어 다음과 질문을 통해 반성하고 생각해보자.

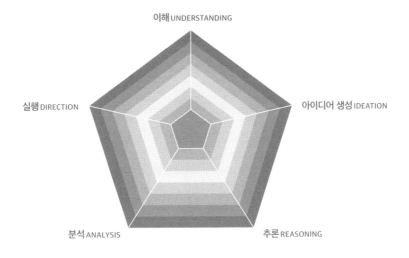

(표 11.3) 의사결정 레이더

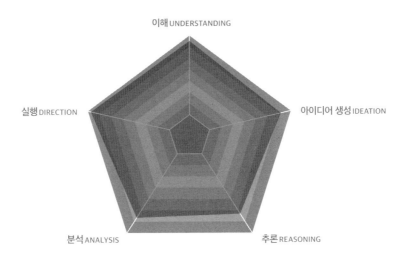

검사 일자: 2018년 2월 21일

이해	아이디어 생성	추론	분석	실행
96%	92%	81%	87%	97%

(표 11.4) 개선된 의사결정 레이더 예시

- 전반적으로 무엇을 배웠는가? 발전한 것과 관련된 중요한 교훈과 눈에 띄는 흐름을 적어보자.
- 무엇에 능숙한가? 강점을 더욱 강하게 만들기 위해 할 수 있는 아이디어를 나열해보자.
- 개선이 필요한 분야는? 발전하고 약점을 극복하기 위해 취할 수 있는 행동을 적어보자.
- 지금 어떤 것을 앞으로 나아가게 할 것인가? 창의적 의사결정은 다양한 생각과 방법을 요구하는 큰 과제다. 당장 모든 것을 잘하려는 강박에 자신을 노출시키지 말자. 대신 흥미를 가지고 자신의 역할, 커리어 혹은 비즈니스에서 가장 큰 차이를 만들 수 있는 분야로부터 시작하자.

다시 진단한 결과를 통해 여러분의 의사결정 능력이 더욱 강하고 균형 잡히게 되었다는 것을 볼 수 있을 것이다. 개선한 능력에 대해서 생각해보면 자기 이해와 자신감을 더 높여 주기도 한다. 이는 또한 더 개선하고 싶은 영역을 찾아볼 적절한 기회이기도 하다.

의사결정 레이더의 점수와 진단한 날짜를 기록하자. 창의적 역량을 더 효율적으로 키우기 위해선 정기적으로 진단하는 것이 좋다. 예를 들어 매 분기의 시작 혹은 큰 과제를 끝냈을 때마다 하는 것이다. 이렇게 하면 시간이 지남에 따라 자신의 창의적 역량이 어떻게 개선되는지를 관찰할 수 있다. 예를 들어 한 영역에 노력을 기울인 것이 다른 영역을 높이는 데 도움이 되었는가? 이와 같은 질문을 스스로에게 물어볼 수 있다.

의사결정 레이더는 두 가지로 방식으로 사용될 수 있다.

① 개인적으로. 목표와 행동을 설정할 수 있고, 개선해야 하는 영역을 확인할 수 있다.

② 팀과 조직 단위로. 집단의 역량을 전체적으로 파악하기 위해. 이후 관리자와 리더들은 문제해결에 필요한 균형 잡힌 팀이 있는지 확인하고, 이들이 총체적인 의사결정 능력을 갖출 수 있도록 한다.

<u>전념</u>

만약 우리가 시간을 들여 개발하지 않는다면, 이 책에 실린 기술과 전략들은 쓸모가 없을 것이다. 우리는 행동하면서 배우기에, 진정으로 사고의 역량을 키우고자 한다면 도움이 되는 기술들을 행동으로 옮기며 나쁜 습관들을 없애는데 전념해야 한다. 자신의 독특한 사고방식을 시각적으로 확인시켜주며, 의사결정 레이더는 우리 자신과 팀의 사고를 개선할 수 있는 전략들을 선택하는 걸 도와준다.

사고 역량을 갈고닦으려면 장기적인 노력이 필요하지만, 해야 할 일들이 넘쳐나고, 끊임없이 새로운 정보가 쏟아지는 현대에서 쉽지 않은 일이다. 우리 모두 열정에 가득 차 새로운 일을 시작하는 것이 얼마나 신나는 일인지는 잘 알지만, 결국에는 대개 바쁜 매사에 휘둘려 열정이 식어버린다. 지속적으로 자신을 바꾸기 위해서는, 엄격한 규율이 필요하다. 공식적으로 또는 공개적으로 변화에 대한 헌신을 표출하는 것도 변화를 위한 우리의 노력을 지속하는 데 도움이 된다.

전념 신호등

더 효과적으로 생각하는 사람이 되고자 한다면, 어떻게 전념해야 할까? 이를 돕기 위해 나는 '전념 신호등'이라는 쉬운 방법을 고안했다. 창의적 의사결정의 각 관점에 대해 다음 사항을 적어보자.

- 무엇을 그만 둘 것인가? (빨간색)
- 무엇을 계속할 것인가? (노란색)
- 무엇을 새롭게 시작할 것인가? (초록색)

이해, 아이디어 생성, 분석, 실행과 추론에 대한 전념 템플릿은 www.thinking.space 에서 받아볼 수 있다.

어떤 이들은 기존의 습관이나 선호도 때문에 변화하는 데 어려움을 겪기도 한다. 다음 조언을 참고해서 개선시키자.

- 아이디어 생성에 강한 사람들은 많은 아이디어를 떠올리는 데에는 어려움이 없지만, 상대적으로 분석에는 약할 수 있기에 아이디어를 평가하거나 적절한 결정을 내리는데 어려움을 겪을 수 있다.
  조언: 해결책 찾기와 같은 균형적이고 체계적 프로세스가 성공적인 결과를 가정저다주는 지침이 될 것이다.

- 너무 조심스럽고 분석적인 사람은 실수를 하나의 교훈으로 수용하고, 분석 마비를 피하고, 다양한 도구들을 사용해 자신의 창의성에 자신감을 가질 필요가 있다.

그만 둘 일

계속할 일

시작할 일

다짐:
나는…

(표 11.5) 전념 신호등

조언: 정신 낙하산처럼 펼쳐져 있을 때 가장 잘 작동한다는 것을 기억하자. 무의식에 접근하기 위해 백일몽에 빠져보자. 자신과 팀이 비합리적인 아이디어도 만들어낼 수 있는 문화를 조성하자. 더 많은 아이디어를 만들어내기 위해 이 책의 아이디어 생성 기법을 활용해도 좋다.

- 선택적으로 생각하는 사람들은 아이디어 생성 단계를 확장해보자. 확증편향과 '하나의 정답'만이 있다는 사고에서 벗어나기 위해, 자신의 생각을 다른 사람들과 나눠보는 것이 현명할 것이다.
  조언: 개인 브레인스토밍과 그룹 브레인스토밍을 통해 다양한 관점들을 끌어내보자.

- 반응적 생각을 하는 사람들은 결정을 신중하게 내릴 필요가 있음으로, 오래 생

각하고 해결책 찾기와 같은 체계적 프로세스를 사용하는 것이 좋다.

조언: 잘 구축된 프로세스를 관리하는 것이 주도적 사고로 가는 중요한 단계다. 이는 많은 사고 오류를 없애는 데에도 도움이 된다.

매일, 매주 혹은 매월 확인하며 전념의 진척도에 대한 속도를 유지하자. 내가 하는 사소한 활동들도 모두 창의적 성장에 중요하다는 것을 자주 상기하는 것이 좋다.

창의성을 위한 시간

요즘 창의성은 그 어느 때보다도 구하기 힘든 것이 되었다. 사람들은 창의적이게 될 시간이 부족하다고 종종 탄식한다. 소기업의 사업가와 관리자들은 하루하루 너무 과도한 책임을 맡고 있어 더욱 이렇게 느낀다. 시간은 우리에게 가장 소중한 자원이지만 그만큼 관리하기 가장 힘들다.

그러나 다행히 창의성을 위해 시간을 내는 일은, 다른 어떤 것을 위해 시간을 내는 일과 다르지 않다. 시간을 관리하지 않으면, 우리는 잘못된 일로 매시간, 매일, 매주를 보내거나, 동시에 모든 일을 처리하려고 무리하면서 일상의 쳇바퀴를 돌게 될 수가 있다. 더 심각하게는 혁신 과제와 같이 크고 중요한 프로젝트의 시작을 미루게 될 수도 있다. 이런 이유로 링크드인, 3M, 애플과 인튜이트Intuit와 같이 미래를 내다보는 회사들은 직원들에게 새로운 아이디어를 내고 업무 외의 프로젝트에 몰두할 수 있는 자유시간을 주기도 한다.

창의성이 갑작스러운 일이나 특별한 목적 없는 업무로 인해 밀려나는 것은 흔한 일이다. 하버드 비즈니스 리뷰Harvard Business Review가 출간한 줄리안 벌킨쇼Julian Birkinshaw와 조든 코헨Jordan Cohen(2013)의 연구에 의하면, 지식노동자들은 평균 41%의 시간을 개인적 만족감이 적고 다른 사람에 의해 대체될 수 있는 활동에 사용하고 있다고 한다. 왜 그런 것일까? 심리학적 관점에서 보면, 우리의 뇌는 힘겨운 프로젝트를 회피하고 그 대신 사소하고 가치가 낮은 과업들에 몰두함으로써 마치 생산적인 업무를 한 것처럼 '가장'하기 때문이다. 뇌는 우리가 매우 바쁘다고 생각하게 만들지만, 아무런 유의미한 결과를 만들어내지 못한다.

창의적이고 놀라운 아이디어들을 많이 가지고 있다고 하더라도, 시간을 관리하지 않으면 결코 아이디어를 실행에 옮기지 못할 것이다. 성공을 위해서 창의성은 생산적이어야 한다. 그렇지 않으면 입에 발린 말만 하게 될 것이다. 하지만 어떻게 생산성을 잃지 않고 창의성을 극대화할 수 있을까?

인생은 언제나 미친 듯이 바쁘게 돌아간다. 그 와중에도 효율적으로 일할 수 있게 해줄 사소한 습관들이 있고, 창의적으로 일할 수 있게 해주는 전문적인 규칙들이 있다. 종종 이런 것들에 조금이라도 투자하는 것이 가장 큰 성과를 만들어준다. 다음은 창의성을 실행에 옮기고 시간을 사용하며 혁신적인 가치를 더 만들어내는 전략들을 소개한다.

1. 초점을 찾자

오랫동안 우리는 멀티태스킹을 통해 창의성과 책임감을 키울 수 있다고 믿어왔다. 불행하게도, 과학은 "그렇지 않을걸요"라고 말한다. 하버드경영대학의 테레사 아마빌Teresa Amabile(2002)과 그녀의 동료들은, 창의성과 혁신을 요구하는 프로젝트에 참여한 9,000명이 넘는 사람들의 업무 패턴을 평가했다. 이들은 이를 통해 초점과 창의성이 매우 밀접하게 연결되어 있다는 사실을 발견했다. 사람들은 방해받지 않을 때, 한 사람하고만 협업할 때, 한 가지 과제에만 집중할 때 더욱더 창의적이었다. 그와 반대로 이메일이나 미팅같이 사소한 일들로 자주 방해받거나, 여러 명과 회의를 하게 되면, 사람들의 창의성은 떨어졌다.

이에 대해 잠시 생각해보자. 우리가 이메일이나 SNS에 응답을 하거나 동료와 대화를 하는 일은, 단지 회신을 하거나 의견을 동료에게 전달하는 것이 아니다. 잠시 방해받았기 때문에, 우리는 다시 집중력을 끌어올려야 한다. 그러지 않은 사람들도 있지만, 나는 어떤 일에 몰입하다가 방해받으면 다시 그 흐름으로 돌아가는 것이 정말 힘겹게 느껴진다. 특히 창의성이 필요한 일일수록 그렇다. 또한 중요한 결정을 내려야 할 때도, 생각과 생각 사이 혹은 일과 일 사이를 너무 자주 왔다 갔다 한다면, 최선의 결정을 내리기 어려워질 것이다.

하루의 일정을 살펴보자. 종일 연이은 미팅과 토의로 꽉 차 있는가? 할 일을 적어둔 목록은 어떤가? 다른 사람들도 할 수 있는 요구와 업무들로 가득하지는 않은가? 임원이나 리더에게 이것은 더욱 치명적인 문제이며, 이로 인해 가장 중요한 문제와 혁신 과제들로부터 배제된다.

이런 방해 요소로부터 우리를 지킬 수 있는 좋은 방법은, 창조하고 생각하는 시간을 할당하는 것이다. 정말 창의적이 되기 위해선 우리는 최대한 깊게 몰입할 수 있는 시간을 내야 한다. 나는 운전 중이거나 비행기 혹은 기차에 있을 때처럼, 방해받지 않을 수 있을 때 많은 생각을 하는 것을 좋아한다. 물론 사무실에서 '혼자만의 시간'을 갖는 것을 선호할 수도 있다. 배우이자 코미디언인 존 클리스John Cleese는 〈몬티 파이선Monty Python〉을 쓸 때, 조용하고 방해받지 않을 공간에서 90분 정도를 할애했다. 그리고 결과적으로 그의 글은 동료들의 글들보다 훨씬 창의적이라는 것을 발견할 수 있었다(Rawling, 2016).

자신과의 미팅

주간 일정에 '생각할 시간'을 넣고자 할 때에는 '자신과의 미팅'이라고 생각하는 것이 좋다. 기업들은 보통 연구 개발R&D부서를 갖고 있고, '생각할 시간'과 똑같은 일을 하고 있다. 연구 개발을 위해 목요일 오후 2시간을 할애하는 것은 전혀 잘못된 것이 아니다.

지금 하고 있는 일에 당신의 모든 사고를 집중하라.
태양빛은 초점이 맞춰지기 전에는 어느 것도 태울 수 없다.

– 알렉산더 벨Alexander Bell, 과학자이자 전화기의 발명가

좋은 날과 나쁜 날

초점을 찾는 합리적 방법은 주중에 좋은 날과 나쁜 날을 살펴보고, 그 안에서 사고를 조직화하는 것이다. 인재 파견 회사인 어카운템스Accountemps의 2013년 조사에 따르면, 미국의 임원들은 화요일을 가장 생산적인 날로 믿고 있다. 월요일은 보통 미팅이 잡혀있기도 하고, 지난 주말의 밀린 업무를 '따라잡는' 날로 여겨진다. 화요일 다음으로 생산적인 날들은 수요일과 목요일이며, 금요일은 주말이 다가오니 생산성이 떨어진다는 조사가 나왔다.

모두가 이렇게 생각하고 있을까? 당신이 생각하기에 일하기 좋은, 나쁜, 가장 좋은 날은 언제인가?

시간	활동	
아침 6시-8시	창의성	일찍 잠에서 깨는 사람들에게는 창의성은 방해하는 것이 없고 내적 비판가가 잠들어 있는 이때 최고조에 달한다.
8시-12시 30분	문제해결	뇌가 천천히 몸을 풀고, 더욱 분석적인 문제해결 활동에 초점이 맞춰진다.
12시 30분-2시 30분	집중력 저하	생체 시계가 바뀌고 집중력이 떨어지게 됨에 따라, 이른 오후에는 일상적 업무가 적합하다.
2시 30분-4시 30분	문제해결	분석적 사고를 위한 생산적 시간이다.
4시 30분-저녁 8시	원기 회복	휴식, 연습 문제와 독서와 퍼즐 풀기와 같은 두뇌 개발 활동이 좋다.
팁		아침에 하는 우선순위가 높은 사고를 위해 작업 기억을 자유롭게 하는 것이 필요하기에, 미팅과 약속은 오후에 잡는 것이 좋은 아이디어다.

(표 11.6) 아침형 인간의 정신적 시계

시간	활동	
아침 8시-10시	낮은 집중력	올빼미형이 잠을 깨는데 힘들어하기에 이 시간은 힘든 업무에 초점을 맞추기에는 적절치 않다.
10시-12시	창의성	아침의 비틀거리는 상태를 깨고 창의적 뇌가 개시되는 시간이다.
12시-1시	문제해결	분석과 암기와 같은 활동에 적합한 시간이다.
1시-3시	낮은 집중력	정신은 오후 소강상태로 들어가서, 차분한 업무나 동료와 협업하는 데에 좋은 시간이다.
3시-6시	원기 회복	명상과 연습문제로 에너지를 새롭게 함. 독서와 가벼운 퍼즐로 정신을 날카롭게 유지하자.
6시-11시	문제해결	정신이 덜 방해받는 때이어서 중요한 일에 초점을 맞추자.

(표 11.7) 올빼미형 인간의 정신적 시계

하루 중 가장 창의적인 시간

그렇다면 하루 중 가장 창의적인 시간은 언제일까? 타임스는 2006년에, 인간은 아침형 인간과 올빼미형 인간으로 나눌 수 있다는 기사를 낸 적이 있다.

아침형이든 올빼미형이든, 매일 자신의 패턴을 관찰해 가장 창의적인 때를 기록해보자. 오후에 더 멋진 생각이 떠오른다면, 점심 이후에 '창의적 시간'을 한 시간 정도 마련하자. 팀에게도 자신이 생각하는 시간을 갖고 있다고 알리자. 이메일과 웹 브라우저를 닫고, 전화도 잠시 받지 말자. 아무도 방해하지 못하게 하자. 그리고 무사히 창의적 시간을 잘 보냈다면, 괜한 죄의식을 갖지 말고 다시 업무에 집중하자!

2. 잘게 쪼개자

모든 혁신에는 창의적 업무와 생산적 업무, 둘 다 필요하다. 예를 들어 새로운 웹사이트 제작하고자 할 때, 브레인스토밍, 디자인과 같은 과업은 창의적인 부분에 속하고, 프루핑proofing이나 웹 페이지 제작은 생산적인 부분에 속한다(DropTask, 2016). 업무들을 잘게 쪼개고, 각 생산적인 혹은 창의적인 것 중 어디에 더 적합한지를 확인하면 더욱 효율적으로 진행할 수 있다.

업무를 이렇게 나눠서 진행하면 더 잘 몰입할 수 있다. 비슷한 과업들을 같이 묶어 순서대로 작업을 하는 식으로 일정을 짜면, 업무 적응 시간을 줄일 수 있다. 창의성을 더 발휘해야 하는 일이라면, 아예 일상적인 업무들로부터 잘라내어, 아무런 방해도 받지 않고 상상력의 날개를 펼칠 수 있게 하자.

해결책 찾기 프로세스를 진행할 때, 여러 '자그마한' 영역으로 나눠서 사람들이 아이디어들을 개선하고 성장시키기 위해 필요한 휴식시간을 가지도록 하라. 예를 들어 하루에 모든 해결책 찾기 프로세스를 시도하기 보다는, 4일에 걸쳐 각 단계를 진행하는 것이 낫다. 과로를 방지하기 위해, 자주 휴식을 가지며 사람들이 다음 프로세스를 잘 준비할 수 있게 하자. 연이어 120분 동안에 하는 것보다, 짧게 30분 미팅을 4번 가지는 것이 낫다. 이런 접근은 자잘하지만 많은 성과를 이뤄내기에, 열정을 다음 단계에서도 유지할 수 있게 한다.

활동: 도시 이름 떠올리기

'ㅁ'으로 시작하는 7개의 도시를 생각해보자. 그렇게 어렵지는 않을 것이다. 세계 곳곳에 'ㅁ'으로 시작하는 도시는 많다. 어떤 도시들을, 또 몇 개의 도시들을 떠올렸는가? 혹시 7개의 도시를 생각하고 난 후, 피곤해지기 시작했는가?

만약 그렇다면 내일 아침까지는 그 문제에 대해 생각하는 것을 미루자. 그때는 또 다른 7개의 'ㅁ'으로 시작하는 도시들을 생각해 낼 수 있을 것이다 문제로부터 휴식을 취하는 동안에는, 우리의 무의식이 그 문제를 다루고 있기 때문이다. 문제를 의식적으로 생각하는 일은, 정신에 씨앗을 심는 일과 같다. 이후 잠시 물러나야 무의식을 통해 이 씨앗이 자랄 수 있고, 머릿속에서 더 많은 생각들을 만들어낸다. 한번 시도해보면 어떤 일이 일어나는지 알 수 있을 것이다.

3. 일부러 백일몽을 꾸라

대부분의 사람은 백일몽을 바보 같은 실수를 하는 것으로 생각한다. 백일몽을 일 할 시간에 딴짓이나 하는, 바보 같은 일이라고 생각한다. 여긴다. 하지만 나는 백일몽이 우리가 취할 수 있는 가장 심오한 창의적 도구 중 하나라고 자신 있게 말할 수 있다. 오랫동안 미팅을 하며 컴퓨터 앞에서 쥐어짜낸다고 해서 창의적이고 비범한 아이디어가 나올 수 있을까? 아니면 산책이나 운전 중에, 혹은 샤워를 하거나 침대에 누워 있을 때 번뜩하고 신선한 아이디어가 떠오를까? 다행히 당신만 그런 것은 아니다. 우리 모두 의식적으로 생각하지 않고 신경을 끄고 있을 때 오히려 영감이 솟아난다. 많은 위인들도 백일몽을 통해 위대한 업적을 이뤄낼 수 있었다. 여기에 몇 가지 유명한 예들이 있다.

- 아이작 뉴턴: 중력을 발견하고 궤도 이론을 세웠다.
- 토마스 에디슨: 백열등을 포함한 수많은 발명을 했다.
- 알버트 아인슈타인: 상대성원리를 세웠다.
- 볼프강 모차르트: 전설적인 음악 작품들을 만들었다.

아인슈타인은 백일몽을 '사고 실험thought experiments'이라고 부르며 사랑했다. 그는 심지어 이 '실험'이 그의 위대한 발견들을 이끄는데 기여했다고도 밝혔다. 빛의 줄기 위에 앉아 우주를 여행하는 자신의 모습을 상상하며 상대성 이론을 떠올렸다고 한다.

에디슨은 자신만의 독특한 방법을 백일몽을 활용했다. 그는 편한 의자에 앉아 양손에 볼 베어링을 잡고서 졸곤 했는데, 잠이 들면 볼 베어링이 마루에 떨어지며 그를 깨웠다고 한다. 그리고 에디슨은 막 깨어냈을 때 떠오르는 모든 아이디어들을 노트에 적었다(Gilliard, nd). 오스트리아의 위대한 음악가 모차르트는 시골길을 오랫동안 걷는 상상을 하며, 작품의 기초가 되는 소리를 떠올리곤 했다(Fries, 2009).

아인슈타인이나 모차르트처럼, 우리도 백일몽이나 사고 실험으로부터 도움을 받을 수 있다. 창의적인 생각은 종종 우리가 살면서 익숙한 것과 우리 주변에서 살펴볼 수 있는 것들로부터 영향을 받는다. 백일몽의 아름다움은 더 탁월하고 매력적인 아이디어를 만들어낼 수 있도록, 익숙한 현실에서 우리를 벗어나게끔 해준다는 것에 있다. 문제를 풀기 위해 며칠씩 분투해도, 종종 아무런 진전이 없을 때가 있다. 나는 이때가 바로 밀어붙이는 것을 그만하고, 편하고 자유롭게 생각할 때라는 것을 안다. 아니나 다를까, 창의적 해결책은 예기치 않았던 곳에서 금방 나타난다.

창의적 기법으로서의 백일몽

백일몽의 장점을 사람들에게 말할 때마다, 나는 종종 '백일몽이 그렇게 효과적이라면, 왜 항상 좋은 아이디어가 떠오르지 않는 건가요? 항상 창밖을 응시하고 있는데요!'라는 말을 듣는다.

이에 대한 대답은 간단하다. 여느 다른 유익한 창의적 기법들처럼, 백일몽도 초점이 있어야 하고, 목적지향적이어야 하며, 성공하기 위한 것이어야 한다. 보통 백일몽에 빠질 때는 당연히 아무런 준비와 목표가 없다. 하지만 창의성을 위한 백일몽은, 단지 긴장을 풀고 문제를 잊어버리는 것 이상의 것이다. 백일몽을 창의적 기법으로서 활용하려면, 사전에 발품을 팔고 달성하기를 원하는 것을 인식하는 것이 핵심이다.

백일몽의 과학

시간을 낭비하는 딴짓으로 알려진 백일몽은, 아무도 활용할 생각을 하지 않았다. 그러나 변화의 바람이 불어오는 것인지, 창의성 도구로서의 백일몽에 대한 옹호가 계속 들려오고 있다. 오랜 연구의 결과로, 과학자들은 우리의 뇌가 중앙집행 네트워크Central Executive Network, CEN와 디폴트 모드 네트워크Defalut Mode Network, DMN라는 두 가지 영역으로 구분된다는 것을 밝혀냈다.

활동적이고 창의적인 작업을 할 때, 문제를 해결할 때, 중요한 일을 마무리할 때, 새로운 것을 배울 때에는 '초점을 맞춘' 중앙집행 네트워크('초점을 찾으라' 참고)가 활성화된다. 정원 일을 하고, 낙서를 하거나 산보를 할 때처럼 마음이 느긋하면 우리의 뇌는 '분산된' 디폴트 모드 네트워크가 활성화된다. 이때 우리는 사고의 방향을 통제하지 않으며, 과거를 돌아보거나 미래에 대해서 생각하게 된다. 이렇게 정신이 자유롭게 떠도는 상태에서, 우리는 시각화를 시작하고 수많은 아이디어와 연결을 만들게 된다.

이런 연구에 기초해, 브리티시컬럼비아대학교University of British Columbia의 칼리나 크리스토프Kalina Christoff와 동료들(2009)은 열정적이고 의식적인 생각에 빠질 때보다, 백일몽에 빠질 때 두뇌의 더 많은 영역이 활성화된다는 것을 발견했다. 연구자들은 백일몽에 빠질 때 디폴트 네트워크에 더해서, 두뇌의 실행 네트워크가 동시에 작동한다는 것을 발견했다.

그동안 과학자들은 하나의 네트워크가 작동하면 다른 네트워크는 기능을 하지 않는 것으로 추정했었다. 즉, 백일몽이 두뇌를 최고의 상태로 만드는 것이다! 백일몽에 빠질 때 우리의 뇌는 비어있기는커녕, 가장 바쁘고 창의적이게 되는 것이다. 쉽게 풀리지 않는 문제가 있다면, 주의를 딴 데로 돌리고 '두뇌 휴식'을 취해보자. 그리고 마법이 일어나길 기다리자!

1단계. 할 일을 하자. 혼자, 또는 팀과 함께 문제와 그와 관련된 모든 정보를 살펴보면서 문제를 다시 규정해보거나, 전제에 도전하고 거꾸로 브레인스토밍을 해보는 등 더욱 활동적이고 (의식적인) 창의성 기법을 사용해보며 모든 가능한 해결책을 찾아보자. 이렇게 하면 우리의 정신이 문제를 더욱 깊은 영역에서 이해할 수 있고, 무의식이 더 많이 생각할 수 있게 한다. 문제를 푸는데 비유를 사용하면, 백일몽에 효과적으로 빠질 수 있다. 또한, 캔버스들을 비롯한 이 책에 있는 도구들은 우리가 깨닫지도 못하는 사이에 우리와 우리의 팀이 생각하는 방식을 완전히 뒤바꿔줄 것이다.

2단계. 문제의 스위치를 꺼라. 준비를 마쳤으면, 30분에서 60분 동안 다른 일을 하면서 문제의 압박으로부터 벗어나자. 이는 문제를 무의식의 영역으로 넘기는 의식적인 행동으로써, 밖으로 나가거나 재밌거나 편안한 다른 활동을 해도 좋다. 우리의 생각이 모든 정보를 품은 상태에서 혼자 이리저리 거닐게 하자. 팀원들도 마찬가지다. 모두가 문제에 대해 자유롭게 백일몽을 꿀 수 있게, 커피숍을 가거나 다른 풍경을 보고

올 수 있게 하자.

이처럼 우리의 무의식이 자유롭게, 또 생산적으로 떠돌게 하는 일은, 의식적으로 과제를 직접 해결하고자 할 때는 절대 떠올릴 수 없는 새로운 아이디어와 통찰을 만들어낸다. 정신에게 자기만의 방을 마련해주면, 우리를 위해 놀라운 상상력을 발휘해 줄 것이다.

프로젝트에 진전이 없거나 선택지가 너무 많거나 하면, 이처럼 백일몽을 목적지향적으로 활용해 프로젝트를 촉진할 수 있다. 그리고 다음과 같이 다양한 방법들로 우리는 백일몽을 꿀 수 있다.

- 공원이나 주위에서 머리를 맑게 하는 산책을 하기
- 음악 듣기
- 벤치에 앉기
- 박물관이나 화랑을 방문하기
- 목욕이나 샤워를 하기
- 자전거를 타거나 운전하기
- 정원 가꾸기
- 카페에 가기
- 낙서하기
- 낚시하기
- 심부름하기
- 명상하기
- 아침이나 밤에 깨어 누워있기
- 책상을 정리하거나 사무실 컵을 세척하기

나는 여행을 갔을 때 기차나 비행기 혹은 자동차 안에서 '정신적 방황'을 한다. 산책을 선호하는 사람들도 많다. 예를 들어 찰스 다윈은 런던 주위에서 길게 산책하는 것을 즐겼다. 발명가 토마스 에디슨은 낚시를 잘 하지 못했음에도 매일 거의 한 시간씩 하곤 했는데, 심지어 미끼를 사용하지 않았다. 나중에 나이가 들어서 낚시에 대한 질문을 받았을 때, 그는 그것이 물고기를 잡기 위해 한 것은 아니라고 말했다. 그의 대답은 다음과 같았다. "미끼를 사용하지 않으면 사람들도 나를 괴롭히지 않고 물고기들도 나를 괴롭히지 않는다. 생각을 하는데 최고의 시간이다(Kothari, 2016)".

에디슨의 백일몽은 낚시였다. 이것저것 해보며 자신에게 가장 잘 맞는 방법을 찾자. 백일몽을 꾸는 동안 열린 마음으로 아이디어들을 받아들여라. 떠오르는 모든 아이디어들에 대해 자세히 주의를 기울이고, 노트에 적거나 휴대폰에 녹음하자. 아무리 대단한 아이디어가 떠올라도 즉시 잊어버린다면 아무 소용이 없다!

마인드풀니스Mindfulness 활용하기

새로운 변화를 가져다줄 창의적 사고를 위해서는, 의도적 변화가 필요하다. 아이디어가 샘솟는 환경을 만들기 위한 좋은 방법은 마인드풀니스를 활용하는 것이다. 마인드풀니스는 어떤 판단 없이 현재라는 순간의 세부적인 사항에 자세한 주의를 기울이는 방법이다. 비즈니스와 상관없을 것 같다는 말은 신경 쓰지 말자.

연구에 의하면 마인드풀니스 명상은 독창적 아이디어들을 더 잘 받아들이게 되는 생산적 사고를 촉진하고(Colzato, Ozturk and Hommel,

2012), 창의적 프로세스에 있어 핵심적인 인지적 유연성을 증가시킨다고 한다(Baas, Nevicka and Ten Velden, 2014).

마인드풀니스는 우리가 어떤 사소한 아이디어라도 그냥 지나치지 않게 내적 감수성과 의식을 개발하는 것을 돕는다. 만약 집이나 사무실에서 다루기 힘든 문제로 고통을 받고 있다면, 관심을 다른 데로 돌리기 위해 자연이 있는 가까운 곳으로 짧은 여행을 떠나보자. 조용한 방에 5분 정도 앉아서 시간을 보내는 것도 좋은 방법이다. 그곳에서 마인드풀니스를 활용하자. 같은 문장도 다른 경험으로 느껴질 것이다. 화가의 시각으로 주위를 돌아보고, 음악가의 청각으로 들으며, 조각가의 촉각으로 느끼며, 조향자의 후각으로 냄새를 맡고, 요리사의 미각으로 맛을 보자. 이런 활동들은 20초도 걸리지 않지만, 우리의 인식을 높여 상황을 더 명료하게 바라볼 수 있도록 있게 한다.

그 다음으로 관찰하고 느낀 것들을 노트든 녹음이든 정리하자. 이렇게 기록한 것을 과제와 연결시키면 어떤 아이디어들이 떠오를까? 어떤 새로운 연결점들을 찾을 수 있을까? 오히려 더 근본적인 문제가 있는 것은 아닐까? 문제를 재정의할 필요를 고려하는 것도 중요하다. 듣고, 보고, 느끼고, 생각하는 것을 의식하는 훈련을 더 많이 하면 할수록, 우리의 무의식에는 더 많은 데이터가 쌓이며, 그 결과로 더 많은 아이디어와 연상이 돌아오게 된다.

> 위대한 천재성은 때때로 적게 일할 때 보다 많은 것을 성취한다.
> – 레오나르도 다빈치, 이탈리아의 르네상스 천재 예술가

요점

▶ 이 책의 지식과 도구들을 활용해 다르게 생각하는 능력을 추구하고 개발하고 지속시키는데 전념하자. 좋은 추론은 자신의 인지적 편견을 인식할 수 있는 유일한 방법이며, 이를 통해 더 나은 의사결정을 위한 역량을 가질 수 있다. 철저한 시간 관리, 휴식과 백일몽에 대한 건전한 존중을 지켜나가면, 우리는 일상적인 업무에서도 창의성을 발산할 수 있을 것이다.

▷ 추론 체크리스트. 문제해결에 있어 전략을 더하고, 해야 할 것과 하지 말아야 할 것을 고려하며 객관성을 유지하라.

▷ 의사결정 레이더 V2. 지금까지 나온 내용을 얼마나 잘 이해했는지 확인하기 위해 의사결정 진단을 다시 해보자. 계속 개선해야 할 영역을 다시 확인할 수 있을 뿐 아니라, 배우고, 개선한 기술들이 무엇인지 돌아볼 수 있는 기회다.

▷ 전념 신호등. 전념을 다해 긍정적 변화를 만들 수 있도록 노력하자. 의사결정의 각 관점에 대해서, 무엇을 그만두고(빨간색), 무엇을 지속하고(노란색), 무엇을 새롭게 시작할 것(초록색)인가?

▷ 창의성을 위한 시간이 없다고? 그렇다면 만들어라! 우리의 뇌는 문제를 풀 수 있는 능력을 갖고 태어났다. 복잡한 문제를 해결하기 위해 우리 정신의 집행(초점을 맞춘)과 디폴트(확산된) 능력을 활용하자.

▷ 업무가 바빠도 조용하고 방해받지 않는 시간을 만들어서 초점을 발견하자.

▷ 의도적인 백일몽을 통해 신경 써서 일하는 시간을 줄이고, 새로운 아이디어가 떠오르게 하라. 레오나르도 다빈치를 따라하듯 자신의 감각들을 사용해보자. 보고, 듣고, 맛을 보고, 냄새를 맡고, 느끼는 것에 주의를 기울이자. 몸과 마음이 편할 때, 우리는 더 생생하게 시각화할 수 있고, 상상력은 자극해 더 많은 것을 창조할 수 있게 된다. 떠오른 아이디어를 기록하는 것을 잊지 말자.

12

창의적 리더십

리더십은 사람들에게 효과적인 아이디어를 퍼트릴 수 있는
공간을 제공하는 예술이다.

— 세스 고딘Seth Godin, 미국의 작가이자 전직 인터넷 기업 임원

혁신은 리더십의 핵심이다

크건 작건, 젊건 늙었건, 모든 기업은 조직 내에 창의성을 불어넣고
그것을 키울 방법을 찾아야 한다. 건강한 아이디어가 꾸준히 나오지 않
는다면, 대부분의 조직은 유통기한이 지난듯 신선함을 잃게 된다. 농담
이 아니다. 흐름에 뒤처지지 않아야 한다는 압박감은 항상 있고, 그러므
로 리더는 항상 혁신을 최우선으로 한다.

비즈니스마다 창의적 접근법은 다르겠지만, 결국 사람들을 모아 새
로운 아이디어를 만들어내고 문제를 해결한다는 궁극적인 목표는 같
다. 변화를 만드는 것은 사람들이기에, 최고의 리더로서 우리의 성공은
혁신이 인사팀의 샘Sam으로부터 회계팀의 루이즈Louise에 이르기까지,

모두가 혁신을 만드는 문화를 구축하는데 달려있다.

혁신은 단지 패러다임을 바꾸는 제품이나 서비스 혹은 기술에 대한 것만이 아니다. 더 효율적인 방법을 통해 비용을 절감하고 브랜드 가치를 높이는 것, 어떤 부서가 어떤 업무를 수행해야 하는지 결정하는 것 등과 같이 일을 더 잘하기 위해 돕는, 모든 새로운 아이디어에 대한 것이다. 카이젠(지속적인 개선)도 파괴적 혁신만큼이나 중요하다. 즉 창의적 리더십이란 사람들이 매일 유쾌하고, 대담하게 아이디어를 찾을 수 있도록 격려하는 것이며, 이를 통해 기업은 공동의 목표를 향해 더욱 빨리 나아갈 수 있다.

해결책 찾기와 같이 적절한 프로세스를 익히는 것도 매우 중요하지만, 혁신은 그것을 지지하는 문화와 환경 없이는 잠재력을 발휘할 수 없다. 팀원이든, 아니면 기업을 이끄는 CEO든, 직책에 상관없이 누구나 자신의 부서 혹은 영향력의 범위 내에서 동료들과 함께 창의적으로 리더십을 발휘할 수 있어야 한다. 혁신을 위해 '깃발을 드는 것'은, 다음과 같은 실용적인 방법들을 의미한다.

- 거시적으로 보기. 단지 자만심으로 가득 찬 진부한 이야기나 영감이 부족한 단조로운 생각보다, 비즈니스를 위해 유의미한 방향을 정하고 타인들에게 열정을 불어넣을 수 있는 능력.
- 성공뿐만 아니라 실패로부터 통찰을 이끌어내기. 창의성은 위험을 감수하고 실험적일수록 더욱 성공적이게 된다. 모든 실패는 미래에 더 나은 선택을 내릴 수 있게 해줄 또 하나의 기회다.
- 기업에서 놀이를 우선으로 하기. 직장을 재밌게 만드는 것은 창의적 흐름을 돕

는 중요한 방법이다. 더 많이 놀수록, 놀이는 문화로서 자리를 잘 잡을 수 있다.

- 낙관주의의 원천이 되기. 부정적 태도에서 긍정적 태도로의 변화. 할 수 있다는 마음. 꾸준히 긍정적인 리더는 매사 좋게 보고, 팀을 앞으로 전진시키기 위해 비관적 분위기를 극복한다.
- 실험을 해볼 수 있는 지원 시스템을 도입하기. 시스템을 통해 부서를 가로질러 정보를 공유하고 아이디어를 상호 교류하는 것을 허용하기.

<u>종반전</u>

창의적 리더십의 가장 큰 도전 중 하나는, 동기부여를 통해 사람들을 열정적으로 혁신에 참여시키는 것이다. 많은 사람은 자기 자신들을 창의적으로 여기지 않고, 새로운 아이디어를 가지는 것도 자신의 일이라고 느끼지 않는다. 사실 조직이라는 시스템은 사람들의 창의성을 발휘시키기보다는 질식시키는 방향으로 설계되어 있다. 사람들을 긍정적 변화로 고무시키고 초점을 맞추는 가장 강력한 방법들 중의 하나는, 높은 의미, 회사나 구체적인 혁신 프로젝트에 대해서 가지고 있는 목적지향적 사명과 큰 그림에 연결시키는 것이다. 오늘 당신이 하고 있는 것이 당신의 사명이다. 당신의 야심이 곧 당신의 미래를 만든다.

우리의 사명

우리가 이 일을 하는 이유는 무엇일까? 우리 사업의 가장 중요한 목적은 무엇인가? 이것은 돈 이상의 것이어야 한다. 우리는 사람들이 수용하고, 공유하고 믿는 사업을 하고 있어야 한다. 아메리칸 익스프레스American Express(2017)의 조사에 따르면, 미국과 영국, 프랑스와 독일의 밀레니얼 세대의 62%는 세상에 의미 있는 변화를 만들고 싶어 하며, 74%는 사람들과 공감하는 진정한 목적의식을 가진 비즈니스가 진정한 미래의 성공적인 비즈니스라고 믿고 있다. 이런 조사는 어떻게 직원들을 장기적으로 업무에 몰입시킬지에 대한 창의적 통찰을 제공한다. 즉, 리더들은 직원들이 일하면서 의미와 가치를 찾을 수 있는 조직을 만들어야 하고, 직무로부터 받는 외적인 보상을 넘어서는 대의명분을 줄 수 있어야 한다.

잘 정의된 사명은 조직과 팀의 영혼으로서 힘을 발생시킨다. 구글은 '세계의 정보를 조직화해서 이를 누구나에게 접근 가능하고 유용하도록 하는 것'을 약속한 반면, 레고는 '미래의 건설자들에게 영감을 주고, 그들을 성장시키는 것'을 사명으로 삼고 있다. 사명은 직원들이 창의적 노력을 헌신할 수 있게 하는 닻으로 작용한다. 팀에서 당신의 존재 이유에 대해 알기 위해, 당신의 강점과 가치와 열정이 무엇인지 탐색해보자 (Mühlfeit and Costi, 2017).

- 강점. 팀/회사로서 강점은 무엇인가? 당신만의 독보적인 능력으로서 두드러지는 것이 있는가? 제품이나 서비스, 인적/물적 자원으로서 당신의 능력을 평가해보자. 엔지니어링 분야의 대가인가? 아주 영리한 세일즈 팀을 내세우고 있는가? 혹은 영국의 거대 소매업체인 테스코Tesco처럼, 고객의 가치를 곧 자신의 가치로 여기고 있는가?
- 가치. 팀/회사의 가치는 무엇인가? 가치는 당신의 고객과 같이 일하는 직원들

을 더 깊게 연결해주는 원칙, 철학과 긍정적 의도다. 당신의 핵심 가치가 무엇인지 아직 명확하지 않다면, 팀에게 '우리에게 무엇이 중요한가?'라고 묻고 그들이 어떤 언어를 사용하고 있는지 주의 깊게 살펴보자. '재미있게 일하는 것'에 중점을 두는가? 아니면 스피드, 다양성, 정직, 팀워크 같은 기업가 정신에 흥미를 느끼는가?

- 대중들에게 어떤 이미지를 전달하고 싶은지도 생각해보자. 사람들이 당신의 기업을 어떤 눈으로 바라보기를 원하는가? 버진은 끝없는 호기심, 마음을 움직이는 서비스와 똑똑한 혁신을 근원적인 철학으로 삼은 반면, 포드는 과거의 광고 캠페인에서 표현한 바와 같이 '제품의 질을 제일 중시한다Quality is job 1'(Petersen, 2007).

- 열정. 팀/회사로서, 무엇에 열정을 느끼는가? 무엇보다 왜 당신이 이 비즈니스에 있는지를 생각해봐야 한다. 당신은 왜 이 회사에서 일하고 있는가? 당신의 열정이 곧 사람들에게 왜 그들이 당신과 비즈니스를 해야 하는 지를 말해준다. 열정은 브랜드를 살아 있게 만들고 사람들이 보고 느낄 수 있는 전염성이 있는 에너지다. 거대한 기업, 지속가능성, 혁신, 사람 혹은 연예 업종 등 당신은 어떤 것을 만드는데 열정을 느끼는가? 당신의 회사를 움직이는 것이 무엇인지 찾아내고 그것을 수용하라.

사람을 움직이는 비전

성공은 어떤 모습을 하고 있을까? 지금부터 3, 5, 10년 후의 당신은 어디에서, 무엇을 하고 있을까? 당신의 팀이 자신들이 어디를 향해 가고 있는지 모르고 있다면, 혁신을 기대하기 어려울 것이다.

창의적 리더는 과거와 현재에 대한 명료한 이해를 갖고, 다른 사람들이 따라올 수 있는 확실하고 영감이 넘치는 미래를 그린다. 그리고 모두가 같은 마음으로 모험을 하게 된다. 물론 기업은 주주가치, 이익 혹은 다른 재무적 목표를 극대화하는 것을 목표로 삼아야 한다. 하지만 사람들은 그것들을 위해 뛰어들지는 않을 것이다. 당신이 그리는 미래는 강렬한 인상을 남겨야 한다.

3M의 비전은 '모든 회사의 발전을 도모하고 모든 가정의 생활을 윤택하게 하고 전 인류의 삶을 향상시키는 것'이다. 아마존은 '고객들이 온라인으로 원하는 어떤 것이든 그것을 찾고 발견할 수 있는 지구에서 가장 고객 중심적인 회사가 되는 것'을 목표로 하고 있다. 혁신이 당신을 위해 무엇을 해줄 수 있는지 알고 싶다면, '만약 …라면'이라는 질문을 던지자. 예를 들어 '만약 우리가 해결책에 100만 파운드를 사용할 수 있다면?' 혹은 '만약 현재의 비즈니스 모델을 폐기한다면?'라는 질문을 던져보자.

더 나은 미래를 위해서는 반드시 변화가 필요하다. 사람들은 격려를 받으며 창의성을 사용할 수 있을 때 더 잘 도전하게 된다. 하지만 미래에 대한 비전이 불분명하면 이런 일은 일어나지 않을 것이다. 기업이 정체될 것인지, 아니면 미래를 위해 변화할 것인지는 리더에게 달려있다.

전략적이 되기

전략적 계획과 목표는 미션과 비전으로부터 출발한다. 우리의 내적 사명은 우리와 우리의 업무가 '왜' 우리가 존재하는지에 대해 알려주고, 우리의 외적 비전은 우리는 '어디로' 가는지와 무엇을 의도하는지를 나타낸다. 이 둘은 우리가 목표에 달성하기 위해 필요한 전략을 고안하는 것을 도와준다. 최종 단계의 상세한 부분까지도 다른 사람들이 같이 참여할 수 있도록 길을 만들어라. 제대로 된 전략이 있으면, 당신과 당신의 팀은 다음에 무엇을 해야 할지 고민할 필요 없이 비전과 사명을 다하는 데에 에너지를 모을 수 있다.

케이스 스터디: 살아있는 회사

많은 회사들이 오래 존속하지 못하는 이유는 무엇일까? 로열 더치 쉘Royal Dutch Shell의 임원이었던 아리 드 게우스Arie de Geus(1999)는 짧게는 100년에서 길게는 700년까지, 즉 다른 기업들보다 오래 살아남은 듀폰DuPont, 미쓰이Mitsui와 지멘스Siemens 등 기업들을 연구했다.

그 결과, 그와 그의 팀은 장수한 기업늘이 단지 수익에만 초점을 두는 것 이상으로, 분명한 가치와 강한 정체성으로 사람들이 뭉쳐 있다는 경향을 발견했다. 심지어 가장 다면적인 기업들의 직원들도 기업에 소속감을 크게 느끼고 있었다.

또한 '변화 관리'에 매우 능하다는 공통점도 있었다(de Geus,1997). 장수하는 기업들은 창조, 혁신과 학습을 위해서라면 적극적으로 격려하는 태도를 보여주고 있었다. '살아있는 회사living company'의 반대말은, 단지 돈을 벌기 위해 존재하는 '경제 회사economy company'다. 우리의 목적은 이익인가? 아니면 사람인가? 만약 전자라면, 우리의 회사를 앞으로 10년 내 사라질 수도 있다.

실패할 자유와 학습

비즈니스는 성공과 실패의 반복이라는 것을 우리는 안다. 아무리 잘 준비를 해도 예상대로 흘러가지 않는 일이 허다하고, 이것은 어쩔 수 없는 비즈니스의 법칙이다. 창의성이 모험적이고 실험적인 환경에서 잘 자란다는 것에 반대하는 혁신가는 없을 것이다. 물론 위험을 감수하고 모험을 감행하는 것은 쉬운 일이 아니다. 혁신을 위한 새로운 아이디어는 짜릿한 경험을 주기도 하지만 사람들의 일상 업무와 '정상적인' 활동에서 벗어나게 하기 때문이다.

> 만약 당신이 때때로 실패하지 않는다면,
>
> 매우 혁신적인 어떤 것도 시도하지 않고 있다는 신호다.
>
> ─ 우디 앨런Woody Allen, 미국의 극작가이자 감독

미지의 세계

대기업들에게는 미지의 것에 대한 두려움은 광범위하게 퍼져있다. 그들은 보통 예측가능한 결과를 중시한다. 그들은 최적의 전략적 결정을 하기 위해 일찌감치 미래를 예측하고, 그것만 따른다. 이것이 문제다. CEO들은 새로운 방향을 위한 신선한 아이디어들을 너무 쉽게 외면한다. 90년대 이후의 비즈니스 모델이나 전략이 지금 이상 없이 유지되고 있다면, "고장 나지 않았다면, 굳이 고치지 마라"라고 말하며 굳이 점검하지 않으려고 한다.

대부분의 기업들은 여전히 '성배'와 같은 아이디어에 대한 환상이 있

다. 과거에 시도해봤기에 증명된 것이라는 안정감을 가져다줄 수 있는, 그러면서도 새롭고 완벽한 아이디어만을 고집한다. 하지만 그 순간은 다가오지 않을 것이다. 새로운 아이디어는 위험한 것이며, 그 과감함이 우리를 가보지 못한 곳으로 이끈다. 이상하게도, 미지의 것에 대한 두려움은 보통 우리가 성공하면 할수록 더욱 커진다. 더 많이 성취했을수록, 조직의 규모가 더 클수록, 실수로 인해 더 많은 것을 잃을 수 있기 때문이다.

실패로부터 배우기

실패를 좋아하는 사람은 없겠지만, 실패는 종종 우리에게 가장 큰 교훈을 주기도 한다. 가장 존경받는 사람들과 기업들도 시행착오를 겪었지만 결국 우뚝 일어섰다. 픽사는 〈토이스토리Toy Story〉의 성공 이전에, 컴퓨터 제조부터 애니메이션 제작으로의 업종 변경을 포함해 16년간 다양한 실험들을 하며 혼란을 겪었다. 화이자는 고혈압과 협심증 치료를 위한 신약의 실험을 진행했을 때, 기대한 것보다 효과적이지 못한 결과를 낸 적이 있다. 실험의 남성 참가자들로부터 의외의 부작용을 발견할 수 있었다. 그리고 이것이 바로 화이자가 전략을 뒤집어 소위 '효력 있는 알약'인 비아그라Viagra를 탄생시킨 계기였다.

마이크로소프트의 공동 창업자인 폴 앨런Paul Allen과 빌 게이츠가 처음으로 시도했던 벤처는 도로 테이프를 유용한 데이터로 만드는 기구인 트랩 오 데이터 8008Traf-O-Data 8008이었다. 물론 좋은 결과를 만들지는 못했지만, 앨런은 이 경험을 다음과 같은 말로 긍정적으로 회고한다. "트랩 오 데이터 8008은 성공한 것은 아니지만, 몇 년 후에 마이크로소프트의 첫 번째 제품을 만드는 데에 영향력을 미쳤습니다".

혁신가에게 있어 실패는 장애물이 아닌 디딤돌이고, 독보적인 길을 만드는 데 도움을 주기도 한다. 실패에 대한 시선을 바꿔야 실패를 기회로 만들 수 있다. 만약 우리가 처음부터 실패를 바로잡으려고만 한다면, 상상력을 마음껏 발휘할 수 있는 창의적 과정을 건너뛰게 되어, 그 혜택을 누릴 수 없을 것이다. 더 많은 답을 찾기 위해 문제를 재규정하고 전제에 도전하고 관점을 변화시키거나 다른 아이디어를 테스트해보지 못할 것이다. 오류는 언제든지 발생할 수 있으나, 그것들을 통해 완전히 새로운 기회를 발견할 수도 있다.

우리가 할 수 있는 최선은 실수로부터 배우는 것이다. 하지만 그러기 위해선 우선 자유롭게 실수해도 괜찮다고 마음먹어야 한다. 스스로의 실수에 대해 당신은 얼마나 관대한가? 또, 당신의 팀이 저지른 실수에 대해 당신은 얼마나 관대한가? 리더로서도 우리는 다음과 같은 실패의 긍정적 측면을 볼 수 있어야 한다.

① 실패는 지금까지 수많은 사람들이 다녀가서 잘 다져진 길로부터 벗어났다는 증거다. 안전한 영역에서 벗어났다는 것은 좋은 일이다.

② 한 번의 실패는 곧 그 방법이 통하지 않는다는 것을 알게 해준다. 우리는 통하는 방법이 아니라, 통하지 않는 방법을 통해 배운다! 중요한 것은 같은 실수를 다시 하지 않도록 실패로부터 배운 것을 마음속에 새기는 일이다.

③ 실패는 매번 새로운 방법을 시도할 수 있는 기회를 다시 준다.

실수를 관리하기

창의적인 성취를 위해서 실수는 불가피하다. 그렇다면 우리는 어떻게 실수와 오류를 관리할 수 있을까? 탈이 나지 않게, 다른 무언가로 부르는 방법은 어떨까? 예를 들어 포 시즌즈 호텔Four Seasons Hotels & Resorts은 실수나 오류 대신, '글리치Glitch, 작은 문제'라고 부르기로 했다 (Gower, 2015).

매일 각 부서는 '글리치 보고서' 미팅을 열고, 전날에 생긴 작은 문제들에 대해서 의논하고 어떻게 바로잡아서 최선의 결과를 만들지를 얘기한다. 실패나 실수라는 말은 마치 회복할 수 없는 최종적인 상태처럼 들리지만, 작은 문제는 개선의 영역을 확인하는 기회로 받아들일 수 있다.

'탓하지 않는' 문화를 목표로 하고 팀에게 권한을 위임하자. 물론 의료 업세 같은 몇몇 업계에서는 오류에 대해 엄격하지만, 권한 위임은 관습에서 벗어난 방법을 발견할 수 있는 강력한 도구다. 픽사, 아마존, 다이슨, 구글과 같은 브랜드들은 실패를 수용하는 것을 중요하게 생각하고 있다.

픽사의 리더들은 직원들이 쑥스러움과 묵살에 대한 두려움 없이 실패할 수 있는 환경을 중요하게 여긴다. 픽사의 공동 창업자이자 회장인 에드 캣멀Ed Catmull은 다음과 같이 말한 적 있다. "우리는 실패할 것이기에 안전하게 실패할 수 있게 만드는 것이 필요하다. 쑥쓰러움을 극복하면, 우리 자신을 자유롭게 만들기에 더욱 창의적이 된다(Graham, 2015)". 동료들을 성장시킬 수 있는 환경을 만들고, 그들이 더욱 독창적인 작업을 통해 자신이 될 수 있게 하자. 그들이 안전하게 위험을 감수할 수 있도록 격려하자. 팀으로부터 최선을 끌어내기 위해 엄격하고 세세한 기준을 버리고 각자 일하고 있는 환경에 맞게 조정된 넓은 가이드라인에 초점을 설정하자.

창의성이 필요한 업무일수록 이것이 중요하다. 방법이 아닌 목표를 정하면, 사람들도 더 노력하며 전진할 수 있다. 권한을 위임한 직원들에게 경계를 확실히 알려주자("이것이 당신이 할 수 있는 최대입니다"). 그리고 앞으로 일어날 모든 일들과 그 결과에 대해서, 우리가 통제할 수 없다는 것을 이해하자.

맞다. 모두가 실수를 할 것이다. 실수를 하지 않는 이들은 거의 없다. 그래서 우리는 이에 대해 대응하는 법을 배워야 한다. 실수는 잘못된 우선순위, 다른 팀/프로젝트와의 갈등, 부주의, 데이터의 부족 등 다양한 원인들로부터 발생한다.

많은 경우, 이런 실수들의 근본적인 원인에는 특정 해결책에 대한 과대평가나 일반적 편견(선택적, 반응적, 가정적 사고)이 있다. 주주들을 화나게 하고 자금을 크게 낭비하거나 회사의 명성을 먹칠을 할 만큼 최악의 상황이 발생했다고 하자. 개인과 팀 모두에 엄청난 타격이 있을 것이다. 이런 상황에서는 상황을 면밀히 살피고 실패의 긍정적 측면을 파악해, 모든 사람을 궤도에 복귀시켜 다시 출발하게 할 수 있는 리더가 필요하다.

한 번의 시도로 모든 상황을 바로잡아야 한다고 모두가 염려한다면, 다른 아이디어나 색다른 시도를 하기는 어려울 것이다. 이 책의 단계들은 실패할 가능성을 최소화하는 정도는 도울 것이나, 안전지대를 벗어나면 항상 불확실한 결과가 있을 수 있다는 점을 유념하자. 위험을 관리하는데 사용할 수 있는 전략에는 다음과 같은 것들이 있다.

- 작은 위험들을 감수하기. 위험에 대해 각자 어떻게 생각하고 있는지 고민해보자. 일이 잘못되었을 때 얼마나 침착하게 대응할 수 있는가? 회사 전체를 담보로 위험을 감수할 필요는 없다. 때때로 작은 도박들을 하며 어떤 일이 일어나는지 보자.

- 실패를 재규정하기. 실수를 '글리치'나 훨씬 덜 고통스럽게 들리는 다른 것으로 부르자.

- 위험 vs. 보상. 큰 아이디어를 만날 때마다 스스로 질문을 던져보자. 이 아이디어를 실행해본다면 무슨 일이 일어날까? 실행하지 않는다면 무슨 일이 일어날까?

- '실패'가 없는 것처럼 행동하기. 절대 실패하지 않을 것을 안다면, 어떻게 행동해야 할까? 만약 무소선 성공한다는 사실을 안다면, 그것이 당신의 행동에 영향을 끼칠까? 당신이 어떻게 행동할지 한 단계씩 생각해보며 고민해보자.

- 무엇이 잘못될 것인가? 9장의 역장 평가와 법정 도전을 활용해, 프로젝트에서 놓치거나 잘못될 수 있는 가능성이 높은 부분들을 고려하자. 결과가 잘못되는 것을 막아줄 전략들을 개발하자.

- 배운 것을 나누기. 팀과 함께 과거에 실패한 프로젝트와 미래를 위해 그것들로부터 얻을 수 있는 교훈들에 대해 얘기를 해보자. 실패했지만 얻을 수 있었던 긍정적인 측면은 무엇인가? 어떤 위험을 감수했고, 그 위험이 감수할 만한 가치가 있었는지에 대해 회고해보는 것도 좋다. 이는 팀이 실패라는 것을 덜 불편하게 느끼게 해주기도 한다.

- 최악의 시나리오. 일어날 수 있는 최악의 상황은 무엇인가? 그에 대응하기 위한

비상 계획을 세워보며 일어날 수 있는 모든 손실에 대해 대비하자. 아무리 일어날 수밖에 없는 실패라도, 그에 대해 대응을 세워보는 일은 이 실패가 '그렇게 나쁘지 않고' 관리가능하다는 것을 깨닫게 해준다.

- 비난하지 않기. 프로젝트가 실패하면, 무엇이 잘못되었고 왜 그랬는지를 파악하는 것이 제일 중요하다. 참여자들을 비난할 이유는 없다. 만약 같은 실수가 계속 발생하는 상황이라면, 성과가 낮게 지속되는 것에 대한 조치가 있을 것이라고 분명히 알려야 한다..

- 자백하기. 실수는 누구나 한다. 리더도 예외는 아니다. 그럴 때 자신의 실수를 인정하고 자백한다면, 사람들은 그 솔직한 모습에 오히려 높은 평가를 주고 용서할 것이다. 자신의 실수에 대해 얘기하는 것은 자신을 더욱 인간적으로 만들어줄 뿐만 아니라, 다른 이들도 각자의 실수에 대해 얘기할 수 있게 격려한다.

- 재빨리 배우기. 프로젝트의 마무리에서뿐만 아니라 각 단계에서 어떤 진행이 이뤄졌는지 확인해보자. 잘 되고 있는 것은 축하하고, 더 잘할 수 있는 것은 한번 수정해보자. 프로젝트를 자세히 관찰할수록 문제를 빨리 포착할 수 있고, 혹여나 통제가 불가능한 상황이 되는 것을 막아주기도 한다.

놀이를 우선순위에 놓기

백일몽과 마찬가지로, 직장에서의 놀이를 생산적이라고 생각하는 사람들은 거의 없다. 대부분은 놀이를 유아적이고, 시간을 낭비하는 하찮은 것으로 치부한다. 일반적으로 놀이가 일의 진지한 본질과 맞닿아있지 않다고 생각해서 애석한 마음이 든다.

하지만 놀이는 재미의 동의어이기도 하고, 재미는 아이디어를 만들어내는 가장 강력한 방법 중 하나다. 우리는 터무니없어 보이는 놀이를 할 때 사실은 다른 방법들을 시도해보고 있는 것으로, 통하는 방법과 통하지 않는 방법을 알 수 있게 된다. 또한 우리로 하여금 사물을 재구성하고, 안팎과 위아래를 뒤집어보게 해준다. 그 과정에서 우리는 숨겨진 비유를 발견하고, 당연한 전제에 의문을 던지기도 한다. 즐거운 시간을 보내는 사람들이, 항상 진지한 사람들보다 더 많은 아이디어를 만들어내기도 한다.

물론 모든 창의적 프로세스를 가볍게 여겨도 된다는 말은 아니다. 신중함은 아이디어와 교훈을 평가하고, 실제 상황에서 이들이 잘 작동하는데 중요한 역할을 한다. 놀이와 실용성은 상호 배타적인 것이 아니다. 혁신에 있어 둘 다 각자의 중요한 역할을 맡고 있다. 다만, 둘 중 놀이를 먼서 즐기길 바란다. 창의성의 초기 단계에서 아이디어가 잘 자라는 것은 매우 중요하다. 이후 이미 정리된 전략을 실행하거나 비용을 관리하는 일은 실제로 무엇을 창조하는 것은 아니기 때문이다.

진지한 태도를 버리고 재밌어지는 것은 말처럼 쉬운 것이 아니다. 내가 주최했던 워크숍에서 사람들은 이 과정을 정말 힘들어했다. 어쩌면 이 문제는 개인으로서 우리 자신이 아니라, 환경으로서의 직장에 있을지도 모른다. 대부분의 기업은 수익을 추구하기에, 이익에 도움이 되지 않는 놀이나 다른 무작위의 실험을 위한 시간을 내주지 않는다.

채용회사 로버트 하프 인터내셔널Robert Half International이 2012년에 1,400명의 최고 재무 책임자를 대상으로 인터뷰를 진행했다. 응답자 중 24%는 창의성을 죽이는 주범으로 과다한 권위주의를 주목했고, 20%

는 매일 해야 하는 업무를 처리하느라 새로운 아이디어를 만들어내기 어렵다고 지적했다.

과도한 관료주의는 기업이 혁신적으로 변하는 것을 방해한다. 창의성은 이런 압력으로부터 벗어난 자유로운 환경에서 자라난다. 비즈니스를 관리하는 입장이라면, 창의성에 더 적합한 업무 환경이 무엇인지, 또 이를 어떻게 구축할 수 있을지 생각해보자.

재미가 중요해!

웨스턴온타리오대학교University of Western Ontario는 심리학 연구를 통해 긍정적인 업무 환경이 창의성의 원동력이 된다는 것을 발견했다(Nadler, Rabi and Minda, 2010). 이 연구에서 연구자들은 음악과 비디오를 통해 각각 행복한 분위기와 슬픈 분위기를 조성했고, 사람들이 어떤 반응을 보이는지 관찰했다.

긍정적인 분위기에 있었던 사람들은 더 유연하게 생각할 수 있었으며, 창의적으로 문제를 해결하는 것은 물론, 보다 폭넓은 관점을 보여주기도 했다. 이에 대해 연구자 루비 내들러Ruby Nadler는 "일반적으로, 긍정적인 무드는 창의적 문제해결과 유연하지만 신중한 사고를 높이는 결과를 낳았다"라고 말했다. 따라서 업무 중 잠시 인터넷에서 재미있는 비디오를 보는 일이 무조건 시간 낭비라고 할 수 없다. 오히려 계속 창의성을 자극하는 업무 환경을 만들고자 하는 이들에게는 희소식이다.

솔직히 말해보자. 당신은 팀 내에서 재미, 유머와 놀이를 촉진하기 위해 노력하고 있는가 아니면 그것들을 짓밟고만 있는가? 팀과 긍정적이고 밝은 관계를 유지하기 위해서는 편안한 마음으로 경계를 낮출 필요가 있다. 리더들은 대부분 이를 어려워하고 거리를 유지한다. 하지만 창의적 프로세스에 재밌는 일을 조금 도입한다고 해서 리더에 대한 존경이 사라지는 것은 아니다. 오히려 이를 통해 팀원들은 리더를 더욱 존경하게 되고, 가치 있고 훌륭한 아이디어들도 나오게 된다.

"글쎄요, 제 생각에는 내년에는 우리가 성장을 하지는 못할 거예요. 그저 더 재미있게 지냈으면 해요". 이는 더바디샵의 아니타 로딕이 투자자들에게 2003년에 말한 것으로, 이런 리더들로부터 영감을 얻는 것도 좋다(Csikszentmihalyi, 2003). 이는 절대 유치한 것이 아니라, 마치 아이처럼 순수한 마음을 갖게 되는 것을 의미한다. 가장 창의적인 사람은 결국 아이들이다.

케이스 스터디: 버진이 추구하는 '진지한 재미'

재미는 상상력을 고양시키고 찾아내는 주요한 도구 중 하나다. 영감을 받고 행복할 때 우리의 뇌는 사소한 걱정들로부터 잠시 자유로워지고, 더 대범하게 위험을 감수할 수 있게 된다.

버진 그룹의 창립자이자 존경받는 비즈니스 거물인 리처드 브랜슨은 누구보다 이 사실을 잘 알고 있었다. 그는 전통적인 정장과 넥타이를 거의 입지 않았다. 오히려 직접 위험한 곡예를 하는 등 미디어를 통해 여러 충격적인 이벤트들을 과감하게 실행에 옮긴다. 타임스는 브랜슨에 대해 "브랜슨은 모든 사람이 그와 같이 많은 재미를 누리도록 하기 위해 작정한 사람처럼 보인다"라고 말하기도 했다(Branson, 2011).

브랜슨은 또한 동료들도 스스로 즐길 수 있는 분위기를 만들기 위해 열심히 한다. 그는 정기적으로 동료들에게 자신에게 무슨 일이 일어나고 있는지를 편지로 쓰고, 동료들도 자신들의 아이디어를 보내도록 격려한다. 제품 출시, 축하 행사와 미팅 등과 같은 행사에 그가 불어넣은 재밌는 일화들은 많다. 버진 애틀랜틱Virgin Atlantic의 첫 번째 비행은 마술사와 연예인으로 가득차고, 샴페인이 넘쳐흐르는 비행기였다. 탑승객들은 최신 유행곡들을 들으며 왁자지껄 신나게 떠들고 춤을 추었다. 영화 <에어플레인Airplane>을 틀었고, 영화 상영 중간에 승무원들이 초코 아이스크림을 나누어주었다. 이는 곧 새로운 노선을 개통할 때마다 열리는 재미있는 전통이 되었고, 버진 직원들도 적극적으로 행사에 참여했다(Armstrong, 2008).

재미에 대한 버진 그룹의 열정은 그들이 같이 일하는 방식과, 훌륭한 고객 서비스를 제공하는 것에 대해 어떻게 생각하고 있는지 방식에 대해 어떤 기준을 갖고 있는지 보여준다. 그리고 이 열정은 재미와 상관없을 것 같았던 업계에도 성공적으로 자리 잡을 수 있었다.

실용적인 놀이

사람들은 열심히 놀기 시작할 때 일하는 것도 마찬가지로 열심히 사랑하게 된다. 특히 젊은 직장인들이 그럴 경향이 높다. 온라인 인사 전문그룹인 브라이트에이치알BrightHR은 심리학 웰빙 컨설턴트인 로버트슨 쿠퍼Robertson Cooper와의 협력 작업을 통해 영국의 2,000여 명의 직장인들에 대한 조사 결과를 밝혔는데, 많은 밀레니얼 세대들은 다른 어떤 연령층보다 재미를 업무의 중요한 부분으로 기대하고 있었다 (BrightHR and Robertson Cooper, 2015). 덧붙여, 나이와 상관없이 지난 6개월 동안 재미있는 업무에 참여한 사람들이 그렇지 못한 사람들보다 평균 창의성 점수가 55 대 33으로 높게 나타났다. 이런 효과를 보고 싶다면, 다음 기법들을 통해 업무 환경에 재미를 불어넣을 수 있을 것이다.

함께 웃기

유머는 어떤 것이든 더 창의적으로 만들어준다. 왜일까? 첫째, 유머러스하게 생각하면 사고의 폭이 넓어진다. 유머는 긴장을 해소시켜주고, 뇌에 엔케팔린enkephalin, 신체의 통증 감각을 조절하는데 관여하는 호르몬-옮긴이의 흐름을 만들어내며, 이는 새롭고 급작스러운 정신적 변화나 아이디어를 더 잘 수용할 수 있게 해준다. 둘째, 유머는 사물을 덜 진지하게 대하게 만든다.

이것이 핵심이다. 어떤 것에 재미를 느끼면, 우리는 더욱더 전제를 시험해 볼 수 있고 규칙을 파괴할 수 있다. 그리고 이렇게 함으로, 우리는 더 많고 더 나은 선택지들을 찾아내게 된다. 마지막으로 재미는 뇌의 연상 능력을 촉발시켜, 우리가 예상하지 못했던 기존의 아이디어들 간 연결을 만들어낸다. 이는 더 나아가 '아하!' 하며 새로운 관점으로 사물을 볼 수 있는 순간으로 우리를 이끈다.

사람들의 긴장을 풀고 생각을 느슨하게 만들고 싶다면, 브레인스토밍 미팅을 시작할 때 제품과 조직에 재미있는 모토를 만들어 보며 좋다. 창의성에 대해 저술하는 로저 본 외흐Roger von Oech(2008)는 그의 세미나와 컨퍼런스에서 사용하는 방법이기도 하다. 그의 책『꽉 막힌 한쪽 머리를 후려쳐라A Whack on the Side of the Head: How You Can Be More Creative』에는 다음과 같은 예시가 나온다.

- 대출을 원하기까지 당신이 혼자가 아닌 곳(국제적인 은행).
- 우리는 고객customer에 놈cuss을 넣는다(대규모 소매업체).
- 좋은 사람, 좋은 약, 행운(건강 보험 회사).
- 고객이 원하든 원하지 않든 기술의 선구자(컴퓨터 회사).
- 고객 서비스는 우리의 최우선 순위이다. 당신의 불편사항을 삐 소리 후에 남겨라(대형 항공업체).

다음의 아이디어 미팅에서 이를 워밍업 활동으로 시도해보고, 어떤 대담하고 유머러스한 글이 나오는지를 살펴보자. 농담은 누구나 창의적으로 만든다. 유머러스하게 생각하는 방법들은 다음과 같다.

- 창의적 미팅에 열중할 때 5분의 재미있는 비디오를 틀기.
- 팀과 함께 코미디 클럽에 가거나 영화를 보기.
- 사무실의 사람들에게 일어난 재미있는 일을 노트에 적어 동료들과 나누며 웃기.

놀이를 사무실로 끌어들이기

창의성은 사람들이 일하는 물리적 공간에 따라서도 강력하게 성장할 수 있다. 어린이들은 편안하고 활기를 주는 환경에 있을 때 가장 자유롭고 창의적이게 된다. 어른도 마찬가지다. 진지한 업무나 평가받는 입장에서 벗어나 자유롭게 일할 수 있는 공간을 만들어주는 것은 중요하다. 창의적 회사들은 직원들의 창의성을 끌어올리기 위해 보통 재미있는 야외 행사, 레크리에이션, 업무로부터 벗어날 수 있는 휴식 공간 등을 제공한다.

대표적으로 구글의 사옥은 놀이공원에 비유될 정도로 이런 트렌드를 이끌고 있다. 구글에는 물건 찾기 놀이 시설, 게임방, 사무실 내 미끄럼틀, 수족관, 비치 발리 코트, 열대 정글 오두막, 암벽, 큰 공룡 화석, 공짜 음식 카페테리아 등의 시설이 있다. 그루폰Groupon에도 사람들이 쉬고 창조할 수 있는 마법의 숲이 있고, 페이스북에는 비디오 게임, 무료 자전거, DJ 믹싱 시설, 당구대, 해커톤과 목공 가게가 있다.

하지만 기업으로서도 자유를 격려하는 것이 쉽지 않다. 대개는 겉으로만 제공하는 경우도 많다. 그러니 구글처럼 파격적으로 할 필요는 없다. 오히려 기업의 문화와 물리적 시설에 맞춰야 한다. 팀이 어떤 재미를 추구하는지에 대해서도 탐색해보면 좋다. 탁구대와 빈백 의자는 재밌는 디자인을 통해 사람들을 책상으로부터 떨어트리는 것으로 유명하다. 그네, 골프의 퍼팅 그린, 해먹, 다트 보드, 볼풀 등 일과의 단조로움에서 벗어나게 해주는 다양한 것을 설치해 한 단계 더 나아갈 수 있다.

창의성은 단지 사무실 레이아웃이나 인테리어를 바꿔서 개척할 수 있는 것만이 아니다. 노래 경연, 괴짜 총격전, 우스꽝스럽게 차려입는

날, 유머 워크숍, 스파이를 주제로 한 모험 게임, 광대 고용, 생강쿠키 집 장식 대회 혹은 트램펄린과 같은 재미있는 활동들을 병행해야 사람들도 놀이에 적극적으로 참여할 수 있을 것이다.

낙관주의로 혁신하기

혁신이 실패하는 가장 큰 이유 중 하나는, 비관적이고 변화를 쉽게 허용하지 않는 공룡기업들에 의해 종종 저지당하기 때문이다. 다음과 같은 말들을 들어본 적이 있는가?(표 12.1 참고)

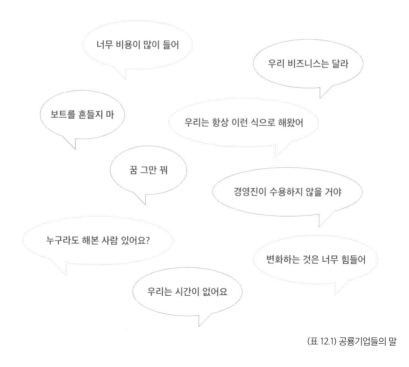

(표 12.1) 공룡기업들의 말

혁신의 설계자로서, 우리는 틀림없이 새로운 아이디어에 대한 반대와 불안을 만나게 될 것이다. 이것은 현상 유지 편향status quo bias이라고 알려진 것으로, 사람들로 하여금 다음과 같이 행동하게 한다(James, 2009).

- 본래 현재의 상태를 선택한 것은 아니지만, 현 상태를 유지하려고 한다.
- 변화의 위험이 변화하지 않을 때의 위험보다 훨씬 안전한 것임에도, 변화를 피하려고 한다.

적을 만들고 싶다면, 뭔가를 바꿔봐라.
－우드로 윌슨Woodrow Wilson, 미국의 28대 대통령,

우리의 창의성을 저지하려는 공룡 기업들과 현상 유지 편향에 맞서는 가장 좋은 방법은 낙관주의다. 낙관주의는 비즈니스에서 심각하게 과소평가되고 있으나, 연구에 연구를 거듭한 결과는 낙관주의가 사람들을 이끌 수 있는 리더의 필수 덕목이라고 말한다. 낙관주의는 특히 현실적인 혁신에 있어서 더욱더 핵심적인 역할을 한다. 변화를 이루기 위해선 많은 에너지가 필요하다. 이때 낙관주의는 더 나은 미래를 위한 희망으로서 우리에게 큰 힘을 주는 연료다.

긍정적 성장
낙관주의는 긍정적 행동과 정신적 회복력을 낳고, 이 둘은 성장과 번영에 필수적이다. 이는 스탠퍼드대학교의 심리학 교수인 캐럴 드웩Carol

Dweck(2006)이 다룬 고정 마인드셋Fixed Mindset과 성장 마인드셋Growth Mindset과의 차이와도 연결된다.

그녀의 연구를 리더십 관점에서 살펴보자면, 고정 마인드셋을 가진 리더들은 개성, 지능, 재능 등 사람들의 기본적인 자질들은 변경 불가능하다고 생각한다. 사람들은 태어난 그대로 살아간다는 것이 그들의 철학이다. 같은 맥락에서, 창의성과 독창성을 개발하는 것은 이들에게 중요하지 않다.

반대로 성장 마인드셋을 가진 리더들은 사람의 자질들이 노력과 불굴의 투지로 개발될 수 있다고 믿는다. 그들은 학습에 큰 가치를 두며, 피드백에 긍정적이고, 창의적 재능에 대한 자신감이 있다. 이런 리더들은 직원들을 칭찬하고, 권한을 위임하며, 동기부여를 하는 등 건설적인 방법들을 추구하며, 시련에 좌절해도 다시 일어선다. 이것 말고 다른 방법은 없다. 만약 우리가 사람들의 창의성을 '성장'시키고 그들의 잠재력을 실현시키기를 돕는 리더가 되고자 한다면, 우리는 낙관적이어야 한다.

쾌활한 창의성

낙관주의는 창의성에 필수적인 긍정적 정서와 몰입을 만들어낸다(Emerald Group, 2015). 바버라 프리더릭슨Barbara Frederickson(2004)은 긍정적 정서에 대한 연구를 통해 '확장과 구축 이론the Broaden and Build Theory'을 설립했다. 이 이론의 핵심은 기쁨, 관심, 감사와 같은 긍정적 정서들은 우리에게 행복과 만족 이상의 효과를 준다는 것이다.

긍정적 정서는 놀이, 인식, 발견, 호기심과 같은 행동들의 영역을 확장하며 우리의 정신을 새로운 가능성, 행동과 아이디어에 개방적이게 만든다. 즉, 긍정적 정서를 통해 우리는 일에 있어서 더욱 유연해지며 창의적이게 된다! 리더가 낙관주의를 자신과 직원들에게 적극적으로 격려하고 전파한다면, 시간이 지날수록 모두가 더욱더 실험적이고 주도적이게 될 것인다. 그렇다면 우리는 어떻게 우리의 팀에게 낙관주의를 퍼트릴 수 있을까? 다음 조언들을 마음속에 새기며 한번 시도해보자.

- 어떤 상황에서도 긍정적으로 생각하자. 우선 매일 긍정적이고 낙관적으로 생각하는 걸 연습해보자. 중요한 일에서 좋은 결과가 있을 때만 기뻐하는 덫에 빠지는 것은 위험하다. 안 좋은 결과에 낙심하고 다시 긍정적인 정서를 회복하는 것보다, 항상 긍정적인 태도를 유지하는 것이 훨씬 쉽다.

- 세로운 것을 빋아들이자. 새로운 아이니어를 시도할 때, 끝까지 해보겠다는 마음으로 모든 사람들이 최선을 다하도록 격려하자. 새로운 제품, 프로세스나 절차의 변화에 대해서도 긍정적으로 생각하자. 미지근할수록 프로젝트는 성공하기 힘들다. 실패는 때로는 큰 도움이 되지만, 계속된 실패는 결국 팀의 창의성을 지속하기 어렵게 만든다.

- 강점을 키우자. 자신과 팀이 무엇을 잘하는지를 생각하고, 거기서부터 시작하자. 자신의 직무 능력을 개발하는데 힘쓰자. 뛰어난 능력을 위해 노력하는 것은, 성공에 필요한 자신감과 성장을 가져다준다. 어떤 성취들이 일어나는지 세심하게 지켜보고 축하하라. 팀의 성장을 북돋우는 것을 신경써서 챙기면, 우리는 더욱 낙관적이고 혁신적인 리더로 발돋움하게 된다.

- 매일 정기적으로 영감을 위한 자료들을 찾아보자. 나는 기업가 정신과 혁신에

대한 TED 비디오와 최근의 인지 연구들을 즐겨 읽는다. 어떤 이들은 매일 명언이나 동기부여 테이프, 성공한 사람들의 자서전 등을 읽는 것을 좋아할지 모른다. 매일 낙관주의와 긍정적 정서를 북돋우기 위해서 무엇을 읽고/보고/듣고/놀고 할지 생각해보자.

- 희망을 바라보자. 우리 모두는 어떤 부정적인 상황에서도 긍정적인 면을 찾아낼 수 있다. 10%를 잃어버린 것보다 90%를 여전히 가지고 있는 것에 초점을 맞추는 것처럼 말이다. 어차피 나쁜 소식이나 불운은 오래가지 않는다. 무기력하게 좌절해 있지 말고, 자신에게 도움이 될 태도를 취하자. 지금 이 상황을 완화하기 위해 당장 무엇을 할 수 있을까? 어디에 기회가 숨겨져 있을까? 할 수 있는 일이 아무것도 없더라도, 그것에 사로잡혀 있지 말자.

- 사람들이 성공할 것이라 생각하자. 사람들의 잠재력을 믿어주는 것은, 우리가 줄 수 있는 가장 큰 선물 중 하나다. 타인에 대한 믿음은 그들이 더 많은 것을 성취하도록 돕는 핵심적이고 효과적인 방법이다. 누군가 계획을 성공적으로 실행하지 못했어도, 그와 언쟁을 벌이는 것은 좋지 않다. 대신 그들을 격려하며, 다음 도전을 위해 필요한 에너지를 마련해주자. "걱정 마세요. 다음번에 더 잘할 거예요."

지원 시스템

만약 창의성이 우리의 모든 프로세스와 프로젝트의 중심이 된다면 어떻게 될까? 조직 내에서의 혁신은 그냥 일어나지 않는다. 혁신을 위해서는 구조적 지원이 필요하다.

먼저 혁신은 리더십으로부터 시작한다. 리더 혹은 관리자는 시스템과 구조를 통해 혁신을 지원할 수 있는 최적의 위치에 있는 셈이다.

그렇다면 어떻게 해야 모든 이들이 편하게 창의성을 발휘하게 할 수 있을까? 현재의 시스템을 혁신에 맞춰 수정할 수 있는 방법은 무엇이 있을까? 규모가 작은 조직은 장애물도 적고 더 유연해서 대규모 조직에 비해 전체적으로 혁신을 실행하기에 더 쉽다. 반면 규모가 큰 조직은 의사결정 프로세스도 오래 걸리고 모든 이들의 아이디어를 진지하게 고려하기도 어렵다.

혁신을 중시하는 리더들은 이런 장애물들을 제거해 같이 일하는 사람들에게 의사결정권을 주고 스스로의 성장에 투자하게 한다. 또한, 정보와 데이터를 공유하고 해야 할 일을 하고 있다고 신뢰하며, 사회적 활동도 활발하게 할 수 있도록 기회를 준다. 이로써 직원들은 실수나 누군가의 반발을 두려워하지 않고 위험을 감수하며 창의성을 발휘할 수 있게 된다. 리더가 아니라 팀원이라도, 여전히 속한 조직에 긍정적인 변화를 줄 수 있다.

처음에는 개인으로서 창의성을 개선하고, 이후 팀에 대한 통찰을 통해 프로세스를 조금씩 변화시켜보자. 직접적인 영향이 아닌 간접적으로, 또 누군가의 승인이 없어도 괜찮은 자연스러운 영역의 변화에 집중하자. 리더나 멘토의 지원을 받아 변화를 일으켜도 좋다. 뜻이 맞는 사람들을 찾아 혁신 집단을 만드는 것도 효과적이다.

혁신은 하룻밤 사이에 일어나지 않는다. 인내심을 갖고 꾸준히 혁신에 대한 집착을 보여주며, 매 단계를 거칠 때마다 더 많은 이들이 합류하도록 하자.

협력의 장

혁신은 우리의 신뢰와 협력이 쌓인 환경에서 탄생한다. 사람들은 책상 위에 있는 디지털 기기로 가상의 세계로 떠나는 요즘의 사무실에서, 사람들이 대면으로 얘기할 수 있는 환경을 어떻게 마련할 수 있을지 고민해보자.

다른 부서의 동료나 외부 손님이 불편함을 느끼지 않고 들를 수 있는 기회들도 만들어보자. 이런 자연스러운 만남을 통해서 성장의 기회를 위한 아이디어와 정보를 얻을 수 있다. 또한 서로 신뢰하고 지원할 수 있는 파트너십을 형성하기에도 좋은 방법이다.

사람들이 더욱 많이 움직이게 되는 환경에 대해서도 생각해보자. 커피머신을 전략적으로 배치할 수 있고, 자리를 자유롭게 배정하거나 복사기를 사무실 중간에 놓아버릴 수도 있다. 쉽게 움직일 수 있는 벽이나 건물 중앙에 넓은 마당을 둘 수도 있다. 라운지나 카페처럼 잠시 모이거나 쉴 수 있는 공간은 사회적 공간으로서 사람들로 하여금 자연스럽게 미팅을 열게 한다.

삼성은 미국의 새로운 사옥에 큰 야외 공간을 층 사이에 마련해 엔지니어와 영업자들이 서로 만날 수 있게 했다. 공용 공간에 아이디어를 위한 보드나 터치스크린을 설치하는 방법도 있다. 링크드인은 아이디어가 떠오를 때 이를 바로 모두가 공유할 수 있도록 하는 '화이트보드 벽'을 사내 전역에 설치했다.

물론 그렇다고 해서 모든 문과 벽을 허물어야 하는 건 아니다. 이런 자연스런 상호작용을 위한 환경을 조성하기 전에, 이를 부담스럽게 느낄 내향적인 사람들에 대해서도 생각해보기를 바란다. 이들에게는 벽으로 보호받는 개인 업무 공간을 제공해보자. 자연스레 일대일 미팅을 위한 공간으로 사용할 수 있을 것이다.

포용적 혁신

공식적인 브레인스토밍 말고도, 모두가 아이디어를 편하게 자신의 아이디어를 얘기할 수 있는 방법은 없을까? 다행히도 수많은 방법이 있다. 예를 들어 경쟁 대회, 워크숍, 이벤트를 열어도 되고, 협력을 웹 플랫폼(크라우드소싱)을 활용해도 된다.

전 디즈니 CEO였던 마이클 아이즈너Michael Eisner는 직원들이 신선한 아이디어를 만들어내는 공쇼Gong Show, 공개적인 재능 경연 대회-옮긴이를 매년 3회씩 열곤 했다. 이때 아이즈너와 임원들은 하루 종일 무대 디자이너부터 비서, 테마파크 직원에 이르기까지 약 40명 정도의 인원이 제시하는 다양하고 괴팍한 아이디어들을 들으러 다녔다. 통과되지 못한 아이디어들이 대부분이었지만, 이는 사람들로 하여금 자신들의 목소리를 높여도 괜찮다고 느끼게 만들었다. 즉, 혁신을 위한 환경을 만드는데 성공한 것이다. 그리고 사실 〈인어공주〉〈포카혼타스〉 같이 디즈니의 많은 이야기들이 이런 프로세스로부터 탄생했다.

어떤 회사들은 일상 업무 중에도 자유롭게 개선과 개발을 위한 제안을 던질 수 있게 함으로써 막대한 혜택을 누리고 있다. 도요타는 매년 직원들로부터 100만 개 넘는 아이디어들을 받는다. 즉, 평균적으로 도요타의 직원들은 매년 100개의 아이디어들을 제출하고, 합하면 수백만 개에 이른다. 물론 대부분은 원대하고 급격한 것이 아니라, 작은 개선을 위한 사소한 것들이다. 하지만 중요한 것은 이런 혁신적인 정신이 배

양되는 문화다. 이렇게 직원들이 아이디어를 제안하는 것은 도요타 웨이Toyota Way의 일부이며, 도요타가 세계시장에서 성공할 수 있는 초석이 되었다. 기술의 발전으로, 지금은 팀의 모두가 아이디어를 어느 때보다 쉽게 낼 수 있게 되었다. 모든 아이디어를 실행할 수는 없다 하더라도, 그 과정에서 만들어진 혁신적인 정신의 가치는 무한하다.

새로운 관점을 위해 외부로 눈을 돌리는 기업들도 있다. 예를 들어 시스코Cisco는 새로운 비즈니스 아이디어를 위해 매년 25만 달러의 상금이 달린 글로벌 혁신 대회를 연다. 투자는 우승한 아이디어에만 진행하지만, 사실 주된 목표는 혁신적인 관계들과 파트너십을 구축하는 것이다. 혁신에 끝이 없는 것처럼, 혁신을 위한 기회도 무궁무진하다는 것을 기억하자.

요점

▸ 조직 전체에 창의성을 풍요롭게 하려면, 리더가 꾸준히 열정적으로 관심을 기울여야 한다. 리더는 혁신을 핵심 역량으로 생각해야 한다. 이 장에서는 창의성과 혁신을 기업의 DNA로 만들 수 있는 실용적인 통찰을 보여준다.

▹ 궁극적인 것에 초점을 맞추자. 창의적 리더십은 본질적으로 목적을 지닌 사명과 비전을 만들고 공유하는 것에 관한 것이다. 팀을 움직이게 만들어줄 열정적인 '왜'와 '어디'를 제공하자.

▹ 실패를 두려워하지 말자. 두려움은 우리로 하여금 미지의 것을 피하게 만들고 위험도 감수하지 못하게 한다. 더 나은 혁신가가 되기 위해서 우리는 두려움과 싸워야 하며, 실행 가능한 기회에 초점을 맞춰야 하고 계산된 위험을 감수해야 한다.

물론 실수하는 것을 좋아하는 이들은 없다. 그러니 만약 우리가 실수를 한다면, 학습의 기회로 받아들이자. 얻을 수 있게 되는 교훈에 기울이고, 방향을 바꿔가며 계속 나아가자.

▷ 놀자. 사무실에서 재미를 느끼지 못하면 창의성을 둔해지게 만들고 전체 업무 환경도 악화시킨다. 우리는 놀면서도 충분히 일을 해낼 수 있다. 놀이에는 많은 형태가 있고, 진지함을 줄이고 재미를 늘려 유머와 함께 뇌의 행복한 측면을 활성화시킨다. 색다른 아이디어를 위한 재미있는 자극과 이를 발견할 자유 시간을 제공하기 위해서는 어떤 업무 환경이 필요할지 고려해보자.

▷ 낙관적으로 살자. 긍정적 에너지의 원천이 되어보자. 비관적 사고를 피하고, 심지어 나쁜 상황이나 해결책에서도 좋은 점을 찾는 습관을 들이자. 사람은 고양되면 자기 의심을 극복할 수 있다. 매사에 긍정적인 것을 추구하자! 좋은 느낌은 장소를 활기차게 만든다.

▷ 시원 시스템을 구축하자. 사람들이 위계 구조의 어디에 아이디어와 정보가 있는지 알 수 있게 세심한 관행들을 허용해주고 열린 네트워크를 통해 아래로부터 혁신하자. 제안과 경쟁 제도는 조직의 안팎에 있는 사람들로부터 새로운 아이디어를 이끌어내고, 협력과 움직임을 위한 사무실 환경의 구조화는 팀들 사이의 창의적 결합을 증가시키는 데에 도움을 준다.

결론 | 이제 어디로 갈 것인가?

> 창의성은 재능이 아니다. 그것은 운영의 한 방식이다.
>
> — 존 크리즈John Cleese, 영국의 배우이자 코미디언

드디어 이 책의 마지막에 도착했다. 하지만 '마지막은 그저 시작'일 뿐이고 우리의 창의적 성공 스토리는 이제 시작된다. 독서는 배움에 영감을 주고 더 창의적인 의사 결정자가 되는데 필요한 도구들을 주지만, 실전에서 창의적으로 되는 것보다 더 좋은 것은 없다.

우리는 많은 분야를 다루었고, 나는 마지막으로 여러분에게 창의성을 키울 때 도움이 될 몇 가지 격려의 말을 남기고자 한다. 창의적 사고는 어떤 측면에선 매우 간단하고, 또 다른 측면에는 매우 복잡하다. 여기서 다룬 것이 말로는 쉽지만, 실제로 혁신을 방해하는 조잡한 사고 습관과 편견들을 부수는 것이 얼마나 어려운 것인지를 나는 잘 안다. 우리는 분명히 더욱 열정적으로 전제를 확인하고 뒤집을 수 있고, 적절히 구조화된 브레인스토밍을 진행하며, 더 강력한 아이디어를 개발하고 더 주도적이 될 수도 있다. 당신의 발목을 붙잡는 것은 당신의 습관이다.

우리는 우리 자신의 사고가 개방적이고, 또 실수에 영향을 받지 않는다고 믿지만, 통계학은 우리가 다른 사람들처럼 동일한 선택적, 반응적, 가정적 결점의 먹이가 된다고 말한다. 즉, 대부분의 브레인스토밍 세션이 제대로 작동하지 않는다는 것이다. 그 이유는 브레인스토밍 자체가 잘못된 것이 아니라 브레인스토밍이 제대로 관리되지 않고, 참여자들

의 사고 오류로 가득 찼기 때문이다. 좋은 소식은 우리가 이 책을 읽었고 우리 뇌를 제대로 운영할 강력한 방법들을 배웠다는 것이다.

결정, 또 결정

우리가 내린 결정은 우리가 하는 모든 것에 영향을 미친다. 그리고 변화는 우리가 내리는 가장 어려운 결정 중 하나다. 그러나 그것은 그만큼 중요하기도 하다. 창의성을 위한 변화는 과거 보다 더 나은 미래를 만들기 위해 반드시 필요하다. 관습적이고 오래된 아이디어만으로는 이제 부족하다. 우리는 지속적으로 모든 업무적 관행에서 혁신과 개선을 추구해야 한다. 이유가 단지 경쟁 환경에서 보조를 맞추기 위한 것이라 할지라도 말이다. 혁신하지 않으면 결국 앞서나가는 세계에 뒤처지게 된다. 단지 버티는 것이 아니라, 새로운 도전을 맞이하고 번영하기 위해 우리는 대담한 결정을 내려야 할 것이다.

혁신은 조직 내에서 그냥 일어나지 않는다. 새로운 아이디어를 촉진하고, 그 아이디어를 유용하게 만드는 적합한 환경과 분위기를 만들어야만 혁신이 일어날 수 있다. 문제를 파악하고, 새로운 가능성을 찾고, 잠재적인 대안들을 평가하거나 새로운 아이디어를 실행할 필요가 있을 때면 언제나 이 책으로 돌아와도 좋다. 효과적으로 브레인스토밍을 하고, 역량을 키워 한계를 넘어서는 창의성을 얻기 위해선 앞서 다룬 4단계 해결책 찾기를 실행하자.

1단계. 이해 - 문제를 정의하기

2단계. 생성 - 아이디어를 떠올리기

3단계. 분석 - 아이디어를 평가하기

4단계. 실행 - 해결책을 실행하기

이 방법으로 단번에 완벽하게 생각하는 사람이 되기는 어렵다. 하지만 최소한 우리의 사고방식에 어느 정도 규칙을 만들어 잘못된 결론을 내리는 것을 막아줄 것이다. 책에 실린 도구와 방법들은 우리의 능력을 키워 문제를 명료히 파악하고, 그것을 창의적이고 생산적으로 대응하게 해줄 것이다.

관점 바꾸기, 거꾸로 브레인스토밍, 머리 vs 가슴 평가에 이르기까지, 다양한 방법들이 아이디어를 촉발시키고 분석에 필요한 모든 데이터에 대해 민감해지는 것을 도와줄 것이다. 사고의 오류를 잡을 때도 한 번에 하나 이상을 대응하게 해줄 테니, 돌 하나로 두 마리(혹은 그 이상!)의 새를 잡을 수 있을 것이다.

물론 오늘날처럼 빠른 비즈니스 세계에서는, 해결책 찾기의 모든 단계를 거쳐가기 어려울 수도 있다. 빠른 의사결정이 오히려 더 중요한 때가 많기 때문이다. 이런 상황이라면 목표에 초점을 맞춰 직감을 믿고 따르는 것이 제일 좋다. 사실 이 방식은 스티브 잡스가 애플에서 내린 대부분의 결정을 만들었다. 반대로, 아무 것도 하지 않으면 아무런 일도 일어나지 않는다는 것도 기억하자.

꾸준히 하라!

창의성을 위한 여정에는 반드시 문제를 맞닥뜨리게 된다. 우리는 그 과정 가운데 좌절을 만날 것을 예상해야 한다. 하지만 좌절하더라도 절대 기죽지는 말자. 대신에 좌절로부터 무엇이 부족한지를 파악하고, 그것들을 하나씩 극복할 때마다 성공을 축하하자. 이 책을 되짚어보며 정기적으로 의사결정 레이더를 확인해봄으로써 우리는 더 자신 있게, 더 나은 의사결정을 내릴 수 있을 것이다. 그리고 그만큼 창의적이고 새로운 아이디어들이 성공할 가능성이 높아질 것이다.

우리를 주저하게 만드는 것보다는, 우리는 이끌어주는 것을 따라가자. 마지막으로 다시 한 번 자기 자신에게 물어보자. 나의 창의성은 얼마나 좋아졌는가? 그리고 얼마나 더 좋게 할 수 있을까?

이 책을 읽어줘서 고맙다. 이 세상에는 더 많은 영감과 혁신이 필요하다. 멋지고 새로운 아이디어를 실행에 옮기는 여러분의 여정이 성공하길 기원한다.

크리스 그리피스

부록 | 활동 답안

한 해의 달들 (18쪽)

April	June
August	March
December	May
February	November
January	October
July	September

등식 (40쪽)

대부분의 사람은 이 문제를 숫자 문제로 보는 경향이 있는데, 정답은 우리가 더욱 시각적이고 상상력을 발휘하며 접근하기를 요구한다.

2+7-118=129는 하나의 직선을 더해서 아래와 같이 된다.

$$247-118=129$$

이제 정확하다! 또 다른 정답은 다음과 같다.

$$= 에 선을 그으면: 2+7-118 \neq 129$$

나뭇조각 떨어뜨리기(54쪽)

정답은 사람과 그 사람이 있는 환경이 어디인가에 달려있다.

1. 사람이 지구 위에 있다면…

나뭇조각은 중력 때문에 땅으로 떨어질 것이다.

2. 만약 사람이 물 안에 있다면…

나뭇조각은 물보다 밀도가 낮기에 표면으로 떠오를 것이다.

3. 사람이 우주에 있으면…

나뭇조각은 어떤 방향으로도 전체적인 힘이 없기에 움직이지 않는다.

섞여 있는 글자들(78쪽)

① 약간의 집중력과 필터링으로, 우리는 아래 단어를 나타내기 위해 관련없는 철자들을 제외한다.

SUPERMARKET

② 이 문제는 다소 까다롭다. 이 문제를 풀기 위해서, 더욱 문자적으로 해석할 필요가 있다.

6개의 철자를 지우는 대신에, 'S'를 지우고, 다음에 'I'를 지우고, 'X', 'L'의 순서로 계속 지워 마침내 'SIXLETTERS'를 지우기까지 지워나간다. 그러면 다음과 같이 된다.

BANANA

가정을 부수는 질문들(95쪽)

① 그는 다른 비행기에 부딪힌 비행기의 공중 광고 문자를 쓰는 비행사였다.

② 그 옆에 더 긴 선을 그으면, 본래의 선은 새로운 선보다 더 작게 된다.

까다로운 격자판(98쪽)

격자판을 반대로 돌려보자. 숫자 6은 9가 될 것이다. 그런 다음, 숫자 1, 9, 1을 다음과 같이 동그라미를 쳐보자.

참고문헌

서론

Adobe (2012) [accessed 21 February 2018] Creativity and Education: Why It Matters [Online] www.adobe.com/aboutadobe/pressroom/pdfs/Adobe_Creativity_and_Education_Why_It_Matters_study.pdf

Adobe (2014) [accessed 21 February 2018] The Creative Dividend: How Creativity Impacts Business Results [Online] https://landing.adobe.com/dam/downloads/whitepapers/55563.en.creative-dividends.pdf

Clayton, CM (1997) The Innovator's Dilemma: When new technologies cause great firms to fail, Harvard Business Review Press, Boston, MA

Gray, A (2016) [accessed 21 February 2018] The 10 skills You Need to Thrive in the Fourth Industrial Revolution, World Economic Forum, 19 January [Online] www.weforum.org/agenda/2016/01/the-10-skills-you-need-to-thrive-in-thefourth-industrial-revolution

Hurson, T (2008) Think Better: An innovator's guide to productive thinking, McGraw-Hill Professional, New York

Innosight (2012) [accessed 21 February 2018] Creative Destruction Whips Through Corporate America [Online] www.innosight.com/wp-content/uploads/2016/08/creative-destruction-whips-through-corporateamerica_final2015.pdf

Kuchera, B (2018) [accessed 22 February 2018] Why the Nintendo Switch Is Selling So Well (update), Polygon, 31 January [Online] https://www.polygon.com/2018/1/4/16849672/nintendo-switch-sales-numbers-success-price-mariozelda

Shapiro, S (2003) Unleashing the innovator, Control, 3, pp 19–1

1장. 의사결정 레이더

Borkowski, J, Carr, M and Pressely, M (1987) 'pontaneous' strategy use: perspectives from metacognitive theory, Intelligence, 11 (1), pp 61–5

Brown, AL (1987) Metacognition, executive control, self-regulation, and other more mysterious mechanisms, in Metacognition, Motivation, and Understanding, ed FE Weinert and RH Kluwe, pp 65–16, Lawrence Erlbaum Associates, Hillsdale, NJ

Griffiths, C and Costi, M (2011) Grasp the Solution: How to find the best answers to everyday challenges, Proactive Press, Cardiff

Hendrick, C (2014) [accessed 12 March 2018] Metacognition: An Overview [Blog], Wellington Learning and Research Centre, 22 September [Online] http://learning.wellingtoncollege.org.uk/resources/metacognition-an-overview/

Kotter, JP and Heskett, JL (1992) Corporate Culture and Performance, Free Press, New York

Lovallo, D and Sibony, O (2010) [accessed 21 February 2018] The case for behavioral strategy, McKinsey Quarterly, March [Online] www.mckinsey.com/business-functions/strategy-and-corporate-finance/our-insights/the-case-forbehavioral-strategy

Sternberg, RJ (1984) What should intelligence tests test? Implications for a triarchic theory of intelligence for intelligence testing, Educational Researcher, 13 (1), pp 5–5

Sternberg, RJ (1986a) Inside intelligence, American Scientist, 74 (2), pp 137–43

Sternberg, RJ (1986b) Intelligence Applied: Understanding and increasing your intellectual skills, Harcourt Brace Jovanovich, New York

2장. 사고 오류(1)·선택적 사고

Brainstorming.co.uk (2011) [accessed 23 February 2018] Creative Thinking Puzzle 2 — the "Drop the Block" Problem, Infinite Innovations [Online] http://www.brainstorming.co.uk/puzzles/dropblock.html

Hart, W, Albarraccin, D, Eagly, AH et al (2009) Feeling validated versus being correct: a meta-analysis of selective exposure to information, Psychological Bulletin, 135 (4), pp 555–88

Kahneman, D (2011) , Allen Lane, London Montier, J (2010) The Little Book of Behavioural Investing: How not to be your own worst enemy, John Wiley & Sons, Hoboken, NJ

McRaney, D (2010) [accessed 23 February 2018] Confirmation Bias, You Are Not So Smart, 23 June [Online] https://youarenotsosmart.com/2010/06/23/confirmation-bias

Newman, R (2010) [accessed 26 February 2018] 10 Great Companies That Lost Their Edge, US News, 19 August [Online] https://money.usnews.com/money/blogs/flowchart/2010/08/19/10-great-companies-that-lost-their-edge

Simonite, T (2009) [accessed 23 February 2018] Think Yourself a Better Picture, New Scientist, 7 October [Online] https://www.newscientist.com/article/dn17930-think-yourself-a-better-picture/

Tedlow, RS (2010) Denial: Why business leaders fail to look facts in the face –. and what to do about it, Penguin, New York

3장. 사고 오류(2)·반응적 사고

Berkun, S (1999) [accessed 28 February 2018] The Power of the Usability Lab [Blog], Microsoft, Nov/Dec [Online] https://msdn.microsoft.com/en-us/library/ms993288.aspx

Ciotti, G (2012) [accessed 25 February 2018] Why Better Energy Management is the Key to Peak Productivity [Blog], Lifehacker, 29 February [Online] https://lifehacker.com/5955819/why-better-energy-management-is-the-key-to-peakproductivity

Frederick, S (2005) Cognitive reflection and decision making, Journal of Economic Perspectives, 19 (4), pp 24–2

Gower, L (2015) The Innovation Workout: The 10 tried-and-tested steps that will build your creativity and innovation skills, Pearson, Harlow Hurson, T (2008) Think Better: An innovator's guide to productive thinking,

McGraw-Hill Professional, New YorkIngrams, S (2017) [accessed 14 March 2018] Which? Reveals 2017' Best and Worst Brands for Customer Service, Which?, 25 August [Online] https://www.which.co.uk/news/2017/08/which-reveals-2017s-best-and-worst-brands-forcustomer-service/

IPA (2017) [accessed 1 March 2018] Adults Spend Almost 8 Hours Each Day Consuming Media, 21 September [Online] http://www.ipa.co.uk/news/adultsspend-almost-8-hours-each-day-consuming-media#.Wpg0mkx2uhc

Kahneman, D (2011) Thinking, Fast and Slow, Allen Lane, London McKeown, M (2014) The Innovation Book: How to manage ideas and execution for outstanding results, FT Publishing,

Harlow Ross, ME (2005) [accessed 28 February 2018] It Seemed Like a Good Idea at the Time, NBCNews.com, 22 April [Online] http://www.nbcnews.com/id/7209828/ns/us_news/t/it-seemed-good-idea-time/#.WpaXu0x2uhd

Statista (2018) [accessed 28 February 2018] Number of Monthly Active Facebook Users Worldwide as of 4th Quarter 2017 (in millions) [Online] https://www.statista.com/statistics/264810/number-of-monthly-active-facebook-usersworldwide/Thomas, O (2009) [accessed 28 February 2018] Even Facebook Employees Hatethe Redesign [Blog], Gawker, 20 March [Online] http://gawker.com/5177341/even-facebook-employees-hate-the-redesign

4장. 사고 오류(3)·가정적 사고

Creating Minds (nd) [accessed 1 March 2018] Assumption-Busting,CreatingMinds.org [Online] http://creatingminds.org/tools/assumption_busting.htm

Davies, N (2008) [accessed 1 March 2018] Our Media Have Become Mass Producers of Distortion, The Guardian, 4 February [Online] https://www.theguardian.com/commentisfree/2008/feb/04/comment.pressandpublishing

Jiji Press (2017) [accessed 1 March 2018] Self-Service Convenience Store Stands and Kiosks Popping up Inside Companies, The Japan Times, 10 August [Online] https://www.japantimes.co.jp/news/2017/08/10/business/corporate-business/self-service-convenience-store-stands-kiosks-popping-inside-companies/#.Wpfcgkx2uhc

Gladwell, M (2011) [accessed 1 March 2018] Creation Myth: Xerox PARC, Apple, and the Truth About Innovation, The New Yorker, 16 May [online] https://www.newyorker.com/magazine/2011/05/16/creation-myth

Kahneman, D (2011) Thinking, Fast and Slow, Allen Lane, London

Kneller, GF (1965) The Art and Science of Creativity, Holt, Rinehart and Winston,New York

Rogers, A and Sheehan, RG (1960) [accessed 1 March 2018] How Come –

Again?

Doubleday, Garden City, NYSword, A (2016) [accessed 18 October 2018] Encyclopaedia Britannica: How a Print Company Embraced Disruptive Innovation in Publishing, Computer Business Review [Online] https://www.cbronline.com/cloud/encyclopaedia-britannica-howa-print-company-embraced-disruptive-innovation-in-publishing-4898586/

Wessel, M (2012) Big Companies Can' Innovate Halfway, Harvard Business Review, 4 October [Online] https://hbr.org/2012/10/big-companies-cant-innovate-halfway

5장. 창의적 문제해결을 위한 준비

Cook, P (1998) The creativity advantage –is your organization the leader of the pack? Industrial and Commercial Training, 30 (5), pp 179–4

Guilford, JP (1967) The Nature of Human Intelligence, McGraw-Hill, New York Hellige, JB (2001) Hemispheric Asymmetry: What's right and what's left, Harvard University Press, Cambridge, MA

Kumar, N, Scheer, L and Kotler, P (2000) From market driven to market driving, European Management Journal, 18 (2), pp 129–2

Sloane, P (2010) How to be a Brilliant Thinker: Exercise your mind and find creative solutions, Kogan Page, London

Stein, A (2012) [accessed 6 March 2018] 9 Differences Between Market-Driving and Market-Driven Companies [Blog], SteinVox, 31 October [Online] http://steinvox.com/blog/9-differences-between-market-driving-and-market-drivencompanies/

6장. 해결책 찾기 1단계·이해

Cotton, D (2016) The Smart Solution Book: 68 tools for brainstorming, problem solving and decision making, Pearson, Harlow

Lehrer, J (2012) Imagine: How creativity works, Houghton Mifflin Harcourt, Boston, MA

Ohno, T (2006) [accessed 13 March 2018] Ask "Why" Five Times About Every Matter, Toyota Traditions, March [Online] http://www.toyota-global.com/

company/toyota_traditions/quality/mar_apr_2006.html

Robertson, D (2013) [accessed 16 March 2018] Building Success: How Thinking "Inside the Brick" Saved Lego, Wired, 9 October [Online] http://www.wired.co.uk/article/building-success

Salter, J (2012) [accessed 13 March 2018] Airbnb: The story Behind the $1.3bn Room-Letting Website, The Telegraph, 7 September [Online] https://www.telegraph.co.uk/technology/news/9525267/Airbnb-The-story-behind-the-1.3bn-room-letting-website.html

Souter, N (2007) Breakthrough Thinking: Using creativity to solve problems, ILEX Press, Lewes, East Sussex

Statista (2018) [accessed 16 March 2018] Airbnb –- Statistics & Facts [Online] https://www.statista.com/topics/2273/airbnb/

7장. 해결책 찾기 2단계·생성(1) 브레인스토밍

Asch, SE (1951) Effects of group pressure upon the modification and distortion of judgment, in Groups, Leadership and Men, ed H Guetzkow, Carnegie Press, Pittsburgh, PA

Buzan, T and Griffiths, C (2010) Mind Maps for Business: Revolutionise your business thinking and practice, BBC Active, Harlow

Cain, S (2012) Quiet: The power of introverts in a world that can't stop talking, Crown Publishing, New York

Delbecq, AL, Van de Ven, AH and Gustafson, DH (1986) Group Techniques for Program Planning: A guide to nominal group and Delphi processes, Green Briar Press, Middleton, WI Diehl, M and Stroebe, W (1987) Productivity loss in brainstorming groups: toward the solution of a riddle, Journal of Personality and Social Psychology, 53 (3), pp 497–09

Eaton, J (2001) Management communication: the threat of groupthink, Corporate Communications: An International Journal, 6 (4), pp 183–2

Ellwood, S et al (2009) [accessed 25 October 2018] The incubation effect: hatching a solution? Creativity Research Journal, 21 (1), pp 6–4 [Online] https://pdfs.semanticscholar.org/88dd/9f655716745abbb357198785064c731f4c5a.pdf

Firestien, RL (1990) Effects of creative problem solving training on communication behaviors in small groups, Small Group Research, 21 (4), pp 507–1

Hirshberg, J (1998) The Creative Priority: Driving innovative business in the new world, Harper Collins, New York

McLeod, S (2008) [accessed 30 April 2018] Asch Experiment, Simply Psychology [Online] https://www.simplypsychology.org/asch-conformity.html

Moore, T and Ditkoff, M (2008) [accessed 30 April 2018] Where and When Do People Get Their Best Ideas?, Idea Champions [Online] http://www. ideachampions.com/downloads/Best-Ideas-Poll.pdf

Osborn, AF (1953) Applied Imagination: Principles and procedures of creative problem solving, Charles Scribner' Sons, New York

Quinn, J (2016) [accessed 30 April 2018] Amazon' Two-Pizza Rule Isn' as Zany as It Sounds, The Telegraph, 12 October [Online] http://www.telegraph. co.uk/business/2016/10/12/amazons-two-pizza-rule-isnt-as-zany-as-it-sounds/

Seppala, E (2016) [accessed 30 April 2018] How Senior Executives Find Time to Be Creative, Harvard Business Review, 14 September [Online] https://hbr. org/2016/09/how-senior-executives-find-time-to-be-creative

Sutton, R (2012) [accessed 23 March 2018] Why the New Yorker' Claim that Brainstorming 'oesn't Work'is an Overstatement and Possibly Wrong [Blog], Work Matters, 26 January [Online] http://bobsutton.typepad.com/page/5/ Sutton, R and Hargadon, A (1996) Brainstorming groups in context: effectiveness in a product design firm, Administrative Science Quarterly, 41 (4), pp 685–18

8장. 해결책 찾기 2단계·생성(2) 도구상자

Duncan, K (2014) The Ideas Book: 50 ways to generate ideas visually, LID Publishing, London

Harris, P (2009) The Truth About Creativity, Pearson, Harlow Microsoft Surface (2017) [accessed 11 May 2018] British Companies at Risk of 'reativity Crisis' Microsoft Surface Research Reveals, Microsoft News Centre UK, 27 July [Online] https://news.microsoft.com/en-gb/2017/07/27/britishcompanies-risk-creativity-crisis-microsoft-surface-research-reveals/

Mind Tools (2010) [accessed 13 May 2018] Reverse Brainstorming: A Different

Approach to Brainstorming [Online] https://www.mindtools.com/pages/article/newCT_96.htm

Proctor, RA (1989) The use of metaphors to aid the process of creative problem solving, Personnel Review, 18 (4), pp 33–2

Rawling, S (2016) Be Creative –Now!, Pearson, Harlow

Sloane, P (2010) How to be a Brilliant Thinker: Exercise your mind and find creative solutions, Kogan Page, London

Sloane, P (2016) Think Like An Innovator: 76 inspiring lessons from the world's greatest thinkers and innovators, Pearson, Harlow

Sull, D (1999) Case study: easyJet' $500 million gamble, European Management Journal, 17 (1), pp 20–8

9장. 해결책 찾기 3단계·분석

Binet, L and Field, P (2013) [accessed 29 May 2018] The Long and the Short of It: Balancing Short and Long-Term Marketing Strategies, IPA [Online] http://www.ipa.co.uk/page/the-long-and-the-short-of-it-publication#.Ww18Y_ZFxPY

Damasio, AR (1994) Descartes' Error: Emotion, reason and the human brain, Avon Books, New York

Gibb, BJ (2007) The Rough Guide to the Brain, Rough Guides, London

Gower, L (2015) The Innovation Workout: The 10 tried-and-tested steps that will build your creativity and innovation skills, Pearson, Harlow

Lewin, K (1951) Field Theory in Social Science: Selected theoretical papers, Harper & Row, New York

Moore, LB (1962) Creative action –the evaluation, development and use of ideas, in A Sourcebook for Creative Thinking, ed SJ Parnes and HF Harding, Scribner', New York

Rebernik, M and Bradač B (2008) [accessed 22 May 2018] Module 4: Idea Evaluation, Creative Trainer [Online] http://www.innosupport.net/index.php?id=6038&L=%273&tx_mmforum_pi1[action]=list_post&tx_mmforum_pi1[tid]=4096

Roland, L (2013) [accessed 29 May 2018] The Long and Short of It: Measuring Campaign Effectiveness Over Time, WARC, 12 June [Online] https://www.warc.

com/newsandopinion/opinion/the_long_and_short_of_it_measuring_campaign_
effectiveness_over_time/1727

Schultz, N (2011) [accessed 21 May 2018] Chess Grandmasters Use Twice the
Brain, New Scientist, 11 January [Online] https://www.newscientist.com/article/
dn19940-chess-grandmasters-use-twice-the-brain/

Stevens, GA and Burley, J (1997) 3,000 raw ideas = 1 commercial success!
Research Technology Management, 40 (3), pp 16–7

10장. 해결책 찾기 4단계·실행

Bandura, A (1977) Self-efficacy: toward a unifying theory of behavioral
change, Psychological Review, 84 (2), pp 191–15

Barsh, J, Capozzi, MM and Davidson, J (2008) [accessed 12 June 2018]
Leadership and Innovation, McKinsey Quarterly [Online] https://www.mckinsey.
com/business-functions/strategy-and-corporate-finance/our-insights/leadership-
andinnovation

Bharadwaj Badal, S (2015) [accessed 5 June 2018] The Psychology of
Entrepreneurs Drives Business Outcomes, Gallup [Online] http://news.gallup.
com/businessjournal/185156/psychology-entrepreneurs-drives-business-
outcomes.aspx

Cheshire, T (2011) [accessed 8 June 2018] In Depth: How Rovio Made Angry
Birds a Winner (and What' Next), Wired, 7 March [Online] http://www.wired.
co.uk/article/how-rovio-made-angry-birds-a-winner

Collins, M (2015) [accessed 15 June 2018] In One Ear and Out the Other:
What Powerful People Do Differently, Texas Enterprise, 6 February [Online]
http://www.texasenterprise.utexas.edu/2015/02/06/research-brief/one-ear-and-
outother-what-powerful-people-do-differently

Dewey, J (1933) How We Think: A restatement of the relation of reflective
thinking to the educative process, D.C. Heath and Company, Boston, MA

Di Stefano, G et al (2014) [accessed 18 June 2018] Learning by Thinking: How
Reflection Aids Performance, Harvard Business School Working Paper No. 14-093
[Online] http://www.sc.edu/uscconnect/doc/Learning%20by%0Thinking,%20
How%20Reflection%20Aids%20Performance.pdf

Lewin, K (1958) Group decisions and social change, in Readings in Social Psychology, ed GE Swanson, TM Newcomb and EL Hartley, Holt, Rinehart and Winston, New York

Malone-Kircher (2016) [accessed 5 June 2018] James Dyson on 5,126 Vacuums That Didn' Work –and the One That Finally Did, New York Magazine, 22 November [Online] http://nymag.com/vindicated/2016/11/james-dyson-on-5-126-vacuums-that-didnt-work-and-1-that-did.html

Matthews, G (2015) [accessed 12 June 2018] Goals Research Summary,Dominican University of California [Online] https://www.dominican.edu/academics/lae/undergraduate-programs/psych/faculty/assets-gail-matthews/researchsummary2.pdf

McKeown, M (2014) The Innovation Book: How to manage ideas and execution for outstanding results, FT Publishing, Harlow

Murphy, M (2010) [accessed 12 June 2018] The Gender Gap and Goal-Setting: A Research Study, Leadership IQ [Online] https://www.leadershipiq.com/blogs/leadershipiq/the-gender-gap-and-goal-setting-a-research-study

O'eill, R (2009) [accessed 13 June 2018] Quitting Day Jobs to Make Smoothies,Financial Times, 10 April [Online] https://www.ft.com/content/a6b255be-25e7-11de-be57-00144feabdc0

Patterson, F et al (2009) [accessed 8 June 2018] Everyday Innovation: How to Enhance Innovative Working in Employees and Organisations, Nesta [Online] https://media.nesta.org.uk/documents/everyday_innovation.pdf

Rauch, A and Frese, M (2007) Let' put the person back into entrepreneurship research: A meta-analysis on the relationship between business owners'personality traits, business creation and success, European Journal of Work and Organizational Psychology, 16 (4), pp 353–5

Whitson, JA et al (2013) The blind leading: Power reduces awareness of constraints, Journal of Experimental Social Psychology, 49 (3), pp 579–2

11장. 다르게 생각하기

Accountemps (2013) [accessed 10 July 2018] Workplace Productivity Peaks on Tuesday, Robert Half, 16 December [Online] http://rh-us.mediaroom.com/2013-

12-16-Workplace-Productivity-Peaks-On-Tuesday

Amabile, TM et al (2002) Time Pressure and Creativity in Organizations: A Longitudinal Field Study, Harvard Business School Working Paper No. 02-073

Baas, M, Nevicka, B and Ten Velden, FS (2014) Specific mindfulness skills differentially predict creative performance, Personality and Social Psychology Bulletin, 40 (9), pp 1092–06

Birkinshaw, J and Cohen, J (2013) [accessed 5 July 2018] Make Time for the Work That Matters, Harvard Business Review, September [Online] https://hbr.org/2013/09/make-time-for-the-work-that-matters

Christoff, K et al (2009) Experience sampling during fMRI reveals default network and executive system contributions to mind wandering, Proceedings of the National Academy of Sciences of the United States of America, 106 (21), pp 8719–4

Colzato, LS, Ozturk, A and Hommel, B (2012) Meditate to create: the impact of focused-attention and open-monitoring training on convergent and divergent thinking, Frontiers in Psychology, 18 (3), p 116

DropTask (2016) [accessed 11 July 2018] Productivity vs. Creativity [Blog], 8 June [Online] http://blog.droptask.com/productivity-vs-creativity/Fries, A (2009) Daydreams at Work: Wake up your creative powers, Capital Books, Herndon, VA

Gilliard, M (nd) [accessed 13 July 2018] Thomas Alva Edison, Innovation-Creativity.com [Online] https://www.innovation-creativity.com/thomas-alvaedison.html

Kothari, A (2016) Genius Biographies, Notion Press, Chennai Rawling, S (2016) Be Creative –Now!, Pearson, Harlow

TIME (2006) [accessed 11 July 2018] Making the Most of Your Day, 16 January [Online] http://content.time.com/time/covers/20060116/pdf/Day_Night.pdf

12장. 창의적 리더십

3M (2018) [accessed 20 August 2018] Who is 3M? [Online] http://www.3m.co.uk/intl/uk/aad/index.html

Allen, P (2014) [accessed 24 July 2018] The biggest failures of successful people (and how they got back up), Lifehacker, 7 October [Online] http://lifehacker.com/the-biggest-failures-of-successful-people-and-how-they-1642858952

Amazon (nd) [accessed 20 August 2018] Earth''s Biggest Selection [Online] https://www.amazon.jobs/team-category/retail

American Express (2017) [accessed 23 July 2018] Redefining the C-Suite: Business the Millennial Way [Online] https://www.americanexpress.com/uk/content/pdf/

찾아보기

창의성 기르기
규칙을 뛰어넘는 문제해결의 비밀

초판 인쇄 2022년 12월 26일
초판 발행 2023년 1월 6일

지은이 크리스 그리피스 | 멜리나 코스티
옮긴이 곽재원

책임편집 심재헌
편집 김승욱 박영서
디자인 최정윤 조아름
마케팅 황승현 김유나
브랜딩 함유지 함근아 김희숙 고보미 박민재 박진희 정승민
제작 강신은 김동욱 임현식

발행인 김승욱
펴낸곳 이콘출판(주)
출판등록 2003년 3월 12일 제406-2003-059호
주소 10881 경기도 파주시 회동길 455-3
전자우편 book@econbook.com
전화 031-8071-8677(편집부) 031-8071-8673(마케팅부)
팩스 031-8071-8672
ISBN 979-11-89318-36-9 03320